JN057166

amaterasu
kaitai-shinsho

目次

contents

第1章　古代メソポタミアの史実「天孫降臨と国譲り神話」　7

第2章　殷元これ倭国なり　36

第3章　日本という国名の真の起源　55

本書の目的・読まれるにあたってのお願い

本書は、さまざまな考古学的資料に基づき、各種古史古伝の内容について考察した内容になっています。特に、客観的な資料として重要な言語学、言語の発音からの考察内容も多く含みます。

日本人、皇室の起源についての解説を書籍の一部分を読まれて解釈すると、誤解される内容があるかもしれませんので注意してください。初めにこの本の結論を申し上げておきますが、日本人は『超・混血の多民族人種』と定義しております。中東、古代中国、古代朝鮮との民族的関連性について語ってはおりますが、だからといって、我々の祖先はメソポタミアだ。エジプトだ。中国だ。朝鮮の人々だ。と、ミクロで解釈するのは危険といえます。縄文を代表する土着の民族を土台に、日本に集まってきた様々な民族の混血であるという前提があり、それを証明する考古学的資料から考察しているという背景があることをご承知いただきたく思います。

考古学的な視座から、さまざまな神々の起源について本書では触れておりますが、読者の皆さんの信仰を否定するわけではありません。『神は人により成る』。著者、編集者含めてそういった哲学の元、多くの人の信仰に敬意を払っております。

語られる内容は、歴史を考察する上での一説であるに過ぎません。昨日のことですらフェイク映像が出回り、真実が見抜けぬことを考えれば、ミクロな考古学資料から全てを知ることなど到底不可能です。本書の内容もしかり。皆様の考察と照らし合わせ、見えぬ歴史の輪郭を洞察する一助になれば幸いです。

本書はYouTubeチャンネル『考え方の学校 Yoshi Sun TV』と合わせてご覧いただくと、より一層の理解が深まります。ぜひチャンネル登録のうえ、ご利用くださいませ。

第1章

古代メソポタミアの史実「天孫降臨と国譲り神話」

解き明かされる事象

日本神話の嘘・高天原の場所・猿田彦・豊受大神・素戔嗚・瓊瓊杵尊

1　DNAで分かる日本神話の嘘

まず、皆さんに知って欲しいことが「真の日本の歴史」です。現在、多くの日本人が信じこまされている歴史は、何千年も前から日本列島にいる縄文人が、時代を経て、倭国、大和王権、そして、日本を建国したというストーリーのものだと思います。

日本人特有？ YAP遺伝子のD系統

しかし、この定説は現在の日本人のDNAの研究から間違いということがわかっています。そして、それは現在の中国大陸や朝鮮半島とは違う、特殊な多民族融合の歴史を日本は持っているということです。

現在、日本人のルーツを探る上でDNA遺伝子を参考にする考察も多いと思いますが、特に多いのが父方のみの起源がわかるY染色体DNAというもの。

神話考察界隈の定説では日本人にYAP遺伝子のD系統がなぜか多く、日本以外の東アジアではほとんど見られないDNAであることから、このYAP遺伝子D系統は日本人特有の遺伝子と言われています。

また、縄文人に特に多い遺伝子でも ありますが。しかし、父方のみのY染色体DNA以外に、母方のみわかるミトコンドリアDNAや遺伝子のゲノム解析でルーツを探る方法もあります。

では、この父方のみ分かるY染色体DNAと母方が分かる遺伝子解析を見ることによって何が分かるのか？ それは、それぞれの民族の風習によって変わります。言い換えれば、父方のY染色体DNAのバリエーションが増えるか、母方のDNAのバリエーションが増えるかが変わるということです。

例えば、日本人の古来の風習であれば、男女が結婚すれば女性が男性の家に嫁ぎます。なので、このような風習の場合、女性は他民族の集団に移動することはあっても、男性が別民族の集団に移動することは稀になります。

この様な「男性はどこの民族にも移らない・別の民族の男性を自らの民族集団に来させないスタイル」の日本の場合、他の民族の男性が入ってこないので、男性のY染色体DNAにバリエーションが生まれません。

なので、現在の日本人のY染色体DNAは「D」と「O」が主要なY染色体となったと言えます。しかし、「男はどこの民族にも移らない・来させないスタイル」の場合、女性は他の民族の所へ行っても良いし、別の民族の女性を自らの民族集団に迎え入れてもOKとなります。

この『民族の男性はどこにも行かないけど、他民族の女性は多くやってくる』スタイルの場合、母方のDNAのバリエーションが増えます。

しかし、古代は現在の様に飛行機がある時代と違うので、他民族の女性がやってくると言っても、近くの別の民族の女性が入ってきます。そして、女性1人で行動するのはかなり危ないので、必ず女性の周りにはその民族の男性たちがいます。

では、もし日本人が超古代から『民族の男性はどこの民族にも移らないけど、他民族の女性は多くやってくる』スタイルの伝統を現代まで持ちつづけたとして、その男性のDNAのみわかるY染色体で日本人のルーツの何がわかるのかというと、『理由があって別れた同民族集団の存在』がわかるのです。

つまり、もし、日本人が超古代から『民族の男性はどこの民族にも移らないけど、他民族の女性はいっぱいくる』スタイルの伝統を現代まで持ちつづけたとして、その女性のDNAのみわかるミトコンドリアDNAで日本人のルーツの何がわかるかというと、『日本人がどこの民族の女性を妻にもらってきたのか』がわかります。

そして、現在とは違い女性が飛行機に乗って嫁いで来ることはないので、日本人が実際に通ったルートの近くにいた別の民族の女性のDNAということであります。つまり、日本のような男系主義の場合、女性のミトコンドリアDNAで、日本人の通ったルートを知ることができ、男性のY染色体DNAの場合、過去に別れた同民族がわかるということです。

『D4』

では現在、日本人に多い母方のミトコンドリアDNAが『D4』と呼ばれるもので、日本列島に稲作文化を伝えた渡来系弥生人のDNAであります。そんな稲作を日本に伝えた渡来系弥生人が、縄文時代の後期、今から3000年前（約紀元前1000年）辺りから、稲作を日本列島で初めた場所が九州北部です。

そして、日本ではなく、世界で稲作が初めて始まった場所とされるのが、古代の中国大陸です（縄文稲作起源説もありますが…）。なので、渡来系弥生人が中国大陸から稲作技術を持って北部九州に移住したというのは、日本人の母方のミトコンドリアDNAと一致するので、日本人となる渡来系弥生人は中国大陸を渡ってきたのがわかります。

しかし、その一方で、縄文人はと言うと、このD4のDNAは少なく、先程の渡来系弥生人のDNAより遥かに古いDNAを持っています。つまり、大きく分けて日本人には、中国大陸から渡ってきた渡来系弥生人と、古来から日本列島にいた縄文人の2種類の民族がいました。

縄文人の遺伝子が濃い地域。意外にも……

また最近、日本人の遺伝子のゲノム解析から面白い発見がありました。それは、現在の日本列島で、どの県が渡来系弥生人と縄文人の遺伝子が濃いのかがわかってきたのです。

そして、日本列島で渡来系弥生人の遺伝子が濃い地域が、大和王権があった関西を中心に、四国、中国地方の瀬戸内海側と兵庫県、そして、中越地方に特に多いことがわかってきました。

その一方で、縄文人の遺伝子が濃いのが、九州、関東、そして、東北地方であります。ここから予測出来ることは、稲作を日本に伝えた渡来系弥生人は、北部九州で発展したのち、船で瀬戸内海を通り関西を基盤にし、四国、中国地方、中越地方へ発展していったと言えます。

そして、渡来系弥生人が関西を基盤に東西へ広がったために、縄文の人々は東西そして南北へ移動させられ、九州南部、関東、東北に移動させられたと言えます。そして、この日本人の母方の遺伝子から日本神話の嘘が一つわかります。

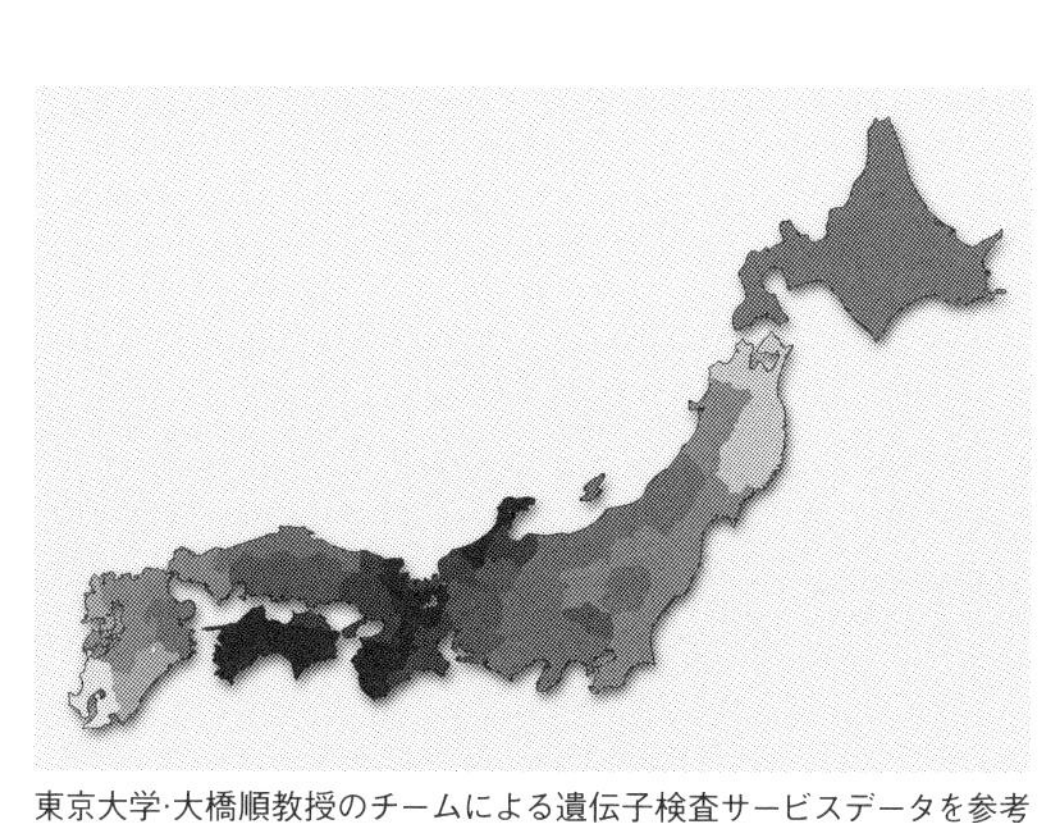

東京大学·大橋順教授のチームによる遺伝子検査サービスデータを参考に作成。濃いエリアが渡来系弥生人の遺伝子が濃い。

2 縄文と弥生人の軌跡

現在、日本神話を語った古事記・日本書紀では、天津神の最高神「天照大神（アマテラスオオカミ）」が九州の宮崎県の高千穂に降臨し、天照大神の子孫である神武天皇（ジンムテンノウ）も九州出身だとされています。そして、その神武天皇が東へ向かい、八咫烏（やたがらす）に導かれ、先住民を倒し、現在の奈良県の大和を中心に日本を建国したという流れであります。

神武天皇は九州出身でない理由

しかし、もし神武天皇が九州出身であり、その神武天皇が2000年以上前に関西へ移動し、新たな国を建国したのであれば、関西と九州の人々のDNAが似ていなくてはいけません。

言い換えれば、神武天皇率いる民族が縄文人であるのであれば、関西で濃い遺伝子も縄文人系でなければ辻褄が合わないわけです。

しかし、DNAのゲノム解析を見る限り、高千穂がある九州は遥かに縄文人系の遺伝子が濃く、大和王権があった関西は遥かに渡来系弥生人の遺伝子が濃いのです。つまり、少なくとも神武天皇率いる天孫族系の民族は、縄文人系ではなく、渡来系弥生人系だということがわかります。

また、神武天皇率いる天孫族系の民族が九州出身ではないとも言えます。なぜなら、もし神武天皇率いる天孫族系の民族が、九州の高千穂に降臨した天照大神の子孫であれば、聖地である九州に自らの民族を定住させるはずです。

しかし、神武天皇が渡来系弥生人であり、九州から民族総出で関西へ移動したとなると、自らの聖地をほったらかしで移住したことになります。流石に、天照大神が降臨した自らの聖地を捨てて関西に移住するとは考えられないので、そもそも神武天皇率いる天孫族系は九州出身ではないと考える方が妥当です。

ということなので、DNAのゲノム解析を見る限り、日本神話で語られる日本人のルーツというのは嘘だと言えるのです。

天照大神を祖に持つ天孫系民族はどのルーツか？

では、日本を建国したとされる天照大神を祖に持つ神武天皇率いる天孫族系の民族は、いったいどのルーツを持っているのか？

そのヒントとなるのが、父方のルーツが分かるY染色体DNAであります。先程、『民族の男性はどこにも行かないけど、他民族の女性はいっぱいやってくる』スタイルの日本の古来からの伝統の場合、母方のDNAから日本人の渡ってきたルーツがわかり、父方のY染色体DNAから過去に別れた同民族が分かると話してきました。

では、現在の日本人男性のY染色体DNAの分布を見ると、渡来系が多いはずの関西に、縄文人に多い「D系統のYAP遺伝子」が濃いのがわかります。そして、そのD系統YAP遺伝子の割合は縄文人系が濃い東北地方や九州と大差はありません。

つまり、DNAのゲノム解析では関西に渡来系弥生人が濃いのに、父方のY染色体DNAは、渡来系は縄文系と同じYAP遺伝子を多く持っているのです。

これはDNAのゲノム解析の情報とY染色体のDNAの情報のどちらかがが間違っているのではありません。どちらも正解の奇跡だと言えます。

日本人の男性が多く持つY染色体DNAは「D系統」と話しましたが、日本人のD系統YAP遺伝子と全く同じ遺伝子を、日本以外で多く持つ地域が、現在のギリシャ、レバノン、そして、イラン高原の辺りで、平均で15%ほどあります。

つまり、日本と同じ風習を古代から持っていたであろう古代のギリシャやレバノンやイラン高原の人々は、日本人と過去に別れた同民族だということです。

土着の縄文人は渡来系弥生人と『同民族』

そして、この中東あたりから日本列島にやってきたY染色体DNA「D系統YAP遺伝子」を多く持った渡来系弥生人から見て、次に「D系統YAP遺伝子」を多く持った人々が、何千年も前から日本列島にいた「縄文人」なのです。

なので、中東から日本列島にやって来た渡来系弥生人と縄文人は、遠い過去に別れた同民族だということです。

つまり、数千年の時を越えて日本列島で再会したのが同じ「D系統YAP遺伝子」を持つ渡来人と縄文人なので、渡来系が多い関西でも、父方のY染色体DNAを見れば縄文人と同じ「D系統YAP遺伝子」が多い訳です。なぜ、同民族が日本列島と中東に分かれたのか?

世界中に残る大洪水神話。その神話こそが鍵

それが大洪水という名の地球の海面上昇です。日本の最古の縄文土器は1万年以上前のものがありますが、縄文時代前期辺りは温暖化による海面上昇のピーク時とされ、この縄文時代前期以降の縄文土器の多くが標高がかなり高い「長野県」で発見されています。

それは海辺で暮らしていた人たちが海面上昇と気候変動に伴って一気に内陸へ移動し、当時住みやすい標高の高い場所に集落を作ったからです。そして、海面上昇のピークが終わり、徐々に海面が下がっていくのに合わせるように、標高が下が

れば下がるほど縄文土器が新しくなっていきます。

そして、この海面上昇は日本列島だけの話ではなく、地球規模の海面上昇でした。

なので、長野県の標高は「ギョベクリテペ」の標高とほぼ同じぐらいということからわかるように、縄文人だけでなく全人類が、より標高が高い内陸で暮らしたのです。

それは、超古代のメソポタミアにいきなり現れたとされるシュメール人も同じで、海面が下がるにつれて、アナトリア付近から、生活に必要な川の近くを軸に行き着いた場所が、メソポタミアだと言うことです。そして、それを示すように、シュメール人が定住し始めた当初のメソポタミアの南部は、まだ水が引いていない状態でした。

つまり、日本列島の縄文人と日本列島にやってくる渡来人のDNAが似ていることから、この世界的海面上昇のタイミングで何らかの形で、日本列島からメソポタミアに移り、かなり早い段階で日本列島に帰ってきたと考えられるわけです。

では、もし、ここまでの日本人のDNAの話が本当であれば、倭国や大和王権や日本を建国した渡来系弥生人は中東辺りからやってきた民族ということになります。次に、その説を証明していきましょう。

3　古代メソポタミアの歴史

日本列島に最初にあった王国「倭」。その倭の起源をさかのぼると、古代メソポタミアに存在した最古文明の一つ「シュメール文明」までたどり着くことができます。というのも、日本神話の一部の物語はそもそも古代メソポタミアの史実を引用して作られており、想像以上に古代メソポタミアの歴史は日本人と関係します。なので、まず最初に、古代メソポタミアの歴史をサラッと説明します。

縄文時代に起きた地球規模の海面上昇が終わり、ゆっくりと海面が下がっていくのに合わせて、ゆっくりとアナトリア地方からメソポタミア南部まで南下し、そこで発展したのがシュメール人たちのシュメール文明です。

そして、そこからしばらくして、イラン高原で誕生するのがシュメール人の兄弟民族エラム人のエラム王国です。

ただ、この時代のシュメール人王国とエラム王国は仲が悪く、よく争いが起きていました。そんななか、メソポタミア地方のアッカドという都市からアッカド人が勢力を伸ばし、瞬く間にシュメール人国家を征服し、政治の主導権を握ります。

しかし、それからしばらく経つと、メソポタミア南部のシュメール人たちが立ち上がり、アッカド人国家から政権を取り返すだけでなく、犬猿の仲であった隣のエラム王国の政治権力も奪うほどまでに成長します。

そして、この全盛期のシュメール人の国の名を、政治的な首都である「ウル（Ur）」という名前を取って「ウル第3王朝」と呼びます。この都市「ウル（Ur）」は、日本語では「ウル」とされますが、実際の発音は「ウゥ（ほぼWu）」です。

そして、この時代の古代メソポタミア の都市「ウル（Ur）」が倭国の「倭（Wa）」の起源の都市です。つまり、シュメール人とエラム人という 兄弟民族たちが、『とある』民族と融合しながら、初めに日本列島で建国するのが倭国です。

メソポタミアの都市「ウル」が「倭」の起源説

「ウル＝ウゥ（Ur）」と「倭（Wa）」は音が違うのではないか？と思う方もいると思うので説明すると、現代の日本人が使う日本語と古代の日本人が使う日本語は発音が全く違います。

平安時代以前の日本語を現代の日本人が聞いても全く理解できないほど違います。

というのも、50音が確立され浸透する以前の日本語（上方日本語）には母音は「あ・い・う・え・お」以外にも存在し、ハ行全て「パ行」で発音され、タ行の「チ」と「ツ」はそれぞれ「トゥ」と「トゥ」と発音され、「ン」は発音しませんでした。なので、日本神話が書かれた日本書紀編纂に関わったとされる当時の権力者「藤原不比等（フジワラノフヒト）」は、当時の呼び方で「プディパラのプティトゥ」だったというほどに違うのです。

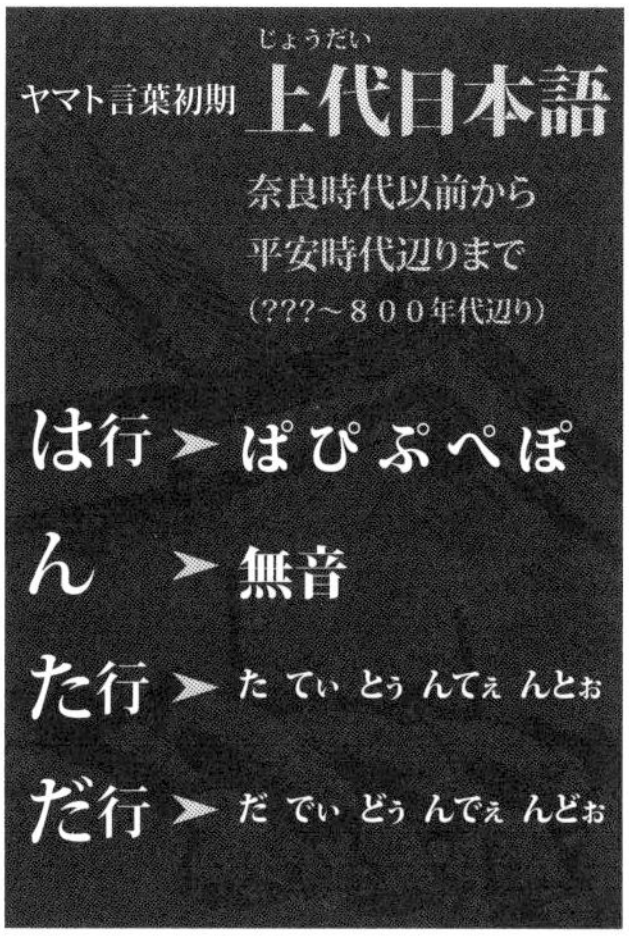

ヤマト言葉初期 上代（じょうだい）日本語

奈良時代以前から
平安時代辺りまで
(???～８００年代辺り)

は行 ➤ ぱ ぴ ぷ ぺ ぽ
ん ➤ 無音
た行 ➤ た てぃ とぅ んてぇ んとぉ
だ行 ➤ だ でぃ どぅ んでぇ んどぉ

上代日本語。奈良時代から平安時代の発音。

なので、この「倭」を現代の日本人が「ワ（Wa）」と呼んだとしても、古代の発音が「ワ」に近い「ウ」だとしても不思議ではありません。なので、それらを考慮すると、古代メソポタミアの都市「ウゥ＝ウル（Ur）」と「倭（ワ）」の発音はかなり近い音だということです。

日本という国号の起源もメソポタミアにあった

ちなみに、「日本（ニッポン）」という名前は、史実上、日本神話を編纂させた天武天皇（テンムテンノウ）が初めて国号にします。それ以前の日本列島には「日本」という呼び名は存在していません。そして、「天皇」という名の王が、世襲制でその地位を引き継いでいく天皇制を導入したのも天武天皇です。

天武天皇が初の天皇として君臨する以前は、日本中に自らを王と名乗る権力者たちがたくさんいました。そんな実質の日本の建国者・天武天皇ですが、その日本（ニッポン／ニホン）という名も、彼の時代は「ン」を発音しないので「ニッポ／ニポ」でした。

そして、この「ニッポ（日本）」という名前も、古代都市「ウル＝ウゥ（Ur）」が「倭」となっていくのと同じように、古代メソポタミアの古代都市に起源があります。それが、シュメール人たちにとっての聖地だった古代都市「ニッポー（Nippur）」。

ニッポーという宗教的重要都市

この都市はシュメール人の最高神「エンリル」を祀る神殿があり、宗教的中心都市でした。そして、倭の起源の都市「ウゥ＝ウル（Ur）」は、エンリルの息子「ナナ」が祀られていた経済と政治の中心都市です。

なので、最高神が祀られる都市ニッポーの方が、都市ウル（Ur）よりも格上だったのです。

日本中に自らを王と名乗る権力者たちのトップに立ち、初の「天皇」という名の下、世界最古の最上格の都市ニッポーと同音の「日本（ニッポ）」という名を正式に国名にした「天武天皇（）」、という史実からイメージできると思いますが、古代メソポタミアに起源がある多種多様な民族たちを一つにまとめるために「ニッポン」という名を国名にしたのです。

「東から昇る太陽（日）の中心（本）」という漢字を多民族

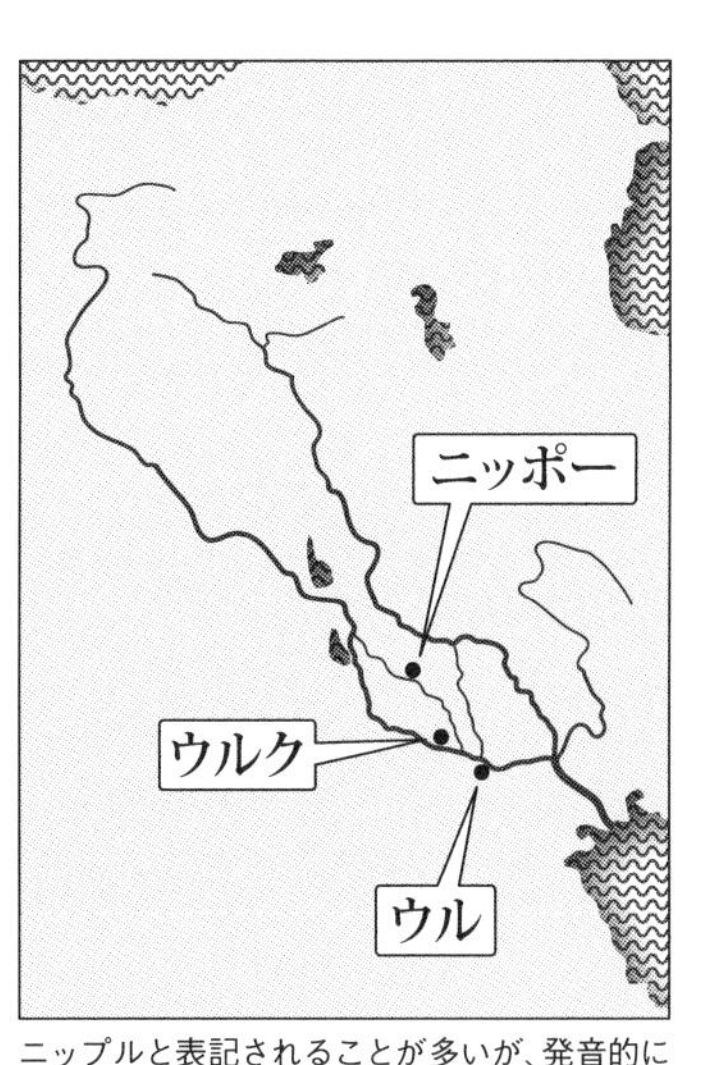

ニップルと表記されることが多いが、発音的にはニッポー。

共存の証として当てながら。

少し話がそれましたが、倭の起源の国「都市ウル」を政治的な首都とするシュメール人国家は、古代メソポタミアで最強となりますが、徐々に力を弱め、終わりがやってきます。その原因が、アナトリア地方辺りから現在のシリア地方を経て、シュメール人国家があるメソポタミアに侵入してきた「アムル（Amorite）」という人々です。

遊牧民であるアムル人たちは、新たな遊牧地と商売する機会を求めて移動しながら力を付けていき、彼らの拠点のすぐ隣のメソポタミア北部にいたアッカド人とも連携をとりながら、最終的にシュメール人の都市国家を攻め領地を拡大していきます。

そして、先ほどのシュメール人の宗教的中心都市ニッポーを統治したのち、その隣にある都市「イシン（Isin）」を拠点にし、政治的中心都市ウル=ウゥにいるシュメール王国の国王を倒す直前まで漕ぎ着けます。

しかし、このとき、すでに国力が弱りきっていたシュメール人国家は、その隣で勢力を取り戻しつつあったエラム王国にも攻められ、シュメール人国王は拉致され、都市ウルもエラム人によって統治されます。つまり、アムル人が都市ウルを攻める前に、エラム人が重要都市ウルを占領したのです。

しかし、当時、エラム王国よりも軍事力を持っていたのはアムル人たちでした。なので、エラム王国は少しは抵抗しましたが、アムル人たちに都市ウルをすぐ開け渡します。

そのあと、都市イシンを拠点にしたアムル人国家は、エラム王国と政略結婚を行い、一切、エラム王国の領地を攻めることはなく、良好な関係を築いていきます。

また、文字を持たなかったアムル人にとって、文学や天文学や数学などの高度な文明を持ったシュメール人の知識はかなり貴重だったので、メソポタミア南部のアムル人はシュメール人たちと文化的に交流し混血もしていきました。

というのも、遊牧民であるアムル人たちの最も重要なことは十分な遊牧地が有り、自由に貿易都市を移動し、商売することです。なので、それさえ確保できれば、同族の命をかけてまで敵地に攻める必要はありません。

ただ、高度な文明を持っていたシュメール人たちからすれば、テント暮らしをする当時のアムル人たちが野蛮な民族にしか見えなかったことから、かなり見下していたという考古学的証拠が見つかっています。

おそらく、アムル人たちは商売するにあたっての差別もシュメール人たちから受けていたのでしょう。

別民族の侵入によって遊牧地が奪われたのも原因ではありますが、アムル人たちがシュメール人国家を攻めた理由はその差別かもしれません。

ひとまず、元々、犬猿の仲だったシュメール人たちとエラム人たちは新たにやってきたアムル人のメソポタミア統治により、それ以降争うこともなくなりました。そして、これは同時に、アムル人・エラム人・シュメール人のメソポタミアとエラム地方での共存を意味しています。そして、その時の彼らの貿易の中心都市、港があった都市ウル。

そんな3民族共存の歴史は、シュメール人よりも、アッカド人との結びつきがより強いアムル人たちの帝国「バビロニア帝国」のメソポタミア征服の時代まで続きます。

4 日本神話アムル人登場・高天原と葦原中国

ひとまず、サラッと、シュメール文明の始りからアムル人のメソポタミア統治時代までの歴史の要点だけをまとめましたが、この遊牧民のアムル人が日本神話で登場する天孫族の祖です。

その理由は2つあります。一つ目が名前の一致。二つ目が史実と日本神話の一致です。

アムル人と『海部氏』

アムル人は「アモライト（Amorite）」と呼びますが、この「Amorite」の最後の「ite」は「〜人」という意味です。

なので、アムル（Amorite）人の民族名は、「ite」を外した「アモ（Amo／Amor）」です。そして、この「Amo／Amor」は、日本語の「アマ（海／天）」とほぼ同音。実際に古代エジプト人はアムル人を「アマ（Amar）」と呼んでいました。

日本列島では、このアムル人の民族名「アマ」に部民制の「部」が付いて「海部」、氏族制の「氏」が付いて「海部氏」となります。

天武天皇の本名『大海皇子』。そしてヤマトとヤマァド

また、先ほど話した実質の日本の建国者「天武天皇」の本名は「大海皇子（オオアマノミコ）」で、アムル人系を表す「海（アマ）」が名に入っています。

そんなアムル人たちはアナトリア付近から南下し、シュメール国家を倒しメソポタミア統治したのち、それぞれ別の都市を拠点に発展をしていきます。

そして、その一部がアムル人系民族の元々の拠点だったシリ

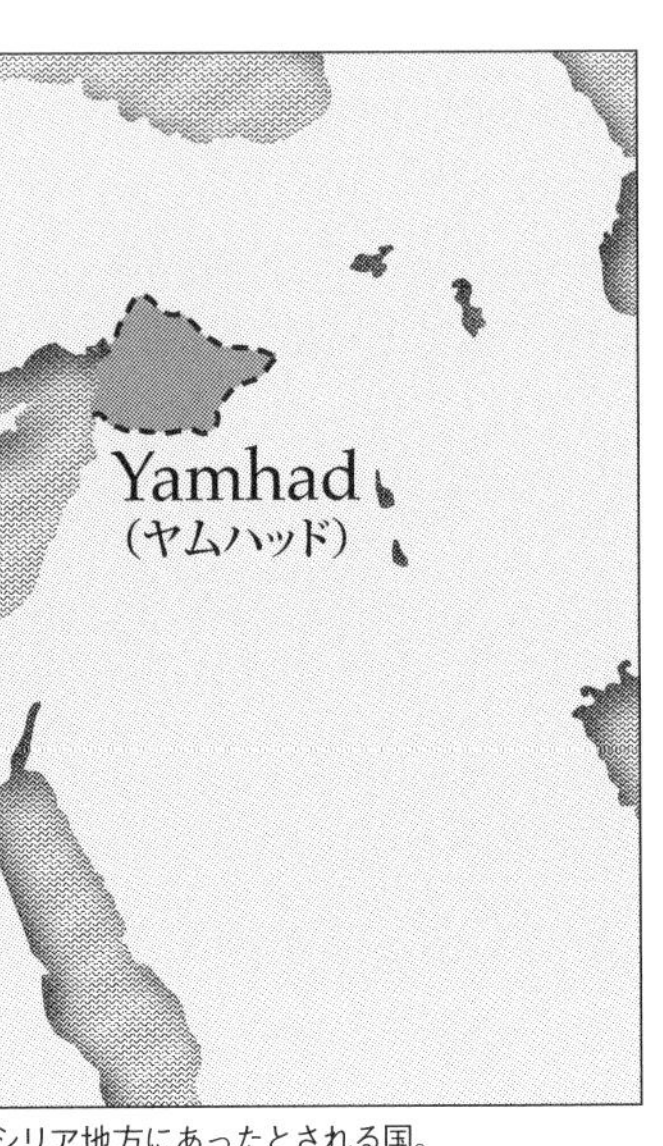

シリア地方にあったとされる国。

ア地方に建国された「Yamhad（ヤムハッド）」王国。

または、この「mha」を空気を含んだ「マ」として読む「ヤマァド」王国。このヤマァドという名前から分かると思いますが、彼らが日本列島で「大和王権」を建てる後の大和民族です。

実際に現在でも、このヤマァド王国が統治していた現在のレバノン辺りではヤマトと良く似た「Yamut（ヤムゥト）」という名字が使われています（山本!?）。

ヤムハッド王国＝シリアにあったアムル人国家

そんなアムル人たちですが、彼らが各地に散らばる前、メソポタミアに侵入し、シュメール人国家と戦う前にアナトリア地方（現在のトルコ南部）辺りで拠点としていた二つの都市がありました。

高天原の語源と推測される「タカアマハラ」

一つ目が、貿易の拠点の一つ「ハラ（Harran）」という都市。

そして、この貿易都市「ハラ」があった付近、または、少し北には「タカアマ／タカラマ（Taka rama）」または「タガアマ（Tagarama）」と呼ばれていた都市がありました。

つまり、都市「タカアマ（Takarama）」と「ハラ（Harran）」。2つ合わせて「タカアマハラ（Takarama harran）」。日本神話の天孫族の拠点「高天原（たかまがはら）」の別名「たかあまはら」と完全に一緒になるのがこの二つの都市名です。

もし、この「Takarama」と「Harran」という二つの古代都市が高天原（タカアマハラ）の原型だとすると、日本神話で地上界を意味する「葦原中国（アシハラノナカツクニ）」はどこになるのか？　この「葦原中国」の「はら」は先ほどの貿易都市「ハラン」。

そして、この都市ハランの少し南には、「葦原中国」の「アシ」とほぼ同音の「アシャ（Ashur）」という都市がありました。ひとまず、この都市「アシャ」と「ハラ」で、「アシャハラ（葦原）」を意味するとして、そののちの「中国（ナカツクニ）」とはどういう意味かを掘り下げます。

まず、「中」は「物事の間」という意味がありますが「山の中」という風に、物事の「奥」も意味します。そして、この「つ」は古代の日本語で助詞の「～の」、または、港などを意味する「津」を意味します。

なので「奥の国」または「奥の港の国」となります。

しかし、葦原中国（あしはら「の」なかつ国）の「葦原（の）」で、すでに助詞の「～の」が使われているので、この「つ」は港を意味する「津」だとすると、「葦原の中（つ／津）国」とは「葦と原の奥の港の国」となります。

では、これと先程の葦原を意味する古代都市「アシャ」と「ハラ」ことアシャハラを繋げると？

葦原中国とは「都市アシャとハラの奥にある港の国」となります。

では、実際に当時のアシャとハラの奥にある港を探すと、古代メソポタミアにはシュメール人とエラム人にとっての最大の港であり貿易の拠点古代都市、先ほど話した「ウル（Ur）」があるのです。

なので、ここまでの考察から、高天原がトルコ南部の都市「Takarama」と「Harran」を意味し、葦原中国が都市アシャとハラの奥の港の国、古代メソポタミアの貿易都市ウルを意味しているとします。

実際に、海部氏の祖アマことアムル人たちは、この辺りから南下し、最終的にこの都市ウルまで辿り着き、統治するようになります。

これは、歴史と辻褄が合うだけでなく、標高もこちらの方がかなり高いので、天孫族が天から地上に降りたという物語設定も納得できます。

5 猿田彦の正体

天孫降臨の物語と一致するのはこれだけではありません。例えば、ニニギが天孫降臨する際、ニニギは地上に降りたのち、猿田彦に先導してもらい葦原中国にたどり着くことができます。つまり、この地図でいうと、天孫族系アムル人が「Takarama harran」から葦原中国こと古代都市ウルまでいく間に「猿田彦」に出会うわけです。

では、どこで出会ったのか？　それが「葦原」の「あし」を意味する都市「アシャ（Ashur）」付近。

というのも、この「アシャ」という都市はこの時代のしば

高天原。タカ・アマ・ハランこじつけ？　いいえ、発音は考古学では重要。

らくのちに「アッシリア帝国」の首都となるので歴史上かなり重要な場所になるのですが、アムル人たちが南下した時代、このアシャを含めたメソポタミア西部に存在したのがアッカド人の「アッカド帝国」。

そして、このアッカド人にとっての伝説的国王が「Sargon the great」ことサルゴン国王です。

アッカドの王、サルゴンこそが猿田彦

この「サルゴン」という王の名前は当時の古代アッカド語で「Šarru-ukīn（サルーウキン）」。そして、この「Šarru（サル）」で「王」を意味します。そうです。サル／猿です。つまり、天孫族系アムル人が高天原こと「Takarama harran」という標高の高い都市から、標高が低い南に進むと、猿という国王が建てたアッカド帝国がある訳です。

お分かりのようにこの「Šarru-ukīn」ことサルゴン王が「猿田彦（サルタヒコ）」のモデルです。しかし、もしそうだとすると、猿田彦の「田（た）」は？

「ヤマアド」や「アッカド」の「ド」から分かるように、古代から民族・国名の最後には「ド」がよく使われていましたが、この最後の「ド」は元々シュメール語の「〜がやって来る」という意味の「Du」という言葉が起源で、アッカド人がこの言葉をよく使っていました。

なので、アッカドとは「古代都市アッカからやってきた」という意味ですが、猿田彦の「田（た）」は、このアッカド人たちの伝統の名残りだと考えられます。つまり、サルゴン（猿）の国（アッカド王国）からやってきた（ドゥ／トゥ）を「サルドゥ」とし、そこに猿と田という漢字を当てて「猿田（サルタ／サルダ）彦」となったと言えます。

ひとまず、ここまでをまとめると。

天孫族の祖「ニニギ」が高天原こと都市タカ・アマハラから葦原中国こと都市アシュ・ハラン（AshurHarran）の中（奥）

の港の国「ウル（Ur）」へたどり着く途中に、道案内の神「猿田彦」のモデルのサルゴン王が建てた国アッカド王国があり、これは実際の歴史で、標高の高いトルコ南部から、天孫族系アムル人が古代メソポタミアに降りてきたのと繋がるという話をしてきました。しかし、問題はなぜ「葦原中国」が、古代都市「ウル」だと言えるのか？

そのヒントとなるのが「国譲り神話」です。

6 国譲り神話

日本神話で書かれたニニギの天孫降臨は、国津神が天津神へ国を譲ったのちの物語。言い換えれば、ニニギよりも先に別の天津神たちが葦原中国へ直接出向いて国を譲ってもらったということです。では、国譲り物語とはどんなものか？

古事記の国譲り物語の概略

ニニギが天孫降臨する少し前。高天原の天照大神（アマテラスオオミカミ）は、地上界の葦原中国を天照大神の子「正哉吾勝勝速日天忍穂耳（マサカツ・アカツ・カチハヤヒ・アメノオシホミミ）」が統治すべきだと言い、彼に偵察へ行かせます。

しかし、当時の葦原中国は手に負えないほどの騒がしい場所でした。ということなので、天照大神は高天原の神々と話し合い、初めに2度、神を葦原中国へ派遣し、国津神へ国譲りを迫ります。

しかし、そう簡単ではありません。まず、ひと柱の天菩比命（アメノホヒ）は、葦原中国へ辿り着きますが、国津神「大国主」の家来となり失敗しました。

二柱目の天若日子（アメノワカヒコ）は、葦原中国へ行ったのち、大国主の娘「下照姫（シタテルヒメ）」と結婚し、天津神を裏切る形で自ら葦原中国の王となろうとします。

それからしばらくして、天若日子の矢が天界に届いたりと、裏切りに気づき始めた天津神は、もし、天若日子が裏切ったのであれば、天界からのこの同じ矢が彼に当たると暗示をかけ矢を放ち、案の定、当たります。

そして、天若日子が実際に亡くなったのかを知るために、彼の親が葦原中国へ行きますが、天津神の天若日子がなぜか、国津神「下照姫」の兄弟とそっくりでした。

なので親は息子の天若日子が生きいてると勘違いしてしまい、その兄にものすごく怒られる、といったふうに身内もゴタゴタして失敗。

このように、天津神の二度の派遣は派手に失敗に終わりますが、派遣3柱目の天津神「武甕槌（タケミカヅチ）」は、一味違いました。

葦原中国へたどり着いた武甕槌（タケミカヅチ）は、まず剣で脅しながら、大国主へ葦原中国を譲るか譲らないかを尋ねます。すると、大国主は、国を譲るかどうかは自分の2人の息子に聞いて欲しいと言います。なので、武甕槌（タケミカヅチ）はまず、恵比寿神（エビスシン）と同一とされる事代主（コトシロヌシ）へ国譲りを迫ると、魚釣りをしていた事代主はあっさりそれを認め、自ら身を隠します。

次に、武甕槌は大国主のもう1人の息子「建御名方神（タケミナカタ）」へ国譲りを迫ります。古事記では、建御名方神は武甕槌に力比べを挑むが負けてしまい、海辺まで追い詰められ、そこで国譲りだけでなく、その場所から出ないことを強制されます。

そして、天津神の武甕槌は圧倒的な力で、葦原中国の事代主と建御名方神に国譲りを認めさせ、それにより大国主も容認。これで葦原中国は高天原の天津神によって平定されます。

これが日本神話の国譲り神話です。何度も言いますが、この紀元後に書かれた物語が、紀元前に日本列島で実際に起きたと言える古代の証拠は一切、存在しません。

その理由は、これら全て、古代メソポタミア付近の事実の歴史だからです。

シュメールの歴史との一致性を探る

では、その歴史を見ていきましょう。トルコ南部のタカアマ・ハラン（takarama harran）こと高天原から天孫族ことアムル人が、アシュハラン（Ashurharran）の奥の港の国こと葦原中国「ウル（Ur）」へ来る前、古代メソポタミアにはウルを首都とするシュメール王国、シュメール人と兄弟のエラム人の王国、そして、アッカド人の王国が、大体このように並んでいました。

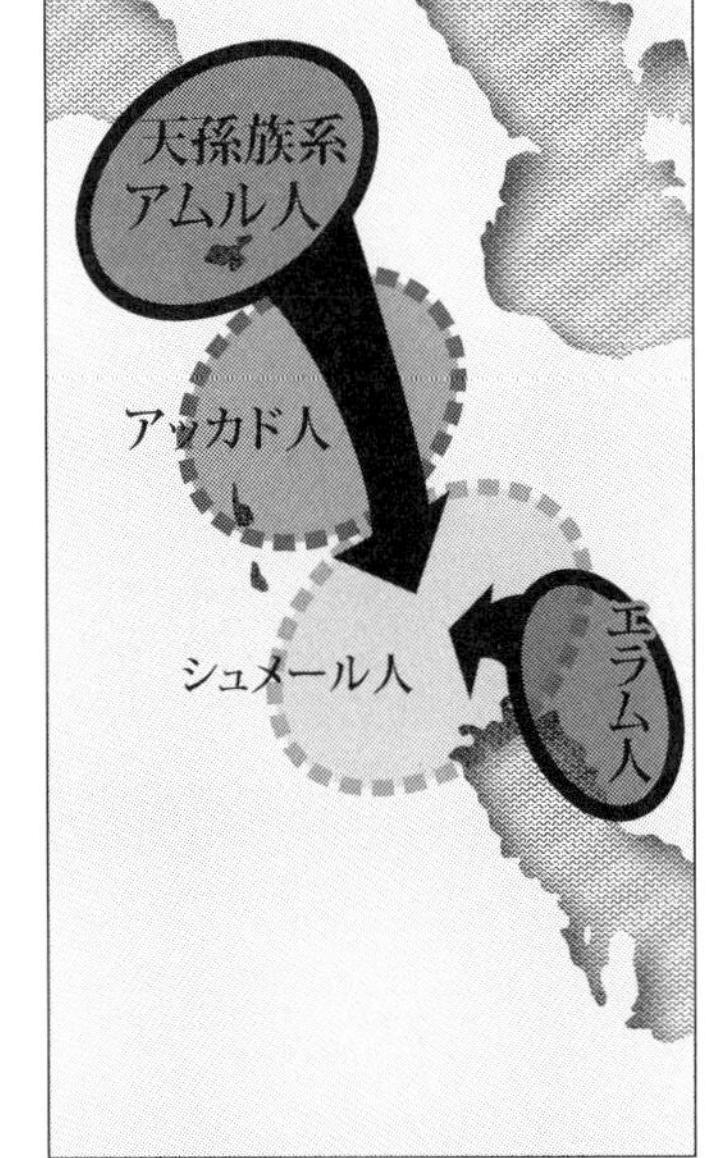

都市国家勃興から軍事による制圧。そしてアムル人による法の支配。

しかし、このシュメール国家とエラム国家は長らく争っており、アムル人が南下する以前は、シュメール国家がエラム国家を統治していました。そして、天孫族のアムル人が武甕槌（タケミカヅチ）のように南下し、次々とメソポタミアの都市を支配下におき、シュメール国家の首都「ウル」へ近づいたとき、今までシュメール国家に支配されていたエラム国家が、すでに弱ったウルへ先回りして占領します。

このとき、エラム国家は独立を果たしただけでなく、都市ウルを統治します。なのでこのとき、ウルにはエラム人とすでに敗戦した兄弟のシュメール人が共存していました。しかし、勢力拡大の勢いが止まらないアムル人たちは、ウルを統治するエラム人とウルをかけて戦い、アムル人が勝利しました。

これによりエラム王国は自らの元々の領地まで撤退します。そして、アムル人はエラム国家の領土を攻めない代わりに、エラム国家もメソポタミア地方を攻めないことを約束させます。

それ以降、この2つの国家は王家の娘を嫁がせたりとある程度、友好な関係を築きます。

勘が良い人なら分かると思いますが、この天孫族アムル人こと武甕槌と葦原中国ウルで対談する大国主の息子「事代主」がシュメール人のモデルで、彼と力比べをし負けてしまう「建御名方神（タケミナカタ）」がシュメール人の兄弟国家、エラム人のモデルとなります。

事代主＝シュメール人
建御名方神＝エラム人
武甕槌＝アムル人（天孫族系）

つまり、都市ウルのシュメール人はすでに力がないので事代主のようにあっさり国譲りを承認しますが、エラム国家は建御名方神の力比べ物語のように、天孫族アムル人に抵抗するが負け、二度と葦原中国を攻めない約束を結ぶと言うのがオリジナルの歴史です。

事代主・恵比寿の起源が見えた！

そう言える理由の一つ。初めに国譲りを認めたシュメール人のモデル「事代主」は「恵比寿さん」と同一とされますが、この都市ウルを首都とするシュメール人国家の最後の王の名前が「Ibbi-sin（イビ・シン）」。

この「ibbin-sin」が数千年の時を超えて「ebbin si（エビ・シ）」そして「ebisu（エビス）」と訛ったのが日本の恵比寿神であり、実際にエラム人とアムル人に魚が釣れる港の国を譲った張本人というわけです。

天若日子（アメノワカヒコ）物語を紐解く

ほかにもにも、この場所が国譲りの舞台と言える理由を沢山出していきますが、びっくりするほど、事代主の兄弟こと大国主の正体の話の前に、面白く国津神が古代メソポタミア出身だと分かる「天若日子（アメノワカヒコ）」の物語を話していきましょう。

よく美少年と見られる天若日子(アメノワカヒコ)の物語は、天界から葦原中国へ派遣されたが裏切ったので自ら放った矢を返され刺さり、最終的には、何を伝えたいのかよく分からない身内のゴタゴタ物語でした。

そして、彼の物語に合うように、天孫族アムル人たちがメソポタミアへ南下する少し前にアムル人を裏切った存在がいます。

それがシュメール人の王「アマ・シン（Amar Sin)」。天孫族アムル／アマ人ことAmoriteに関わるものにはよく「Amaや Amo」という名前が使われますが、このシュメールの王「アマ・シン(Amar sin)」にもその名前が使われています。しかし、名前に「アマ」があるにも関わらず、彼は天若日子（アメノワカヒコ）のように、アムル人たちと敵対し、勢力を拡大しようとした存在です。

そして、「天若日子（アメノワカヒコ）」の名前に「ワカ」という名があるのは、彼のモデル「アマシン」が都市ウルクの政治に関わったからだと思われます。というのも、この都市ウルクは別名「Warka（ワーカ）」と呼ばれていたからです。

また、彼はサソリに刺されて亡くなったと言われているので、天界からの矢に気づかず刺さるという物語とも一致します。

また、天若日子の妻の名前は下照姫(したてるひめ)ですが、この時代のシュメール王国では王妃の名前には「Simti（シティ）」がつけられました。

このmは口を閉じるだけなので、音は「シティ」です。そして、これは下照姫の「下（シタ）」という音とよく似ており、アメノワカヒコのモデル「アマシン」の妻「Abi Simti (アビシティ)」にも「シティ」がついています。

しかし、日本神話では天若日子は裏切り者となっていますが、彼のモデル「アマシン」はシュメール人の王家であり、アムル人と敵対しても不思議ではありません。

では、なぜ彼にアムル人と関係する「アマ」という名前がついたのかというと、彼の妻「アビシティ（Abi-Simti)」がシリア地方出身の「アムル人」だからです。つまり、アマシンという王の名前はアムル人との政略結婚ありきの名前。なので、当時のアムル人たちからすれば「アマシン」の勢力拡大のためのアムル人への攻撃は裏切りに見えるわけです。

下照姫のモデル。王妃アビシティ

しかし、実際のアマシン王の歴史で裏切ったのは、下照姫のモデル・王妃「アビシティ（Abi-Simti）」。「王妃アビシティ」は、アムル人としてシュメールの王アマシンの下へ嫁ぎますが、途中でアマシンと敵対している兄弟の「シュシン」側へ着き、その反逆に加担したと言われています。

もしかすると王妃アビシティは同族のアムル人を攻撃する夫アマシン王が許せなかったのかもしれない、と一瞬、思えますが、アビシティが王を裏切ってまで助けたシュシン王もアムル人と敵対したので、本当の意味で天孫族アムル人を裏切りったのは下照姫のモデル「王妃アビシティ」と言えます。

というのも、この時代、通常で有れば王が亡くなれば、王妃も命をたつのが伝統でしたが、アビシティはアマシンではなく、シュシン王が亡くなったときにそうしています。つまり、アビシティはシュシン王へ夫を乗り換え、実際にシュシン王の遺跡の跡からはシュシン王へ向けた、かなり性的なラブレター粘土板が見つかっています。しかも、これが現在発見されている地球上で最も古いラブレターです。

日本神話のあの歌と一致するアビシティの恋文

この恋文は王妃アビシティが乗り換えた夫シュシン王へ送ったものでしょう。というのも、そう言える理由が日本神話にあるからです。

天若日子が帰り矢に撃たれたあとの葬儀の時、天若日子の親が天若日子が生きていると間違えるほどそっくりな下照姫の兄弟「阿遅鉏高日子根神（アジスキタカヒコネノカミ）」。根本的に一族が違う天津神の天若日子と国津神の阿遅鉏高日子根神が双子並みにそっくりなのはおかしいのです。

そう。本当はこの2人は兄弟だということ。

天若日子
阿遅鉏高日子根神　**兄弟**

下照姫の夫・天若日子と、下照姫の阿遅鉏高日子根神（アジスキタカヒコネ）は、アマシン王とシュシン王の兄弟がモデルであるかのように、兄弟の可能性がかなり高いのです。

例えば、シュシン王が反逆により兄弟のアマシン王を倒したという歴史と合うように、日本神話ではアメノワカヒコと間違われた阿遅鉏高日子根神（アジスキタカヒコネノカミ）は、「そんな穢らわしい死人と同じにするな」と怒り、天若日子（アメノワカヒコ）が眠る葬式場を破壊するという道徳ガン無視の行動をして去っていきます。

日本神話上、愛した夫の葬式を無茶苦茶にされた下照姫。たとえ無茶苦茶にしたのが自らの兄弟であっても、人として怒るはず。しかし、下照姫は何故か、そのタイミングで夫の天若日子へではなく、「阿遅鉏高日子根神」についての「和歌」を読みます。それがこれ。

『天（あめ）なるや弟棚機（おとたなばた）の項（うな）がせる玉の御統（みすまる）御統（みすまる）に足玉（あなだま）はやみ谷二渡（ふたわた）らす阿遅志貴高日子根（あぢしきたかひこね）の神そ此（こ）の歌は、夷振（ひなぶり）ぞ』

この和歌の一般的な翻訳は

『天にいる美しい機織りの女が首にかける紐で貫かれた統べる玉よ。その統べる玉よ。足に巻く足玉（あなだま）よ。その玉の様に、谷を2つも貫き輝く、阿遅鉏高日子根神ぞ』

ほとんどの方が何を伝えたいのかわからないと思いますが、最後の「貫き輝く」のが阿遅鉏高日子根神というところから、兄弟に対してポジティブな歌ということが分かると思います。しかし、この定説的な翻訳には圧倒的な間違いがあります。

それは、和歌の「弟棚機（オトタナバタ）」の「弟」という漢字を妹と訳していること。この歌の前文に「妹」で女性を表しているので、弟も女として訳すのは不自然。

そう。おそらく翻訳者は気づいたのだと思います。この和歌は女から男に送る恋文だということに。それはどういうことか？ 解説します。

赤裸々で性的、官能的なラブレター

では、まずこの歌の「女」をオリジナルの「弟」にします。すると「天にいる美しい機織りの弟」となります。天というのは、天と地という様に、天は状態が上の事を表します。そして、「機織りの弟」とは、機織りをする動作のように、上半身が前屈姿勢と直立姿勢を繰り返し行う弟（男）を指します。

次に「首にかける紐で貫かれた統べる玉よ、その統べる玉よ」というのはそのまま首にかかった数珠のこと。貫かれた統べる玉という表現で、この「弟（男）」が、何かを貫き統べた存在、つまり「王」を暗示しています。では次に、「足に巻く足玉（あなだま）よ」。もうここからはっきり言います。

この「足」とは男が情熱的になったときに増える3本目の「足」を表しており、それを足として捉えることで、足の玉とは男の黄金の玉のことです。そして、「足玉」を「あなだま」と読ませることで、その足の玉の向かう先も暗示してくれています。では、最後に。

『その玉のように、谷をふたつも貫き輝く、阿遅鉏高日子根神ぞ』

「その玉のように」は、先ほどの「統べる玉」と「足玉」のふたつにかかっており、これで、統べた男の足玉こと黄金の玉が統べる、つまり、これから王と『一つ』になることを表します。そして、次の「谷をふたつも貫き輝く」。

谷とは2つの凸の間にある凹を表しています。なので、この2つの谷の一つ目の谷とは、男が上に対して、寝そべる女性が足を開いた状態を表し、二つ目の谷は、女性器のそれが開いた瞬間を表します。そして、貫き輝くとは、先ほどの「統べる足玉」が女性のそれを貫いた瞬間を輝くと表現したものです。

では、ここまでを分かりやすくまとめると。

『(私の)上で身体を前後に揺らすその美しい弟の首には、統一を果たした証(王の証)の様な玉を貫く珠数よ。あぁ、その統一の玉よ。そして、(あなたの)男性器と黄金の玉よ。その統一の玉の様に、その黄金の玉で私のそれを貫き輝く、それが阿遅鉏高日子根神なのよ』

となる訳です。お分かりの通り、これは女性の目線から見た性交渉とクライマックスで輝く瞬間、と国を統べる王との関係かけた天才的な和歌。

そして、その女性が「下照姫」。下こと下半身が照る姫。少なくとも、下照姫と名をつけた人物は、この歌の真の意味を分かっていたのでしょう。

そして、この下照姫の和歌が、阿遅鉏高日子根神へ向けた恋文だとすれば、2人は性交渉したこととなり、それは同時に、亡くなった元夫の天若日子から乗り換えたということになります。

そして、阿遅鉏高日子根神が天若日子のそっくりな兄弟であり、天若日子の葬式での無茶苦茶な振る舞いが兄への反逆を意味するのであれば、シュメール王家の三角関係「アマシン王」から「シュシン王」へ乗り換えた「アビシティ」の歴史と完全に一致します。

下照姫＝王妃アビシティと言える証拠

つまり、下照姫は王妃アビシティ？　そう言える確信的な理由があります。その一つ目は、この下照姫もアビシティも世界最古のポエムを作った存在で、内容もそっくりなのです。

先ほど、アビシティが書いたであろうシュシン王へのラブレターですが、世界最古と言われ、内容も下照姫の歌のように、性交渉の瞬間を女性目線でマジマジと表現しています。

その一部を紹介すると、

『愛されし、私の心のダーリン。あなたの刺激はハチミツよりはるかにスウィートなの！あなたが私を魅了するから私は震えるの。ダーリン、そのまま私を素早くベッドへ導いて。私に最も甘いことをさせてね。あなたがキスをこの岩の裂目はハチミツよりはるかに甘いの』

そして、この王妃アビシティと同じように、下照姫の和歌は日本の歴史上、最も古い詩だと言われています。日本最古の歌はスサノオの「八雲立つ」と思う方もいるかと思いますが、日本神話（古事記／古今和歌集）では、世に歌が伝わったのは下照姫の歌が始めと書かれています。

『世に伝はることは、久方の天にしては下照姫に始まり』

つまり、日本神話は世界最古の歌が紀元前２０００年辺りの古代シュメール王国で作られた「女性目線の性交渉の歌」と知っていたということです。

また、この歌には、下照姫の和歌をどのような歌なのかを説明しています。それがこれ「此(こ)の歌は、夷振(ひなぶり)ぞ。」

「この歌はひなぶり（夷振）だ」という意味ですが、定説ではこの「ひなぶり」とは、「俗にいうところの～」という意味だとされています。

しかし、日本神話が編纂された当時のハ行は全てパ行、そして、しばらく経つと同じ破裂音のバ行で発音されていたので、「ヒナブリ」とは「ピナプリ」または「ビナブリ」だったと推測されます。

そして、この「ビナブリ（Binabuli）」という言葉の音は、シュメール人が古代使っていた特殊な詩の技法名「Balbale（バルバネ）」と良く似ています。「N」の発音と「L」の発音はほぼ同じなので「ビナブリ(Binabuli)」の「ナ」と「リ」と「バルバネ(Balbale)」の「ル」と「ネ」は、そこまで違った音ではありません。

なので、二千年以上の時を超え、「Balbale（バルバネ）」が日本神話で「ビナブリ（Binabuli）」と訛ったのであれば、この和歌での「この歌はひなぶり（夷振）だ」とは、「この和歌はシュメール人の特殊な技法を使った詩」という解釈ができるわけです。

つまり、葦原中国で起きた「下照姫／天若日子／阿遅鉏高日子根神」の三角関係ドラマと最古の和歌、そのすぐ後の国譲り神話に登場する葦原中国の王の1人「恵比寿神」こと事代主。

葦原中国ことシュメール王国「ウル」で起きたアビシティ／アマシン王／シュシン王の三角関係の実話と世界最古の恋文。そして、そののちすぐにシュメールの王となり、アムル人へ国を譲るエビス神のモデル「ibbin sin（イビ・シン）」。

そう、メソポタミアでのシュメール王国の歴史と日本神話の流れがドンピシャで同じなのです。

日本神話の作者は下照姫と名前を付けた所から見るに裏切ったのは王妃アビシティこと「下照姫」だとわかっていたが、あえて天若日子が裏切ったことにすることで、女性をかばいたかった。そんな、人のやさしさで生まれたのが、この物語なのかもしれません。

7　稲荷大社の起源

ちなみに、日本の和歌と同音の都市ワーカこと別名ウルクは、古代メソポタミアの歴史で一番初めに古代の伝説を物語風の詩で彫刻に残した場所であり、その物語があの有名な「ギルガメッシュ」の伝説です。

なので、日本人の一部の先祖がシュメール人であれば、「和歌」の言葉の起源は本当に都市ウルクことワーカじゃないか？と思えたりしますが、先ほどの和歌の創始者「下照姫」のモデル「王妃アビシティ」は、このウルク／ワーカという都市にかなり縁があります。

というのも、都市ウルクはイナンナという女神の聖地であり、下照姫こと王妃アビシティは何度も都市ウルクで女神イナンナへの儀式を行ったという記録が残っています。ここで重要なのは、シュメール王国の歴史では、この女神イナンナがシュシン王を国王まで出世させたと言われていること。

それを表した壁画も存在します。そこには、当時のシュメール王国の首都ウルことウゥの最高神「ナナ」に、女神イナンナがシュシン王を力強く引っ張り出し、紹介している所が描かれています。また、この女神イナンナとシュシン王が性交渉をしている壁画も存在します。ただこれは、シュシン王の妻で下照姫のモデル王妃アビシティの略奪愛を隠すために、あえて「女神イナンナ」として描いただけと言えます。

では、なぜ、わざわざここで「女神イナンナ」の話をしたのかというと。この都市ウルクことワーカのイナンナ信仰が日本での「稲荷信仰」となっていくからです。

女神『イナンナ』と稲荷信仰

日本全国に3万社ほどあるお稲荷さんこと稲荷神社ですが、この「稲荷（イナリ）」という言葉は、女神「イナンナ（Inanna）の「n」を発音しない、「イナッナ」と音がかなり似ています。

というのも、少し前にも話しましたが、単語のｎというのはＬと発音方法がほぼ同じなので、イナッナの最後の「ナ」も「ラ」や「リ」という音とそこまで遠くないからです。

なので、この女神イナンナこと「イナッナ」が、数千年の歴史で、「イナッラ」「イナッリ」と訛り、日本で稲荷（イナリ）となったと言えます。そう言える理由は、稲荷大社の主祭神の名前にもあります。

宇迦之御魂神（ウカノミタマノカミ）

稲荷信仰の総本山伏見稲荷大社の主祭神はスサノオの子「宇迦之御魂神（ウカノミタマノカミ）」で男神ですが、平安時代に書かれた延期式の祝詞では、女神・豊受大神（トヨウケノオオカミ）と間接的に同一とされていたり、古事記では「宇賀野御霊（ウカノミタマ）」という女神として見られていました。

なので、稲荷神が女神のイナンナが起源という説と合うだけなく、この「宇賀野御霊」の「ウカ」とは、女神イナンナの聖地、都市ウルクの別名「ワーカ」と音が似ています。

つまり、ワカがウカと訛り「宇賀野御霊＝都市ワカの神様」となったと考えられます。言い換えれば「女神イナッナの聖地ワーカ」が時代を超えて、日本で「稲荷の宇賀野御霊」となっていったのでしょう。

ただ、稲荷信仰は紀元後に渡来人の秦氏たちによって日本に入ってきたとされるので、詳しい話はまた別の機会になります。しかし、一つ言いたいことがあります。

だいぶあとに日本列島にやってきた渡来系の秦氏が稲荷大社でお祭りする宇賀野御霊は、古事記では国津神の祖、素戔嗚（スサノオ）と神大市比売（カムオオイチヒメ）の子です。つまり、渡来人である秦氏が、出雲族や賀茂氏と同じく国津神を崇拝しているのです。

しかし、もし、定説とされる日本神話の国津神の起源が日本列島で、国津神系の民族が全て日本列島から出ていないのであれば、これは絶対に起きません。

では、秦氏が国津神、特に素戔嗚の子を祭るという事実から分かることは何か？

それは、素戔嗚を筆頭に、国津神たちの起源が古代メソポタミアであり、そこから日本列島に、早く来たか、遅くきたかの違いで起きているだけで、秦氏も国津系の民族も、元を介せば、古代メソポタミア周辺の元同族同士だということです。

8　素戔嗚（スサノオ）のモデル

では、そんな国津神たちの始祖「素戔嗚」のモデルは一体誰か？　それが、シュメール人の兄弟国家「エラム王国」の最重要都市「スサ」で祭られていた、エラム人たちにとっての最高神「インシュシナク(Inshushinak)」です。「インシュシナク」は、死後の世界で亡くなった人間の最後の審判をする神様と信じられ、角を持ち、半身半獣の存在として描かれていました。

それ故に、都市ニッポーで崇拝されたシュメール人の最高神エンリルと同一とされ、人類の歴史上、名前が分かる最古級の神となります。

では、この「インシュシナク」が素戔嗚だと言えるか？「インシュシナク」の別名は、彼が祀るられていた都市名スサからわかるように「インスシナク（Insusinak）」です。そして、この名前は、

「イン（in／en）」

「スシ（susi／shushi）」

「ナク（nak）」

と三つに分けることができ、インは「神」、スシは「スサ」、ナクは「〜の」という意味なので、「インスシナク（Insusinak）」は、「スサの神」または「スサの王」という意味です。

つまり、インスシナクという名前そのものが「素戔嗚」なのです。素戔嗚の物語が古代メソポタミアの史実がモデルという話は、大国主と八岐大蛇（ヤマタノオロチ）の物語の解説のときにします。

9　ニニギとナナ

ではもし、日本神話の国譲り神話で登場する事代主こと恵比寿神などが古代のメソポタミアの史実だとすると、そののちの天孫降臨物語で登場するニニギは一体誰のモデルか？

それが都市ウルでの主祭神「シン（Sin）」、別名「ナナ(Nanna)」という神様です。

この神「シン／ナナ」は、シュメール人の宗教的中心都市で日本の名前の起源「ニッポー」で崇拝されていた最高神エンリルの息子で、月をシンボルとした神です。

アマシンやシュシンやエビシンというシュメール王国の国王の名前に「シン」が付けられているのは、この「シン」という神様から取っているから。しかし、この「シン」という名前は、アッカド王国の全メソポタミア統治時代の名残りで残ったアッカド語名で、シュメール人たちから呼ばれた「ナナ」がオリジナルの名前です。

月の神『ナナ』

そして、このナナ神が最初に崇拝された場所が都市ウルで次に崇拝されたのが、アムル人たちの拠点の一つ、先ほどの葦原中国の「原」の部分を意味する都市「ハラ（Harran）」です。

アムル人たちがメソポタミア統治したのち、彼らはシュメール人と共存し、彼らの文化に適応したと、少し前に話しましたが、その時、都市ウルのシュメール人の神ナナを、自らの拠点「ハラ」でも祀ったとされます。

なぜ、彼らがアムル人が「ナナ」を祀ったのかというと、彼らが遊牧民だからです。一般的に農業を主とする民族では、太陽が重要になる為に太陽神が崇拝されます。しかし、遊牧民は夜でも移動をしなくてはいけなかったので、夜道を照らす月明かりが重要でした。

特に、都市ウルと都市ハラは、貿易の中心都市同士であったために、この二都市間の移動時の夜道を照らしてくれる月の神「ナナ」を、商人でもあるアムル人たちが崇拝し、都市ハラでも祀ったと考えられます。そして、この「ナナ」が、日本神話の「ニニギ」のモデルです。

日本の古来からの伝統で「キ・ギ」は「始祖」を表しています。

例えば、日本神話の伊弉諾（イザナギ）の名前は「イザナ（大きな魚）」と「ギ（始祖）」を意味し、大きな魚の始祖という意味があります（一説です）。

これと同じように、都市ウルと都市ハラで崇拝された「ナナ」も、日本神話で始祖を意味する「ギ」が付けられ「ナナギ」。そして、これが少し訛って、現在、我々が知る「瓊瓊杵（ニニギ）」となります。

つまり、考古学的の史実では、葦原中国こと都市ウルのあとに、高天原の都市ハラで祀られ始めたのが「瓊瓊杵（ニニギ）」だったのです。

実際に、瓊瓊杵尊（ニニギノミコト）は皇孫であり天孫ですが、「皇」と「天」と違う漢字が使われている理由は、この歴史に関係しているからです。

現在、我々はシュメール人と呼びますが、元々シュメール人は「Sumer（スメー）」と他民族から呼ばれていました。彼らは自らを「ウンサンギガ（黒い髪）」と呼んでいます。

天皇（スメラノミコト）。スメラから考察する

そして、一部の歴史家の間では、日本の「天皇（スメラミコト）」の「スメラ」という呼び名が、シュメール人の他民族からの呼び名「スメー（シュメール）」と似ていることから、日本人シュメール起源説が20世紀頃から存在します。

しかし、「スメー」とは他民族から呼ばれた名前であって、シュメール人が自らの王にスメラ（皇）という意味を付けるのは不自然です。

なので、自らの民族の王に「スメラ／スメー（皇）」を付けれる民族は、シュメール文明に適応した民族しかあり得ません。

そして、この条件とドンピシャで繋がるのが、天（アマ）から舞い降り、シュメール人と共存した天孫族のアムル人なのです。

そして、瓊瓊杵（ニニギ）に「皇孫（シュメール人の祖）」と「天孫（アムル人の祖）」という二つの意味があるのは、ニニギこと月の神「ナナ」が、シュメール人がいた都市ウル（葦原中国）と都市ハラ（高天原）の両方で崇拝された神だからです。

では、なぜ日本神話では、都市ハラ（高天原）から葦原中国（都市ウル）へ、瓊瓊杵（ニニギ）が降臨した物語となったのかというと…。

のちに日本列島で日本神話を描く天孫族／大和民族からすれば、自らの祖が高天原（都市ハラ）で祀った神が、元々葦原中国（都市ウル）の起源の神だったという事実は、天孫降臨の筋が通らなくなってしまうからです。

言い換えれば、天孫族系アムル人のよって書かれた日本神話は、少しアムル人に都合良く書かれているということです。

ただ、瓊瓊杵（ニニギ）は葦原中国（都市ウル）が起源の神というのを隠す代わりに、瓊瓊杵は葦原中国平定後に誕生し、すぐ天孫降臨させられたりと、少し誤魔化されて書かれています。

10 アッカドとアカツ

また、高天原の天照大神は元々、瓊瓊杵が誕生する前に、葦原中国（都市ウル）を子「正哉吾勝勝速日天忍穂耳（マサカツアカツカチハヤヒアメノオシホミミ）」に統治させるつもりでした。

しかし、彼は当時最強だったシュメール王国が統べる「葦原中国(都市ウル)」に降臨できないと悟り断念します。この「正哉吾勝勝速日天忍穂耳（マサカツアカツカチハヤヒアメノオシホミミ）」のモデルも存在します。それがアッカド王国。

アッカド王国

「アッカド（Akkad)」、別名「アガデ（Agade)」という都市に起源があるアッカド人ですが、彼らがいた時代に「Akk（アッカ）／Aga(アガ)」という名前がつく物にはアッカド人が関わっていると言われており、このアッカドの「アッカ」が、のちに日本で「赤」を表すものとして使われます。

そして、少し前に話したアッカドの最後の「ド」という言葉も古代日本と関係します。先ほど、「アッカド（Akkad)」の最後の「ド」はシュメール語の「～がやって来る」という意味の「Du」という言葉が語源であると話しましたが、このシュメール語起源の「～がやって来る」を意味するアッカドの「ド（Du)」には別の読み方が存在します。

それが「Tum（トゥ)」。

なので、当時の一部のシュメール人は、アッカド人を「アッカトゥ」とも呼んでいたと言えます。そして、日本神話ではアッカド人を「アッカトゥ」こと「アカツ」と呼んでいます。

その代表例が、ニニギより先に天孫降臨するはずだった「正哉吾勝勝速日天忍穂耳尊（マサカツアカツカチハヤヒアメノオシホミミ）」です。

彼の名前にはアッカド人を意味する「アカツ」という言葉が入っています。日本神話が作られた時代の日本語は「ツ」を「トゥ」と発音されていたので、この「アカツ」も、昔は「アカトゥ」で、先ほどの「アカトゥ」と同じだからです。

「いやいや、こんなに長い名前だから、たまたまでしょう」という方もいるかも知れませんが、民族の起源名はそうそう消えるものではありません。それを、証明してくれるのが、この「正哉吾勝勝速日天忍穂耳尊（マサカツアカツカチハヤヒアメノオシホミミ）」を主祭神として祀る滋賀県東近江市にある

「阿賀神社（アガ）」

この神社は別名「太郎坊宮」とも呼ばれ、勝負運が上がる神社だとされています。そして、この阿賀神社が御神体としてお祀りするのが「赤神山」で、色の「赤」と縁があるだけでなく、ここには真っ赤な顔で鼻が高い天狗が現れるという伝説があり、その天狗は京都の鞍馬寺に現れる天狗のお兄さんです。

また、この阿賀神社の「アガ」という名は、アッカド人の別名の「アガデ（Agade)」の「アガ」と同音。

そんな阿賀神社の主祭神がアカトゥことアカツが名前に付く「正哉吾勝勝速日天忍穂耳尊（マサカツアカツカチハヤヒアメノオシホミミ）」なのです。

地元滋賀県では太郎坊宮として親しまれている。

もし、彼がアッカド人の擬人化だとすれば、当時のメソポタミアでの国際関係も見えてきます。国譲り物語では天照大神（アマテラスオオカミ）の命により彼が最初に葦原中国（都市ウル）へ降臨する予定でしたが、葦原中国（都市ウル）が荒れていたので断念。

最終的にアッカド人の国王サルゴンがモデルの猿田彦の道案内により、彼の代わりに瓊瓊杵（ニニギ）が葦原中国に降臨します。

これは当時のアッカド人国家だけではシュメール人国家が統べるメソポタミア南部へ勢力を拡大できないということを表し、高天原からやってきた天孫族系アムル人がアッカド人の協力の下、葦原中国を統べたという実話が元になっているのです。

ここまで古代メソポタミアの史実と日本神話の一部の物語は繋がると言う話をしてきましたが、これら中東にいた古代民族が一つにまとまって日本列島に移住したのではありません。

何度かの大きな民族移動の流れに分かれて日本列島に移住したと思われます。

そして、それを理解するのに重要なのが、日本が自らを日本と呼ぶ前の国名です。日本列島には古代、３つの名前が存在しました。

それが、倭国、大和王権、そして、日本。この倭国・大和王権・日本という名前の移り変わりが示すものは、日本列島で権力を持った民族／氏族の移り変わりとも言えます。

では、初めに倭国を建国した者たちは誰か？

それが、古代都市ウルを拠点にしていたアムル人・シュメール人・エラム人共同体。のちの賀茂氏などになっていく人々です。

第2章

殷元これ倭国なり

解き明かされる事象

卑弥呼・八咫烏・賀茂氏・忌部氏・吉志部氏・天日鷹神・イマ神・ヤマ神・閻魔大王・インシュシナク

日本神話で登場する初代天皇・神武天皇を導いた八咫烏ですが、八咫烏は日本で太陽の化身とされます。そして、そんな八咫烏を祀る日本の氏族が「賀茂氏」。ちなみに、日本語の「神（かみ）」は、賀茂氏の「カモ」が訛った言葉とも言われたりします。

そんな日本の神話上、かなり重要なカラスを古来から祀る賀茂氏ですが、世界には賀茂氏以外に「カラス」を祀っている民族がいます。

1　カラスという民族の足跡

それが現在のパキスタン付近にいる「カラス民族」。カラシュまたはカラスという名の民族ですが、日本語の烏（からす）を意味しているわけではありません。しかし、日本列島から遠く離れた、カラス民族の文化は日本とかなり繋がるのです。

例えば、カラス民族には、夜に白いミステリアスなカラスが人々の欲しいものを運んでくるという伝説を祝い、皆で歌う祭りがあるのですが、その祭りの名前が「カガヤク（Kagayak・またはShagayak）」と呼ばれています。

言わずもがな、夜に輝いていたので、白いとされたであろうカラスの祭りが「カガヤク」というのは、現在の日本語で意味も内容も合います。

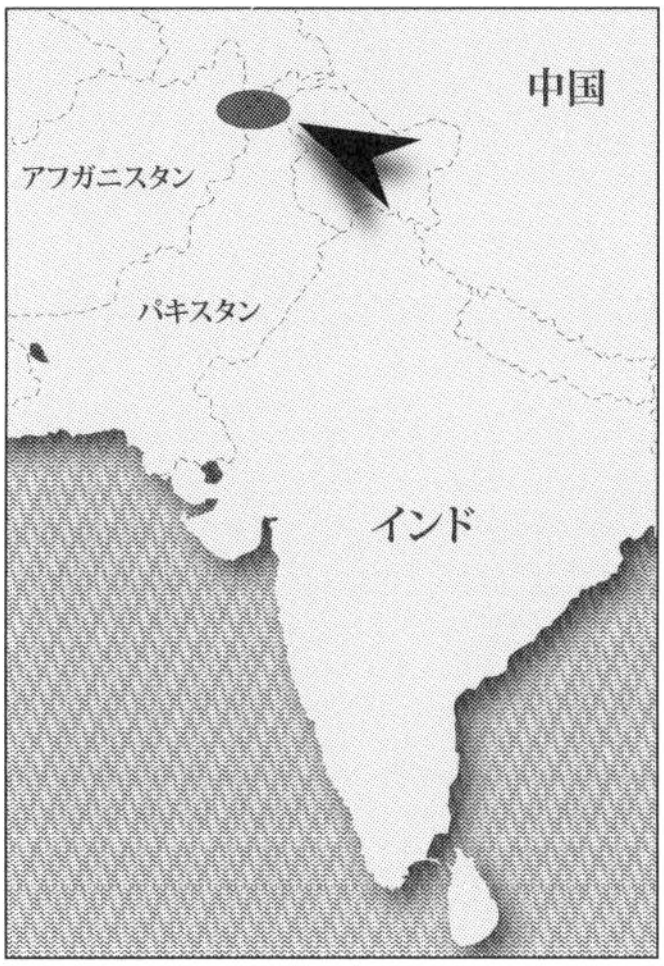

また、カラス民族は多神教民族であり、様々な起源を持つ神々をそれぞれの神殿で崇拝するのですが、その神殿の世話をする神官たちを「KAM（カム）」と呼びます。このカラス民族の神官名「KAM」は、カラスを祀る賀茂氏の「カモ（KAMO）」とほぼ同音の名前なのです。これだけではありません。

中国
アフガニスタン
パキスタン
インド

パキスタンの山間部に実在する少数部族。カラス/カラーシュ/カラーシャなどと表記されることがある。

盆踊りは出会いの場だった

カラス民族の最大の祭りの一つに「ジョシ祭り（Joshi Festival）」と呼ばれるものがあります。そこでは、まず土地の神への感謝の儀式をし、そのあと、若い男女が輪になり歌って踊ったりします。

そして、この若人たちは輪になり踊りながら、自らの将来のパートナーを探し、男女関係なく気になれば、その場で声をかけます。そして、このジョシ祭り。日本の盆踊りと、通ずるものがあります。

「え？盆踊りは輪になって踊るかもしれないけども、パートナーを探す場所ではないでしょう？」と思う方がほとんどだと思いますが、現在、我々が知る盆踊りは明治時代にだいぶ変わったものなのです。

というのも、もともと盆踊りは男女がパートナーを見つける祭りだったからです。ただ、キリスト教の影響などで離婚に厳しい西洋の国々から、日本人が野蛮な民族だと思われないために、明治政府による規制が入り、現在の盆踊りの形になりました。

なので、もともと盆踊りは、出会い、婚姻相手を探すなど、ある意味、性に寛容な祭りだったのです。

ということから、輪になって踊りながら男女が自らのパートナーを探す「ジョシ祭り」は、日本の盆踊りと似た部分がありますね（ジョシ祭りは様々な要素が複合的に含まれた祭りですので、男女との出会いだけが強調されるべきではありませんが）。

この「ジョシ祭り」では、女性が日本の浴衣の様に派手な色の衣装を着て踊り、かなり目立ちます。より女性に焦点を当てた祭りとして見ると、このジョシ祭りの「ジョシ」も日本語の「女子」と繋がるのではないか？とも思えたりします。

日本の歴史と繋がるのが、カラス民族のもう一つの呼び名「わぃ（Wai）」。いきなり、「ワイ」と言われてもピンと来ないと思いますが、この呼び名は日本列島に最初にあった王国「倭（Wa）」と繋がります。

倭と『賀茂氏』

そして、この「倭」は賀茂氏とも繋がります。というのも、日本神話では神武天皇は八咫烏の『道案内』により東征するという話があることから分かるように、日本列島に最初にいたのは神武天皇を祖に持つ大和民族ではなく、八咫烏を崇拝する賀茂氏系の人々などです。

そして、歴史上、大和民族の大和王権の前に存在したのが「倭国」。つまり、道案内をした八咫烏を祀る賀茂氏とカラス民族が同じ祖を持ち、カラス民族の別名が「わぃ」で、日本列島最古の国「倭」とほぼ同音と考えると、倭国とは賀茂氏系の人々が中心で作られた国だったと言えます。

しかし、倭国の「ワ」が先に存在し、その「倭」は、カラス民族の別名「ワィ」となっていったわけではありません。古代メソポタミアにあった古代都市「Ur」にいた人々が、日本列島に移住し「倭」や、パキスタンに残りカラス民族の「ワィ」となっていきます。

カラスが持つほかの足跡

ちなみに、「カラス」という足跡は、ほかにあります。それが古代エラム王国を起源に持つ「アケメネス朝ペルシャ」。というのも、アケメネス朝ペルシャを建国した王は英語で「キュロス」と呼ばれていますが、当時の古代ペルシャ語で「カラス(Kurus)」と呼ばれています。

また、アケメネス朝が使っていたペルシャ語は、古代エラム語と関わりが深く、「カラス(Kurus)」の最も古い語源を遡ることができ、それが「Kuras」で、羊飼い／守護者と言う意味となります。また、日本語のカラスに似た「Kurus」という言葉はのちに、「Kourosh」となり、現在の多くイラン人男性によく付けられる名前になりますが、この「Kourosh」の意味が「太陽の神」です。

そう、太陽の神「八咫烏」と繋がるのです。また、この古代インドで崇拝されたヒンドゥー教では、宇宙中心の山を、スメル山、または、「カイラス山」と呼び、それを模した儀式用の壺も「Kalash」と呼びます。

そう。このように、賀茂氏と繋がる「カラス」という足跡は、世界中に存在するのです。

2 ウルから殷／商へ

では、この賀茂氏などと繋がる、メソポタミア南部の都市ウルとエラム王国を拠点にしていたエラム人・アムル人・シュメール人共同体は、バビロニア帝国台頭によって東へ移動し、どのように日本列島で倭国となっていったのか？

彼らは、まず、中国大陸で「商（しょう）」、別名「殷（イン）」を建国します。この「商（しょう）」という名前は、中国名で「Shang（シャン）」と呼ばれていましたが、この「Shang」は、奇しくも都市ウルで崇拝された月の神「シン（Sin）」のもう一つの呼び名「Suen」とほぼ同音であるだけでなく、バビロニア帝国台頭（紀元前1600年代）から大体100年後に商

／殷は誕生しているので、時代もドンピシャです。

紀元前17世紀ごろから800年ほど栄えた考古学的に実在が確認されている古代王朝。商とも呼ばれる。

古代中国史で確認されている最古の王朝

また、「商」という漢字が当てられていますが、その理由は、実際に多くの商人がいたとされるからです。そして、古代において商人とは、遊牧民であり、のちに商売で財を成す古代イスラエル人の祖でもある「アムル人」のことで、彼らが多くいたために「商」という漢字が当てられたのだと思われます。

では、殷という別名は？　アムル人系王家が権力を持っていた「商」の時代から、エラム人系王家に取って代わった後半の王朝名が「殷」です。ひとまず、商／殷が古代メソポタミアとエラム地方からやってきた民族共同体だと言える決定的な証拠がいくつかあります。その一つが青銅器。

「商／殷」は古代中国史において、確認されている最も古い王朝の一つであり、青銅を東アジアで初めて使い始めた国として知られています。しかし、青銅技術発祥の地は古代中国ではなく、エラム人とシュメール人がいたメソポタミア辺りです。そして、このメソポタミアの古代国家のしばらくのちに、東アジアで初めて「商／殷」が青銅器を作り始めます。

つまり、メソポタミアから技術者が古代中国へ移動したのです。そう言える理由の一つは、商／殷で発見された最古の青銅器の質はかなり高く、何もないところから、いきなり青銅器を作ることは不可能のレベルだからです。

言い換えれば、すでに技術もった職人が、古代中国で青銅器を作ったとしか考えれないのです。ということなので、青銅器を作れるメソポタミアとエラム地方の人々が、シルクロードを超え、東アジアで商／殷を建国し、青銅器も作り始めたと言えます。そして、商／殷の青銅器はそれを証明しています。

というのも、シュメール王国の都市ニッポーで崇拝されていた最高神エンリルと同一とされたエラム王国の都市スサで崇拝されていた最高神「スサの王」こと「インスシナク」の容姿は、角がある「半身半獣」で表されると話しましたが、商／殷で発掘された青銅器には、角が生えたモンスターの顔が描かれています。この角の存在は「Taotie（タオティー）」と呼ばれ、体が牛または羊の角がある怪物とされます。

こういった青銅器は、商／殷の人々らの宗教的儀式で使われていたとされ、彼らの信仰にとってかなり重要な祭祀道具でありました。

そんな重要な青銅器に、角の顔の存在を描くということは、商／殷の人々にとって神様レベルの存在であったと言えます。

しかし、第1章で話した通り、半身半獣で角が生えた神というのは、「スサの王（インシュシナク）」を含め、元々、古代メソポタミアやエラム王国で崇拝された神々の姿です。

つまり、古代メソポタミア／エラム発祥の青銅技術を持った職人が、古代中国へ渡り、商／殷を建て、そこで「角がある神」を描いた青銅器を作ったのでしょう。

殷／商で発掘された祭祀用の青銅器には、角の生えたモンスターが描かれています。半身半獣で角と言えば『インシュシナク』。つまり殷／商に関連があるであろうと指摘している、エラム人に崇拝されていた神との関連が考察できます。

このほかにもメソポタミアの楔形文字と古代中国の甲骨文字の一致などがありますが、まず先に、なぜ「商／殷」が日本列島で「倭国」になったと言えるのかを話していきます。

『商／殷』が『倭国』になったという理由

一つ目の理由は、殷衰退の時期と弥生文化発足の時期が完全に一致しているということ。

この商／殷という国は、紀元前1700年（約3700年前）辺りから始まった王朝だとされ、殷が、次の「周」という国に滅ぼされたのは、そこから700年後の紀元前1000年（約3000年前）ぐらいだと言われています。

そして、その紀元前1000年辺り（縄文晩期〜弥生時代）というのは、渡来系弥生人が農耕技術と共に日本の北部九州に渡り、そこで弥生文化を始めた時期と完全に一致します。

つまり、殷の人々は、周に滅ぼされたのち、中国大陸から避難するかのように、いくつかに分かれて東へ逃げ、その一部の人々が早い段階で日本列島に移り住んだと考えられます。

そして、それを証明するかのように、縄文晩期辺りから弥生時代にかけ日本でも高度な青銅刀子などの青銅器が作られ始めます。

これは商／殷滅亡時期と合うのです。また、殷の人々が避難する様に東へ向かったというのは、儒教の祖「孔子」の話からも読み取れます。

「倭」は侮辱の意味はなかった

古代の中国大陸の王朝が書いたいくつかの文献には、「倭」は何度か語られていますが、この「倭」に関するいかなる情報も、当時の倭国や、現在の日本人の常識ではなく、古代中国の常識で語られているということを前提にしなくてはいけません。

では、この「倭」という漢字は「委ねる」に「人べん」がついて「従順や素直な人」という意味があると古代中国の漢字の意味がわかる「山海経」という歴史書から読み取れます。

都市伝説的に『倭』は「小さい人」というような侮辱の意味があるとされますが、その説には信憑性がないとされます。

では、何に対して「従順な人」なのか？当時の古代中国にいた人々にとって大切だとされたのが「儒教」。儒教とは、宗教とは少し違い、人が人としての「道」をどう歩んでいくべきかを説いた教え／哲学です。

つまり、少なくとも、儒教が広まっていた古代中国から見て「倭」の人々は「儒教の教えに従順な人々」と見えていたということです。

そんな「倭」ですが、なぜ古代中国の人々が、「倭」をべた褒めしていたのかというと、そこには理由があります。

「神仙思想」による東の『理想郷』

当時の古代中国には「神仙思想」という「東の彼方には空飛ぶ仙人がいたり、不老不死の薬がある」という伝説ありました。

そして、そんな神仙思想を儒教が取り込み、儒教を作った孔子が「東の彼方に理想郷がある」と言った、という伝承が広まっていました。

なので、秦始皇帝の時代に徐福が不老不死の霊薬を探しに東へ向かったのは有名な物語ですが、このように古代の中国の人々は東へ強い憧れを持っていたのです。そして、秦の時代から次の漢の初期の時代まで、その東にある儒教にとっての理想郷は朝鮮半島にあったと信じられた「君子国」という名の国にあると信じられていました。

というのも司馬遷が書いた史記にあるように、その儒教の祖の孔子が尊敬した殷の政治家／思想家「箕子（きし）」という人物が逃れた地が、古代中国の都市「洛陽」から見て東の朝鮮半島と信じられていたからです。

もちろん、朝鮮半島には理想郷はありません。また、殷の政治家「箕子（キシ）」が東へ逃げたとありますが、東へ逃げた殷の全ての人々が朝鮮半島に逃げたのではなく、直接、中国大陸から日本の北部九州へ船で辿り着くグループもいます。

というのも、先ほど、殷が滅亡した時期と日本の北部九州に渡来弥生人が弥生文化を始めた時期がほぼ同じという話をしましたが、農耕というのは長期間かけて行うものであり、それは身の安全が確保できる移住地があってこそです。

ではもし、のちに自らを「倭国」と名乗る、既に農耕ができる殷の人々が東へ逃げたのであれば、身の危険がある朝鮮半島よりも、中国大陸から海を隔てた、より安全な日本列島で農耕が始まったと考えられるからです。しかし、しばらく日本列島には渡らず朝鮮半島に残った「殷」の人々のグループも存在したと思われます。

それが朝鮮半島北部にいた「ワイ族＝濊族」という民族集団。この「倭」やカラス民族の別名「わぃ」とよく似た名前の「ワイ族」は、実際に、秦王朝の少し前の時代の古文書「海内北経」で「倭」として紹介されています。

現在の定説では、魏志倭人伝より以前に書かれた古文書の倭国は、日本列島に存在した「倭国」だとされますが、それはのちの日本の歴史家が漢文を誤訳して発生した間違いで、「海内北経」で登場する倭の人々は、先ほど、話した儒教の理想郷とされた『君子国』のある場所とほぼ同じとされます。

実際に、彼ら「ワイ族」は「倭」の人々と同じような言語を話していたとされ、それ故に、日本でも「ワイ族、倭国起源説」があるほどです。おそらく、殷の滅亡後、いくつかのルートに分かれ東へ避難したグループの一部が、この朝鮮半島に残った「ワイ族」だと思われます。そして、この「ワイ族」が古代中国の王朝の探検家と出会い親切にしたために、のちに「倭」という、少なくとも当時はポジティブな意味の漢字を使って呼ばれ、殷から逃れたということから、殷の政治家「箕子（キシ）」が逃げた儒教にとっての理想郷とされた「君子国」のある場所とされたのだと思います。実際に、「倭」の人々は礼儀があったという常識が数百年後の中国の王朝に受け継がれており、紀元後の平安時代の遣唐使として「唐」へ渡った日本人が唐の役人からこう言われています。

『海の東には君子国と呼ばれる大倭国があったと聞く。その

人々は礼儀があったと聞くが、本当にその通りだな』（続日本記より現代風にアレンジ）

ここで重要なのは、倭の人々は儒教で理想郷とされた「君子国」と同一として見られていたということで、この古代の記述は、殷から東の日本列島へ辿り着いた倭の人々だけでなく、朝鮮半島に残った倭と同民族が存在したという証拠と言えます。

3 賀茂氏と忌部氏「角の神」

「殷」が後の「倭国」になったと言える2つ目の理由は、「殷」という名前が日本のとある氏族と繋がるからです。エラム王国を起源に持つ「アケメネス朝ペルシャ」の国王の名前が「カラス」とほぼ同音の名で、そのカラスはのちに、八咫烏と同じ「太陽の神」を意味する「Kourosh」となったり、現在のパキスタンにいるカラス民族が白く輝くカラスの祭りをしていたという繋がりから、これらが賀茂氏の祖「エラム人」が中東から日本列島に渡る過程で残してきた足跡だと分かります。

そして、このエラム人・アムル人・シュメール人共同体が、倭国の中心氏族となりますが、あくまで賀茂氏は「倭国」で祭祀を任された氏族であり、政治的・軍事的に国をまとめた氏族は別に存在したと考えられます。

そして、その氏族は、殷が影響を受けたエラム王国の起源の宗教「ゾロアスター教」と繋げることで浮かび上がります。

殷の遺跡で発掘された青銅器には角が生えた「半身半獣」の存在が描かれており、その半身半獣の神の起源は、古代エラム王国の都市「スサ」で信じられていたのちのスサノオこと「インシュシナク（Inshushinak）」という神様だと話しましたが、この「Inshushinak」という神様は、人間を死後の世界で「最後の審判」をする存在とされていました。

ただ、この「Inshushinak」も時代が経つにつれ、別の存在に姿を変えていきます。それがイラン高原発祥のゾロアスター教の初期の神「YIMA（イマ）」です。イマ神にはユダヤ教の「ノアの方舟」の前身となる物語があります。

エラム王国起源とされる宗教『ゾロアスター教』この宗教で信じられていた初期の神はイマ神とインシュシナクは繋がります。

『ゾロアスター教』そして、ノアの方舟物語の前身となる伝説

それは地球にとてつもない氷河期が来ると聞いたイマ神は、地球上にいる生き物たちを守るために、地下に空間を作り、

全生物のオスとメスをその地下施設でかくまいました。そして、氷河期が過ぎたのち、生き物たちは外に出てまた繁栄することができた、というものです。

では、なぜイマ神が、角の生えた半身半獣の「インシュシナク（Inshushinak）」と同じと言えるのか？ですが、それはイマ神がのちにどういった存在に変わっていったのかでわかります。

というのも、イマ神をかたどった古代の彫刻は存在しなく、残っている伝説もあまり多くありません。なのでイマ神が信じられた当時の姿は謎であります。

しかし、このゾロアスター教のイマ神はのちに、ヒンドゥー教の「ヤマ神」となり、角の生えた「半身半獣」で描かれる様になりました（もしくは牛に乗った姿）。

また、このゾロアスター教のイマ神が地下で生命を守ったという伝説が、ヒンドゥー教のヤマ神では死後の世界で人間を裁く存在になりました。ちなみに、このヒンドゥー教のヤマ神は、のちに仏教の閻魔大王になります。

つまり、イマがヤマになり、ヤマがエンマになったということです。

ではここからわかる様に、死後の世界を担当する角の生えた半身半獣のヤマ神の前身が、ゾロアスター教のイマ神とすると、イマ神も角の生えた半身半獣の死後の世界の担当神だったと考えられます。

ということなので、死後の世界担当のイマ神は、もともと、古代エラム王国の都市スサの、死後の世界担当の角がある半身半獣の神「インシュシナク（Inshushinak）」と同一ということになります。

そんな超初期のゾロアスター教のイマ神がイラン高原の一部の民族で信じられていたとき、またはそののちに、東アジアで王朝を始めたのが「殷」です。

そして、この殷は古代都市スサの「インシュシナク（Inshushinak）」やゾロアスター教のイマ神と繋がる「角がある半身半獣」

Public domain

ゾロアスター教のイマ→ヒンドゥー教のヤマ→仏教の閻魔大王。この３柱は同一と考えられます。全て『牛』『角』というシンボルに関連。もちろんインシュシナクも。

の存在を、大切な儀式で使う青銅器に描いています。

そんな殷ですが、この殷という呼び名、ローマ字で書くと「Yin」であります。そして、ゾロアスター教のイマ神は「Yima」。しかし、YIMAという呼び名の最後のMAは、そこまで強く発音していなかったと言われているので、イマ神は、ほぼ『Yim（イム）』と呼ばれていたとされます。

つまり、この殷（Yin）という王朝と、ゾロアスター教の半身半獣の神「Yim」は、ほぼ同音だった可能性があります。

では、もし殷という国は、ゾロアスター教の死後の世界担当神「イマ」の信仰に影響を受けていたとして、その殷が滅亡後、日本に渡って倭国になったとすれば、賀茂氏以外の倭国のメインの氏族は「イン」という音の言葉と関係があるはずです。では「イン（殷）」と名の付く日本の氏族とは？

賀茂氏と忌部氏

それが「忌（イン）」という漢字に「部」がついた「忌部（インべ）」、そして、そののちの時代に「氏」が付き「忌部氏（インベシ）」。この忌部氏の「忌」という漢字は「イム」とも読み、「穢れを清める」という意味があります。また、忌部氏は祭祀だけでなく、古代朝廷の宮殿を作ったり、歴代の天皇が行う大嘗祭に麻の織物を納めたりと、高度な技術を持つ、かなり格式高い氏族でもあります。

古来から神道では「穢れ」とは、人が犯す犯罪など以外に、人の「死」も穢れだとされたので、そんな「穢れを清める」という意味を持つ忌部氏の名前から、死後の世界にも重きを置いた氏族だと言えます。

そんな忌部氏は賀茂氏と深い関わりがあり、賀茂氏を含めた鴨族の遠い親戚だと言われています。

天日鷹神（アメノヒワシノカミ）

例えば、現在の徳島、阿波の忌部氏の祖は、鳥の「鷹」という漢字が入った「天日鷹神（アメノヒワシノカミ）」という神様で、別名が「天加奈止美命（アメノカナトミ＝アメノカナトビ）」です。そして、この天加奈止美命のカナトビは、金の鳶と書いて「金鳶（キンシ）」を表しているとされます。

八咫烏とは？

ということなので、神武天皇を導いた賀茂氏の祖先神「八咫烏（やたがらす）」の別名「金鵄（キンシ）」と同一説があります。もし、同一であるならば、忌部氏の祖は賀茂氏の祖と同じ「八咫烏」、正式名「八咫烏・賀茂建角身命（ヤタガラス・カモタケツノミコト）」または「賀茂建角身命」ということになります。

では、ここで賀茂氏の祖先神の名前を注意深く見ると、名前に「角」という字が使われています。

この「建角（タケツ）」で「立派な角」という意味があると言われていますが、角が生えているといえば「鬼」。では、もし賀茂氏と忌部氏が「金鵄」と「八咫烏」で繋がる同族で、その神様の名前には「角」が生えているとすると、今まで話してきた、倭の人々は古代のエラム王国から日本列島へやってきた説と全てと繋がるのです。

というのも、忌部氏の民族名「イン（忌）」または「イム」は、倭国の前身である古代中国にあった「殷（Yin）」という国の名前と、古代イランで崇拝されたゾロアスター教のイマ神こと「Yima／Yim（イム／イマ）」という名前と繋がるだけでなく、「忌」という漢字が「穢れを清める」という意味があることから、死後の世界を担当する「イム／イマ」とさらに繋がるからです。

そして、この「イマ神」は、元々、エラム王国の都市スサで崇拝された、角が生えた半身半獣の神「インシュシナク」がモデルであり、同じく角が生えたヒンドゥー教のヤマ神の前身となる存在であるので、少なくとも角が生えていた可能性があるということ。

そして、倭国の前身であり、忌部氏の「イン」と同音の「殷」王朝で使った儀式用の青銅器には角が生えた存在が描かれていますが、忌部氏は賀茂氏と同族とされ、その賀茂氏と忌部氏の祖先神が「角」の字が入った「カモタケツノミコト」なのです。

つまり「角が生えた存在」ということで、古代都市スサの「インシュシナク」やゾロアスター教の「イマ神」とも繋がってきます。また、賀茂建角身命の別名が「八咫烏」で、八咫烏は神武天皇を導いた「太陽神」だともされますが、古代のペルシャ語で「カラス」とほぼ同音の「クルス」は「太陽／太陽神」を意味し、意味も同じになるのです。

4 忌部氏と吉志部氏の故郷『アワ』

では、ここまで「殷」という古代の国が「倭国」の前身として見ることで、倭の人々が日本列島に、いつ渡来したのかだけでなく、倭国の前身の殷は、古代のエラム地方の文化を受け継いだと予想でき、青銅器と「殷」という国名から浮かび上がったキーワードはゾロアスター教の「イマ／イム」という、角が生えた神々と繋がる存在でした。それ故に、賀茂氏と忌部氏と殷の繋がることがわかりましたが、実際に、忌部氏はエラム地方のどこからやってきたのか？

言語比較的に言えることは、現在の徳島県、昔の「阿波国（あわのくに）」で発展した忌部氏は、エラム王国のどの都市出身なのかがわかります。

というのも、今まで古代エラム王国の話をする時は、都市スサのことばかり話してきましたが、エラム王国には都市スサに負けないほど栄えた姉妹都市がありました。

そして、その古代都市の名前が「アワ（Awan）」。この「Awan」の最後の「n」は口を閉じるだけなので、「ん」とは発音しません。なので、都市「アワ（Awan）」は「阿波国」の「アワ」と同音です。

少し前に話した、ＤＮＡのゲノム解析を見ても、阿波国があった徳島県や四国には渡来系弥生人の割合が多いことからも、忌部氏が渡来系と言えます。

つまり、古代エラムの都市アワから東へ行き「殷」を建て、殷の滅亡後に北部九州へ移住し、そこから瀬戸内海を通って現在の徳島県辺りで発展したのが阿波国の忌部氏と言えます。

古代のエラム地方やメソポタミア地方の都市の名前がそのまま、日本の地名や氏族の名前になっている例は、まだまだあります。例えば、少し前に話した儒教の祖「孔子」が尊敬した殷の思想家「箕子（きし）」。

この箕子とその民族たちは、殷の滅亡後、避難するように東へ向かったという伝承があると話しましたが、古代メソポタミには、実際に「キシ（Kish）」という都市がありました。

殷は古代エラムやメソポタミアの文化を受け継いだ元同民族というのは確実だと思われるので、この殷の思想家「箕子」は、この「キシ」出身の可能性があります。

そして、そんな「キシ」というメソポタミア起源の民族が日本列島へ渡ってきたのを示すように、「キシ」に部民性の「部」と氏族性「氏」を付けた「吉志部氏（キシベシ）」という名の氏族が古来から存在します。

吉志部氏は、現在の大阪府の吹田市に住み着いた朝鮮半島からの渡来人とされます。古代メソポタミアの都市「キシ」からやって来た殷の思想家が、殷の滅亡後に東の朝鮮半島へ逃げ、そこからしばらくして日本列島に渡ってきたのでしょう。

5　十を背負う倭国

「殷」が後の「倭国」になったと言える3つ目の証拠は、殷の人々、が生み出した漢字の起源の文字「甲骨文字」が関係します。

　そして、これは古代のメソポタミアから民族が殷へ渡った証拠にもなります。甲骨文字とは、亀の甲羅に文字を書き込んだ現在確認されている最古の漢字とされ、そんな甲骨文字を使い始めたのが殷です。

　しかし、漢字の起源とされる「甲骨文字」には、考古学的に一つ大きな不思議があるのを、みなさんは知っているでしょうか？

　それは、言葉として高い文明だとわかる「甲骨文字」には、元とされる文字がいっさい見つかっていないのです。詳しく言うと、言葉とは進化すればするほど複雑になるのが考古学的人類史の常識なのですが、古代中国で発見された最古の「甲骨文字」には、すでにシンプルではない複雑な文字が使われ、書き言葉としての文法がしっかりとあるのです。

　しかし、文字を書かない古代の人間たちがいきなり、何も無いところから、この文字と文法を発明することはあり得ません。

　必ず、元とされる発展前の文字とそれを書いた文明人たちが存在します。しかし、この甲骨文字には、その元の文字が古代中国大陸で発見されていないのです。

　それもそのはず、漢字の元となった甲骨文字の起源は、シュメール人・エラム人が使っていた「楔形文字」であり、古代メソポタミアが元だからです。そう言える面白い例をお見せしましょう。

　先ほど、太陽を意味するアケメネス朝ペルシャの国王の名前「クルス（Kurus）」の最も古い語源をさかのぼると、古代ペルシャ語で「羊飼い／守護者」を意味する「Kuras（クラス）」にたどり着くと話しましたが、その「Kuras（カラス／クラス）」をエラムの文字で書くとこのようになります。

旧　畂　主

　この楔形文字、漢字に見えませんか？一番左がこれ「旧」、真ん中が田偏のこれ「畂」、そして、一番右が「主」。そして、それぞれの漢字を音読みで読むと「ク」「ル」「ス」となり、音もこの楔形文字の読み「Kuras」と、ほぼ同じになります。

　ちなみに旧という字は「きゅう」とも読めるので、王様の「Kurus」ことのちの「キュロス」の「キュ」と繋がるだけでなく、主（す）も「シュ」と読めるので、太陽を意味する「コウロシュ」の「シュ」ともリンクします。

　つまり、もし、漢字の起源が古代の楔形文字なのであれば、元々、このクルスと読める楔形文字をキュルスそしてキュロスと訛って読むようになった人々がいる一方で、クルシュと訛って読む人々がおり、この楔形文字が漢字に進化していくなかで、これらの漢字をクやキュ、スやシュと読む人々がいるので、そのまま違う音読みとして現在の日本に残ったと推測できるわけです。

では、シュメール人の楔形文字から発展したであろう漢字の起源「甲骨文字」ですが、この甲骨文字が書かれたのが「商／殷」の時代。つまり、この楔形文字と日本で使われる漢字との一致から、漢字の起源とされる甲骨文字を使った商／殷という国は、後に日本列島で倭人となる「都市ウル」の人々が建てた国と言えるわけです。

6 十のシンボルと卑弥呼の正体

ほかにも殷と古代メソポタミアの都市ウルと繋がる甲骨文字が存在します。それが甲骨文字の「十」という文字・シンボルです。

この甲骨文字の「十」は「Wu（ウゥ）」と発音し、「巫（カムナギ）／シャーマン」を意味しているとされます。

「巫（カムナギ）／シャーマン」とは、現在の沖縄県の「ノロ／ユタ」や青森県の「イタコ」などの様に、神様を自らに降ろし、「神がかる」ことで神意を伝える人々の呼び名です。

日本では古来から女性がその役目を受け継いできました。そんなスピリチュアルな役目を表す、殷で使われた甲骨文字が「十」というシンボルだった訳です。また、殷の滅亡後、殷の人々は日本列島へ渡り、青銅器を作り始めたという話ですが、この「十」のシンボルは、弥生時代に作られた青銅器「銅鐸」のシンボルで多く使われています。

彼らが古代メソポタミアの都市ウル＝ウゥから日本列島に渡りで「倭（ワ）」を建国し、倭とほぼ同音の甲骨文字「十（ウゥ）」とよく似たシンボルを青銅器に使っても何も不思議ではありません。

ちなみに、京都の下鴨神社や上賀茂神社で有名な賀茂氏ですが、それら全ての賀茂社の総社とされるのが、鴨一族の発祥の地の一つ、奈良県にある「高鴨神社」で、宮司によれば鴨一族は製鉄技術・農耕技術・馬術などの高い技術を持っていたとされます。

そして、その高鴨神社の東の境内の石垣の一部には「十」

に見えるように石が積まれています。

また、日本神話で武甕槌（タケミカズチ）が大国主に国譲りの交渉をした際、武甕槌は「十」が入った「十拳の剣」の先端の上に胡座をかきます。これだけでは、意味不明なのですが、この時の武甕槌は、メソポタミアを南下し、甲骨文字の「十（ウゥ）」と同音の都市ウル＝ウゥを占拠する直前の天孫族系アムル人たちがモデルです。

なので、「十」拳の剣の先端で胡座をかくと言うのは、アムル人たちが都市ウルのすぐ手前で止まり、当時のシュメール王国と交渉したという意味になります。

7 卑弥呼とピニカー

また、古来から日本では、巫（カムナギ）は女性ですが、元々、賀茂氏はシャーマン能力を持つ女性の血を継承していく女系主義だとされます。（実際に、先程の高鴨神社の現在の宮司は、高鴨神社へ嫁いだ方です）なので、現在の天皇家の男系主義とは違います。

では、いつから賀茂氏が女系主義なのか？　おそらく、それは倭国女王「卑弥呼」の時代からだと考えられます。

古事記や日本書紀などの日本神話には、一切登場しない「倭国」と「卑弥呼」ですが、その理由は日本神話の編纂に携わった大和民族が中心の国の話ではないからです。

では、そんな倭国を語ったのが古代中国の魏国が書いた『魏志倭人伝』。

そこには、紀元後2世紀辺りに小国同士の争いが起きていたので倭国のは大いに荒れていましたが、卑弥呼という「鬼道」を使う女王を立てることにより、連合国家的組織を作り、国を安定させたと書かれています。それ故に、卑弥呼は「倭国の女王」と称されています。

小国同士の争いがあったということから分かるように、紀元後の日本列島にはすでにいろんな民族が共存していたわけですが、もし、倭国が商／殷と古代メソポタミアの都市ウルを前身に持つ国で、なおかつ、女系主義の「鴨一族」と深く関わっていたのであれば、「卑弥呼」は、鴨一族の女系の先祖の可能性があるのです。

そして、それを証明してくれるのが「鬼道」と、卑弥呼という名前。

「鬼道」の正体には諸説ありますが、魏志倭人伝を書いた魏国は「鬼道」をネガティブな信仰として見ていました。

その理由は、当時の魏国や古代中国の国々では、儒教や仏教などが信仰されており、鬼道のような「鬼」を祀る宗教は異端だったのです。

そして、日本も仏教が流行してからは「鬼」は軒並みネガティブな存在として見られていきます。しかし、仏教が確立するもっと昔、人類最古の文明があった古代のメソポタミアやエラム地方の男神のほとんどに角が生えています。

そして、都市ウルとエラム王国の民族たちが建てた商／殷の祭祀用の青銅器（タオティー）には、角の神が描かれていました。

そして、エラム王国に起源がある賀茂氏の祖先神「八咫烏建角命（ヤタガラスタケツノミコト）」または「賀茂建角命（カモタケツノミコト）」の「建角」とは「立派な角」を意味することから、賀茂氏は昔から角の神を崇拝してきたのです。

そして、鴨一族が女系で、鴨一族が祭祀として中心となった国名が「倭（ワ）」。

そして、「Wa（倭）」と同音の甲骨文字は「十（Wu／ウゥ）」は、女性のシャーマンを表し、倭の時代から「十」のシンボルが使われた青銅器が作られ始めただけでなく、高鴨神社にも「十」のシンボルがあるということから、鬼道を通して民衆を束ねた卑弥呼は、鴨一族の先祖としか考えられないのです。

この「卑弥呼＝鴨一族説」を裏付けるもう一つの証拠が、「卑弥呼（ヒミコ）」という名前です。

卑弥呼という漢字は、鬼道を異端とする魏国が付けたネガティブな名前ですが、重要なのは「ヒミコ」という音の言葉です。古代の日本語のハ行は、全てパ行だったので、ヒミコは「ピミコ（Pimiko）」だったと考えられます。

そして、偶然にも、賀茂氏の先祖の国「エラム王国」の都市スサと都市アワ＝アワンで、ピミコとそっくりな名前の女神が崇拝されていました。

それが、先ほど話した「ピニカー（Piniker／Pinigir）」です。「ミ（mi）」と「ニ（ni）」の違いはあれど、「ピミコ（Pimiko）」でよく似た名前です（発音すると似ていることがわかります）。

では、秦氏の先祖ヒッタイトと、賀茂氏の祖エラム人から崇拝された女神ピニカーですが、都市ウルで崇拝された月の神「ナナ／シン（ニニギのモデル）」の娘だとされます。

そして、エラム地方では角生えたインシュシナクと祀られていました。倭（ワ）の起源の国が「都市ウル」で、その最高神ナナの娘の女神「Piniker」という名前が、数千年の歴史で「ピミコ（Pimiko）」と訛り、倭の連合国家をまとめるのシャーマンの名前として使われたのかもしれません。

8 殷元これ倭国なり

話がそれましたが、倭国がメソポタミアの都市ウルと、古代中国の商／殷と繋がると言えるもう一つの理由は、中国資料からも「ウル＝殷＝倭」というのが読み取れるからです。

「契丹古伝(きったんこでん)」という古来の中国の伝承をまとめた歴史書には「殷元これ倭国なり（殷は元々倭だった）」と書かれています。

ただ、この契丹古伝は殷の時代より遥かあとの紀元後に書かれたものであり、契丹古伝を批判する歴史学者も少なくありません。

というのも、考古学的に見て、殷は倭国より古い国であるので、倭国が先に存在した国というのはあり得ないのです。なので、現在の定説では「殷元これ倭国なり」は、「倭国の元が殷」だったという解釈がされています。

しかし、ここまでの歴史から、「都市ウル＝ウゥ」にいたアムル人・エラム人共同体が「殷」を建て、その殷が「倭国」となっていったことから分かるように、「殷元これウゥ国」なのです。

つまり、契丹古伝に書かれた「殷元これ倭国なり」とは、倭が古代メソポタミアの都市ウルを前身に持つと知っていた民族が、「殷の元は倭（都市ウル＝ウゥ）」と、伝承として語り継いだものだと言えます。

倭国から大和へ

古代メソポタミアの都市ウルから殷／商へ、殷から倭国へ、という流れで、後に賀茂氏や忌部氏となるエラム人・アムル人・シュメール人が日本列島にやってきたという話をしましたが、これらの話から倭国の人々がどのように日本列島で発展していったのかがわかります。

まず「殷の滅亡時期と北部九州での弥生文化の始まり」を見ると、倭の人々はまず北部九州で基盤を作ったと言えます。

そして、古代の中国資料を見ると、そこから朝鮮半島南部まで及ぶアジア最高クラスの海上戦力を持ち、対馬と壱岐島を含めた日本海側で勢力を持ったとされます。

その一方で「DNAのゲノム解析」を見ると、九州には縄文系の分布図が濃く、関西から四国にかけて渡来系の分布図が濃いことから、倭の人々は九州全土を収めたのではなく、先に瀬戸内海を通って四国と近畿へ新たな拠点を作りました。

そして、これは賀茂氏を含めた鴨一族が奈良県発祥とされていることや、忌部氏の重要拠点が、四国の徳島県の阿波国ということと繋がります。

また「DNAのゲノム解析」を見ると、渡来系弥生人の分布図が、関西を中心に中越地方と中国地方に伸びているのがわかります。

つまり、渡来系弥生人とは、初めに北部九州に拠点を置いたあと、ゆっくりと四国・関西を拠点に日本列島を東西、そして、南北へ広がっていったのがわかります。つまり、先住民の縄文人は、渡来系弥生人の人々と共存と混血をしながらも、少しづつ東西、そして南北へ追いやられたということです。

それゆえに、縄文人の分布図が濃いのが九州・沖縄と関東・東北なのです。(北海道は渡来系の人々が蝦夷地へ多く送り込まれたので、渡来系の分布が東北よりも濃くなります)

しかし、関西を中心に日本列島の勢力を拡大していったのは倭国だけではありません。むしろ、賀茂氏や忌部氏は祭祀系の氏族なので、そんな氏族たちが中心の倭国が、武力で先住民を倒し勢力を拡大したとは思えませんし、実際に、鴨一族発祥の「高鴨神社」の鈴鹿宮司は『鴨族は高度な製鉄技術を持っていたが、武器は作っていない』と述べています。

では、誰が倭国を発展させたのか?

それが「大和王権」です。倭国と大和王権は、もともと別の氏族の国ですが、倭国と大和王権は同盟を結んだので、倭と大和を合わせて「大倭(ヤマト)」になったと言えます。

というのも、忌部氏の本拠地の一つ、阿波国があった徳島県には倭を「ヤマト」と呼ぶ、倭大国魂神社(ヤマトオオクニタマジンジャ)と倭大国敷神社(ヤマトオオクニシキジンジャ)があります。そして、淡路島には、阿波の倭大国魂神社と同音の名前を持つ「大和大国魂神社(ヤマトオオクニタマジンジャ)」があります。

同じ「ヤマト」という音で「倭」と「大和」という漢字を使い分けているのがわかります。つまり、アイデンティティ的には少し違うが、倭国と大和王権は同盟を組み共に発展していったということです。では、大和王権を建てた主要な民族が日本のどの氏族かと言うと、それが「海部氏(アマベシ)」です。

第3章

日本という国名の真の起源

解き明かされる事象

大国主・大穴牟遅尊・因幡の白兎・奴奈川姫・八岐大蛇・物部氏・海部氏・吉志部氏・天武天皇

アナトリア地方から南下し、メソポタミアを統治したアムル人ことアマ人が天孫族「海部氏」の祖であり、その一部のアムル人たちが、都市ウルなどを拠点に、シュメール人とエラム人と共存したのち、中国大陸で殷／商となり、日本列島で倭国となります。

その一方で、シリア地方で「ヤマァド王国」を建国したアムル人たちが、日本列島へ移住し大和王権となっていきます。では、次にヤマァド王国から大和民族となっていく者たちの歴史を知るために、日本神話で重要な一人「大国主」の正体を暴いていきましょう。

1 アラムシと大国主と因幡の白兎

ここまで天孫降臨や国譲り物語は古代メソポタミアの史実が土台にあると話してきましたが、国譲り神話で登場する縁結びで有名な「大国主大穴牟遅尊（オオアナムチノミコト）」は、誰をモデルにしているのか？ 因幡の白兎やスサノオ試練物語だけでなく、多くの妻をめとったりと、破天荒な印象がある大国主。

しかし、天津神・武甕槌から国譲りを打診された際の大国主は、一国の長にも関わらず自ら決断しようとせず、息子の恵比寿神とタケミナカタへ聞いてほしいと言い、どちらかというと「外交官」のような振る舞いをしました。

先に言うと、因幡で登場する大国主と国譲りで登場する大国主は元々は別の存在です。言い換えれば、色んな神々と伝説を融合してできたのが大国主であり、それありきの縁結びの神とも言えます。そして、そんな多くの神を融合しているが故に、一年に一度の神有月（旧暦の10月）に出雲大社へ神々が集合するという文化ができました。

大穴牟遅尊（オオナムチノミコト）

では、まず国譲り神話の「大穴牟遅尊（オオナムチノミコト）」としての大国主のモデルの神を見ていきましょう。

国譲り神話が、天孫族アムル人による「葦原中国／アシハラノナカツクニ（都市ウル）」で、シュメール人とエラム人へ国譲りを迫った歴史を引用しているので有れば、このときに「都市ウル」で大国主のように外交官の様な存在がいるはず。そして、そのドンピシャで合う存在が、

「アラムシ（Alammush）」という神様。

この「アラムシ(Alammush)」のラが日本列島でナと訛って「アナムシ」。これは、大国主の別名オオナムチのもう一つの呼び名

「オオアナムチ」の大を外した「アナムチ」とほぼ同じ名前です。

この「アラムシ（Alammush）」という神様は、葦原中国（あしはらのなかつくに）こと「都市ウル」で一部のシュメール人またはエラム人に崇拝されていたマイナーな神様ですが、重要な役割がありました。

それが「外交」。シュメール王国やエラム王国には、古代からメジャーな神の世話役をする補佐的／メッセンジャーな神が存在し、その神々の総称をスカルと呼びます。

そして、この大国主ことオオアナムチのモデル「Alammush（アラムシ）」が補佐していた神が「葦原中国（都市ウル）」の主祭神／月の神「ナナ」。

この「ナナ」は日本列島に来る時には、民族の始祖を意味する「ギ」が後ろに付き、ナナギことニニギになると話しました。

つまり、古代メソポタミアでは、根本的にニニギ（ナナ）の外交神が「Alammush（アラムシ）」こと「大国主／大穴牟遅尊」だったのです。

なので、そもそも一国の長が何もしない違和感は、大国主ことオオアナムチに「ニニギへの国譲りを武甕槌（タケミカズチ）を通して承諾した存在」でしかないので、事実に基づいた武甕槌と恵比寿神や建御名方神の話が国譲り神話のメインの話となったというわけです。

そんな、大国主こと大穴牟遅尊のモデルの一つ「Alammush（アラムシ）」ですが、彼らが同一と言える理由が他にもあります。

奴奈川姫（ヌナカワ姫）

それが、大国主の妻のひとり「奴奈川姫（ヌナカワヒメ）」の存在。神話上、大国主には素戔嗚（スサノオ）の娘、須勢理毘売（スセリビメ）という正式な妻がいますが、ほかにも、現在の福井県から山形県にあった越国（こしのくに）に由来がある「奴奈川姫（ヌナカワヒメ）」という妻がいます。

日本書紀には登場せず、古事記でも大国主があっさり奴奈川姫を妻にするのですが、天津神社／並奴奈川神社の言い伝えでは、大国主は奴奈川姫と結婚するために、馬に乗った男神と戦

福井県〜山形県にかけて伝説の多い、奴奈川姫。

い、最終的にその馬を石に変え勝っています。

では、これと古代メソポタミアの歴史がどう繋がるのかというと、越国（現在の福井県〜山形県日本海側）の「コシ」によく似た音の古代都市「キシ」が古来から長らく間接統治していた「ウマ」という都市が実際にメソポタミアに存在しました。

そして、その都市ウマから発掘された古代の記録には、先ほどの大穴牟遅尊のモデル「アラムシ（Alammush）」は、とある女神と仲良くやっていたと書かれています。

そして、その女神の名が「ニネイガラ（Nineigara）」。

先ほどのオオアナムチの妻の1人「奴奈川姫」の「ヌナガワ」と、「アラムシ(Alammush)」と仲が良い「ニネイガラ(Nineigara)」。

最後の「ワ」と「ラ」もそこまで遠い発音ではないので、ほぼドンピシャの名前の一致です。

そして、先ほどの言い伝えと合うように、このニネイガラには別に夫とされる男神がいました。おそらく、古事記の日本神話では、大穴牟遅尊こと大国主が他民族間を繋げる役目（縁結び）があるために、奴奈川姫を妻にしたという簡略的な物語にしたのだと思われます。

ちなみに、先ほどの言い伝えでは、馬が石になるという話ですが、実際に古代メソポタミアの都市ウマは、「石」とよく似た名前の都市「イシ／イシン（Isin）」にしばらく間接統治されます。

ひとまず、大穴牟遅尊としての大国主のモデルの話をしましたが、大国主は日本列島での他民族間を取り持つために書かれた、色んな神の融合体です。せっかくなので、因幡の白兎の大国主のモデルになった正体も掘り下げます。日本神話で最も人気がある一つ「大国主の因幡の白兎神話」と、そののちに続く「素戔嗚の根の国試練」神話。これらが、どんな物語だったのかというと。

因幡の白兎神話からみる大国主

八十神（ヤソガミ）という名の兄弟たちの末っ子だった大国主は、日頃からその兄たちのいじめに遭っていましたが、ある日、そんな八十神たちは、美しい因幡の八上姫（ヤカミヒメ）へ求婚をしに皆で因幡へ向かいます。

兄たちの荷物をもたされた大国主が、列の最後尾を歩いていると、泣いているウサギが現れます。話を聞くと、ワニたちを騙して海を渡ろうとしたウサギは、最終的にそのウソがバレ痛めつけられたあげく、八十神にウソの治療方法を聞かされ、身体が痛いとのこと。

それを聞いた大国主は、ちゃんとした治療方法を教え、そのウサギを助けました。すると、ウサギは大国主へ「兄たちの八十神たちではなくあなたが八上姫と婚約できる」と言います。

そして、その通り八上姫は荷物を背負わされる大国主を選び、2人は婚約します。

しかし、その2人の婚約をよく思わない兄の八十神たちによって、大国主は2度も倒され、2度復活します。いよいよ、ここにいては危ないということなので、母の助言で大国主は素戔嗚（スサノオ）がいる根の国まで行き、娘の須勢理毘売（スセリヒメ）に一目惚れをします。須勢理毘売を渡さんとする素戔嗚からの試練を乗り越えてた大国主は、須勢理毘売も妻にし、根の国から葦原中国へ戻り、兄の八十神たちを倒す、という物語です。

これが「因幡の白兎」と「素戔嗚の根の国試練」神話ですが、前半の「因幡の白兎」は、古事記に書かれてはいますが、日本書紀には書かれていないだけでなく、出雲国の風土記にいっさい書かれていません。

つまり、大国主を祀る出雲の人々はこの「因幡の白兎物語」を大国主の物語としては見ていないのです。

それもそのはず、前半の因幡の白兎物語は素戔嗚を祀る国津神側のシュメール人やエラム人の目線の話ではなく、のちから彼らと合流した天孫族系のアムル人目線の物語を引用しているからです。

そして、後半の「素戔嗚の根の国試練」物語は、そのオリジナルの物語に、アムル人とエラム人の政略結婚の要素を付け加えたものと言えます。

では、これらの日本神話の元となった歴史とは何か？　それが、古代メソポタミアの都市ニッポーで発掘された粘土板に書かれた「とあるアムル人の男」の物語「Marriage of Martu (マートゥの結婚)」というものです。

この「マートゥ」又は「マーツ」という名前は、古代メソポタミアにいたシュメール人など国津神側から見た「天孫族アムル人」の別名で、この物語の主人公はアムル人の男。そして、この物語の舞台となる都市の名前が「イナブ (Inab)」と言います。

因幡の白兎の「因幡」と同音の「イナブ」です。では、「マートゥの結婚」物語の内容を見ていきましょう。

マートゥの結婚という物語

昔々、あるところに地上の都市の中で最も優雅な都市イナブ (Inab) がありました。そして、その「イナブ (Inab)」の周りには柵があり、その柵の外の人々は狩猟民族で鹿などをとって暮らしていました。そんな都市イナブの外の人々は、おのおのが取った獲物を分配するとき、家族がいる者・妻だけいる者・独身者の獲物の配分が違いました。

それに不満を持った独身のマートゥという男は、家に帰って母親にこう言います。

「私は独身者だから仲間たちと貰える量が違うんだ、結婚さえすればお母さんにもっと渡せるのに」

しかし、マートゥの母親は、

「あなたが望む結婚をしなさい。そして、あなたがあなたの末裔の家と街を、「イナブ」の周りに作れば良いのです」と息子のマートゥに言います。

それからしばらく日が経ち、優雅な都市「イナブ」では盛大な祭りがありました。そこに出向いたマートゥは、都市の入り口で行われている格闘大会へ出場し、次々と相手を倒していきます。

そのマートゥの強さに感銘を受けた「イナブ」の王は、マートゥに何でも願い事を叶えてやろうと言い、銀や宝石を何度も渡します。

しかし、マートゥは「この宝石が何をもたらすと言うのだ？私はあなたの娘と結婚したい」と言い王を困らせます。そこで「イナブ（Inab）」の王は、自らの娘と結婚するための条件として、数々の試練をマートゥへかします。

そこから長い月日がたち、マートゥは都市「イナブ」に住む全ての人々に高価な物を与えれるほどの存在となります。そんななか、「イナブ」の王の娘は、友人からこう言われます。

「あなた、本当にマートゥと結婚するの？あの人たちは、私たちの神様が禁止するもの食べたり、テントで暮らしたり、ケガレた野蛮な民族なのよ」

しかし、イナブの王の娘は答えます。

「私、マートゥと結婚する！」

これが「マートゥの結婚」です。この物語が書かれた粘土板には欠損部分が多く話が飛び飛びになってはいますが、マートゥことアムル人たちが実際の歴史で統治するシュメール人の宗教的中心都市ニッポー付近で、この粘土板は発掘されています。なので、研究者の間では、アムル人が自らの全メソポタミア統治の正当性をシュメール人に伝えるために、この物語を作ったと言われています。

この物語が伝えたかった話、

この物語の大まかな流れは2つ。

①仲間から不当な扱いを受け不満を持つ男が母親の助言を受

ける。

②因幡ことイナブ（Inab）という都市の王の娘と結婚するために、王からのいくつかの試練をこなし、半ば強引に結婚する。

この大まかな流れは、イナブ（inab）という名前もさることながら、大国主の物語の①。

兄弟にいじめられ母親の助言で根の国へいくという話と②。

素戔嗚（スサノオ）の娘と結婚するために試練を乗り越えて半ば強引に結婚するとよく似ており、大国主の神話はこの物語が土台にあったと考えられます。

しかし、日本神話と違うところは、「イナブ（Inab）」と同音の因幡の白兎伝説では、白兎が登場し、八上姫（ヤガミヒメ）と結婚。

そして、因幡ではなく根の国で素戔嗚の娘、須勢理毘売（スセリヒメ）と2度目の結婚をしています。

この違いは何かと言うと、この物語で登場する大国主は、日本列島での天津神側のアムル人と国津神側のシュメール／エラム人との「同盟の証」として書かれているために、2度結婚した存在になっているのです。

それを証明してくれるのが、八十神や八上姫、根本を遡れば「八岐大蛇」とされた「八」がつく民族、と「白兎」を意味する民族の正体です。では、因幡の白兎神話をより深く理解するために、まず「八」のつく民族の正体を見ていきましょう。

2 八の付く民族(メソポタミア)とウサギ族

大国主をいじめる八十神という兄たちと、大国主と結婚する八上姫。どちらにも八が付いているのは偶然ではなく、彼らは八岐大蛇とされる民族と同一です。そして、その八の付く民族の正体が、メソポタミア地方を長らく統治していた「シュメール人」。というのも、八岐大蛇という名前は「八つの又」がある蛇ということなので、9本の頭があるという意味であり、日本神話では悪者とされますが、日本各地の川などの近くで祀られる九頭龍と同じです。

そして、この9本の川こと龍の頭という存在と一致するのが古代メソポタミアから北へ伸びる主要な川の本数なのです。

地図で見ると、チグリス・ユーフラテスの川を起点に大体9本ほど川があり、この川で遮られた8つの陸地を長らく統治していたのがシュメール人たちなのです。

「川なのに陸地？」と言われそうですが、この「メソポタミア」という名前はギリシャ語が語源で、「川の間の陸」という意味なので陸と言っても当時は不思議ではありません。

八岐大蛇が素戔嗚（スサノオ）に倒された理由

では、なぜ九頭龍こと八岐大蛇（ヤマタノオロチ）は、日本神話で素戔嗚に倒される悪者となったのかと言うと、日本神話に関わったのが、シュメール人と犬猿の仲だった「エラム人」と「天孫族アムル人」だからです。

本書では、素戔嗚はエラム王国の都市スサで祀られるインシュシナク／インスシナクと話しましたが、この都市スサを拠点にするエラム人がシュメール人国家に勝ったために、素戔嗚が勝ったとしました。

そして、そののちすぐに、そのエラム人と天孫族のアムル人が同盟を結んだために、スサノオを国津神の最高神とした、というのが日本神話の裏にある民族たちの関係です。

ただ、当時の力関係は天孫族アムル人の方がエラム人より強かったために、天孫族の祖アマテラスに迷惑をかける、弟の素戔嗚という物語設定ができたわけです。

ちなみに、八岐大蛇や九頭龍のように、数本の顔がある蛇／龍のように、メソポタミア地方の擬人化というのは、一部のアムル人の移住がした「古代ギリシャ」でも同じで、ギリシャ神話にも9本の頭を持った蛇が悪者として登場します。

これは、天孫族系のアムル人と元々同族だった一部の古代ギリシャ人が、自らの先祖が全メソポタミア統治の時、9本の川を統べるシュメール人を倒した話を伝説風にして古代ギリシャに反映させたので、日本神話と同じになるのです。

その一方で、9本頭の蛇という存在は、メソポタミアより東だけでなく、西にも伝わります。それがインド神話に起源がある「ナーガ」です。

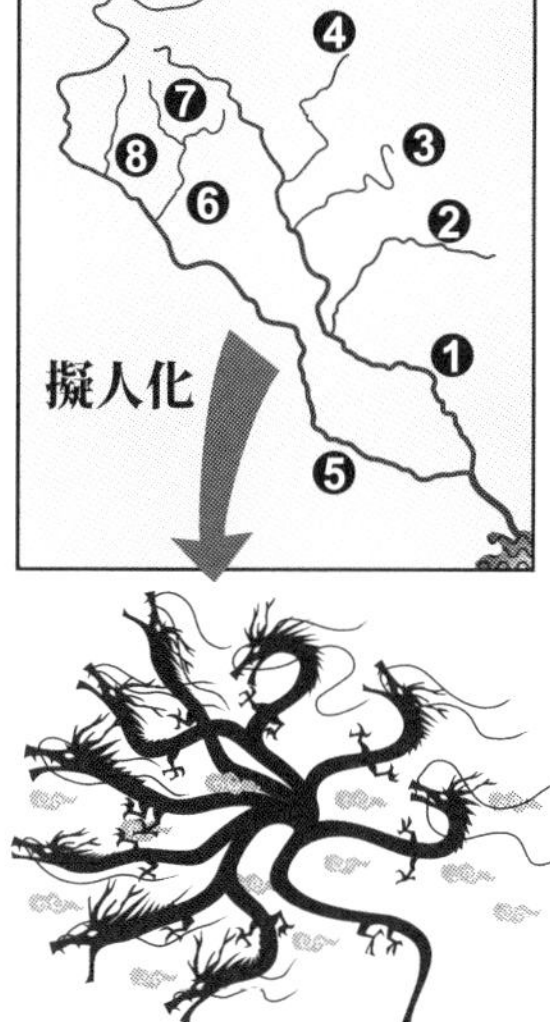

八岐大蛇や九頭龍などは、メソポタミア流域の擬人化ではないかと、考察できます。9本の頭で表されるナーガも同一です。

インド神話に登場する『ナーガ』

このナーガも9本の頭で表されます。しかし、このナーガの起源も探れば古代メソポタミアにいた「ナーガ（Nargal）」という神様で、メソポタミア全域で崇拝されていました。では、なぜこの「ナーガ（Nargal）」と「インドのナーガ」が、九頭龍こと八岐大蛇と繋がるのかと言うと。

この「ナーガ（Nargal）」という神様が崇拝された最初の都市名が「クズ（Cuth）」だからです。そう、九頭龍のクズと同音なのです。

古代の日本語では「ヅ（ズ）」を「ドゥ」と発音していたの「クドゥ」の可能性もありますが、都市クズはシュメール語で「GuDua（クドア）」となり、どちらにせよ、同音になります。

では、このNargalが祭られていた古代都市クズがあった場所は、長らくアッカド王国の領地だったのですが、アッカド語

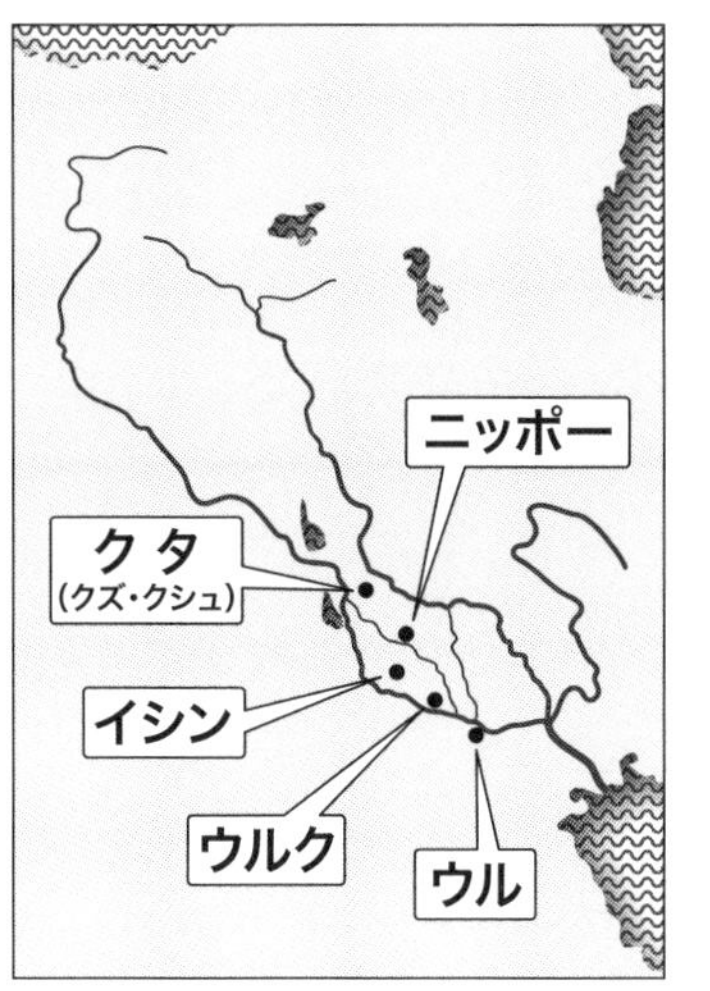

クズの都市神として祀られていた神はナーガ(Nargal/ネルガル)。龍/蛇の神とされる神話のナーガとリンクします。

でクズとよく似た「クシュ（kušû）」という言葉は爬虫類の「ワニ」を意味すると言われています。

古代からワニは蛇や鯉と同じく龍の姿の起源とされる動物です。つまり、古代都市クズ発祥で九つの川を持つ古代メソポタミア全域で崇拝されていたナーガル／ナーガ／ネルガルが、古代インドで九つの首を持つナーガとなり、中国経由でその蛇が龍となり、日本で「クズ」こと九頭龍となったと言えます。

その一方で、八岐大蛇はシュメール人が統治していた古代メソポタミアの9つの川で分けられた八つの大陸を擬人化した存在ということです。

大国主が「八」の付いた八十神からいじめられて、八上姫と結婚するというのは、八つの大陸を統べるシュメール人国家にいじめられるが、最終的にシュメール人の娘と結婚するとい

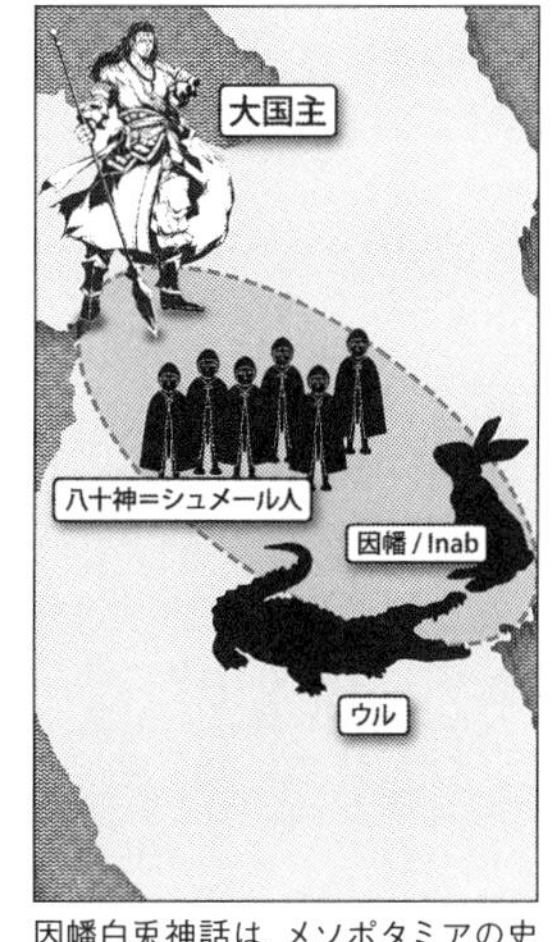

因幡白兎神話は、メソポタミアの史実を擬人化して表したもの。

うことを意味し、オリジナルの「イナブ（Inab）」こと「因幡」が舞台の「マートゥの結婚物語」に、アムル人の古代メソポタミアの完全統治と政略結婚の話を後から設定を少し加えたということです。

そして、「マートゥの結婚物語」で因幡の王に試練をかせられるマートゥと王の娘との結婚の話を、アムル人とシュメール人の政略結婚話から、エラム王国の都市スサで祭られるスサノオの娘で「スサ」とほぼ同音の「スセ」が名前にある「須勢理毘売（スセリビメ）」との政略結婚の話にすり替えたと言えます。

そして、これと同じような流れで、大国主は都市ウマで崇拝されていた先ほどの奴奈川姫（ヌナカワヒメ）こと「女神ヌネイガラ」とも政略結婚するという話が続きます。

しかし、アムル人は、シュメール人とアッカド人の都市を全て統治しますが、エラム人とは同盟関係なのでスセリビメが3人の妻のなかで、大国主の正当な妻とした言えるでしょう。

ちなみに、大国主には大穴牟遅尊（オオナムチノミコト＝オオアナムチ）以外に八千矛神（ヤチホコノカミ）という異名も存在し「八」と名がつきますが、それはオオアナムチとしての大国主が、元々メソポタミア地方発祥の神だからです。

なので、八十神が「ヤチホコノカミ」こと大国主の兄弟という設定でも間違いではありません。

また、日本の神々の総称を八百万（ヤオヨロズ）の神と言いますが、八十神と同じ漢字で「八十万神（ヤソロズノカミ）」という呼び名も存在します。

これは、そもそも八つの陸こと古代メソポタミア起源の神々の総称なのです。

では、八が付く大国主の意地悪な兄たちこと「八十神」が、シュメール人がいたメソポタミア地方全域の擬人化だとすれば、因幡の白兎で登場するワニたちとウサギを表す民族は一体誰か？

3　ワニ族とウサギ族の正体

因幡の白兎の物語で白兎は、ワニたちに「ウサギ族とワニ族、どっちの数が多いか？」を数えるという嘘の口実で、ワニの背中を利用し海を渡ろうとしましたが、最後に騙されたことに気づき怒ったワニたちに皮を剥がれてしまいました。

なので、本当は白い兎ではなく、素顔の素で素兎です。そして、このあとに八十神にいじめられて大国主に助けられます。では、もし、この物語で登場する八十神たちがメソポタミア地方全域のシュメール人都市国家を意味し、大国主が「イナブ（Inab）

こと因幡にやってくるマートゥことアムル人の民族移動を元にしているのであれば、大国主と八十神たちは古代メソポタミアで、このような並びになります。

では、ワニとは誰か？

これは日本列島に最初にやってくる国津系渡来人「倭人（ワジン）」をあえて「ワニ」と呼んだと思われます。なぜなら、古代の日本語で「ン」は発音しないので、倭人を「ワニン」と呼べば「ワニ」となるからです。

そして、そんな倭人こと「倭」の人々が元々いたメソポタミアの都市がウルことUrで、アムル人がトルコ南部の高天原・都市タカアマ・ハラン（Takarama harran）から南下する以前のメソポタミアの南側は、都市ウルを首都とするシュメール王国が統治していました。

先ほども話した通り、八岐大蛇のように九つの蛇として見られたメソポタミア地方は、同じ爬虫類の動物のワニの巣としても見ることもできるので、「ウサギ」は都市ウルのシュメール人が統べる、のちの倭人ことワニから逃れるためにメソポタミア地方を北上し、その途中で皮を剥ぎ取られるだけでなく、八十神という名のメソポタミアの他のシュメール人都市国家にもいじめられてから、最後にメソポタミアを南下するアムル人こと大国主に、助けられると言うわけです。

そして、これでなぜ、出雲国の風土記に因幡の白兎神話が書かれない理由がわかります。

なぜなら、この都市ウルには最終的にアムル人、シュメール人、そして、エラム人が共存し、その末裔がのちに日本で倭国となると話しました。

しかし、古事記の日本神話は、倭の人々がメインで書いたのではなく、シリア地方のアムル人系ヤマァドこと、のちの大和民族たちが、メインで書いたものです。なので、賀茂氏などを含めた倭と関わりが深い国津系の出雲族が、「倭人（ワニン）」こと「ワニ」を悪く書いた因幡の白兎伝説を、自らの風土記にしないのは当然なのです。

では、倭人ことワニと数を競えるほどの数がおり、なおかつ、都市ウルのシュメール人と八十神ことメソポタミアのシュメール人の他の都市国家からいじめられる理由がある「ウサギ」は一体、誰か？　それがアッカド人と共に一度は古代メソポタミア全土を支配していた民族「Hurrian」こと「フルリ人」です。

フルリ人の正体

彼らはどういう民族かというと、天孫族系のアムル人がメソポタミアを南下するもっと昔、ここにはシュメール人と彼らの兄弟のエラム人がいましたが、メソポタミア北部から、前述した、猿田彦のモデル「サルゴン王」が率いるアッカド帝国が勢力を伸ばし、一度はメソポタミア全域を統治するようになります。

そして、このアッカド人メソポタミア統治時代に、アッカド人と共に、メソポタミアを共同統治していたのがこの「フルリ人」と呼ばれる民族です。

しかし、のちの倭人こと因幡の白兎伝説で、ワニとして描かれる都市ウルのシュメール人たちが立ち上がり、アッカド帝国をはねのけ、メソポタミア南部の支配権力を取り戻し、メソポタミア全域に影響を与えるほどの強大な国となります。つまり、このとき、アッカド人だけでなく、多くのフルリ人もメソポタミア北部へ追いやられました。

そして、そこからしばらくのちに、トルコ地方南部から、メソポタミア地方へ南下してくるのが、因幡の白兎での大国主のモデルとなった「マートゥの結婚」で語られる「天孫族アムル人」という訳です。つまり、天孫族が南下する途中にフルリ人がいたということ。

しかし、問題はなぜこの「フルリ人」が因幡の白兎のウサギと言えるのか？　そのヒントとなるのが、のちに日本列島で日本神話を描くメイン民族の一つ「大和民族」、そんな彼らのシリア地方での起源の国「ヤマァド」王国と、同盟を結んでいたフルリ人の国「ウーシャー」という都市国家です。

先に答えだけ言うと、この「ウーシャー」という都市国家の名前が、日本神話で語られる時に、始祖名を表す「ギ」が後ろにつき「ウーシャーギ」、そして、「ウサギ」となります。

では、このフルリ人ですが、彼らはのちの大和民族ことヤマァド人と仲が良かったと言われています。というのも、彼らフルリ人の「ウーシャ」という都市だけでなく、大和民族の故郷のヤマァド王国内で、フルリ人とヤマァド人は共存していたことが確認されているからです。そして、これは日本神話でも確認できます。それが山幸彦（ヤマサチヒコ）の名前。

山幸彦の名前に隠されたヒント

アマ／アムル人を表す海（アマ）が名に付く海幸彦に対して、神武天皇の祖父で、アムル人の兄弟民族ヤマァド人を表す山（ヤマ）が名に付く山幸彦。この山幸彦にも大国主と同じ様に別名があります。

それが「**火遠理命**（**ホオリノミコト**）」。

では、先程のヤマァド人と共存していたフルリ人ですが、彼らは当時のシリア地方で「Hu-Ur-ri（フウゥリ）」または「Huorri（フォウリ）」と呼ばれていました。そう、ヤマァド人の山が付く山幸彦の別名「ホオリ」は、ヤマァド人と共存したフルリ人の真の名「Hourri」と同じ名前なのです。

つまり、日本神話での神武天皇の祖父「山幸彦」こと「ホオリノミコト」は、このシリア地方のヤマァド王国で共存していた2民族の擬人化ということなのです。

では、話を因幡の白兎に戻しましょう。この物語での、大国主はアムル人のメソポタミア南下の歴史がベースにあると話しましたが、この物語はあくまで古事記を描いたヤマァド人こと後の大和民族の目線の歴史認識だと話しました。

そして、この物語に登場するのが、のちに同盟を組むほど仲が良くなる山幸彦の別名「ホオリ」と同名の「ホウリ人」こと、フルリ人の国「ウーシャー」こと「ウサギ」であり、彼らフルリ人は倭人ことワニの起源の都市ウルを首都とするシュメール王国に追いやられために、メソポタミアを北上し、大国主のモデルとなるアムル人と同盟を結びます。

つまり、因幡の白兎とは、メソポタミア地方を統べるシュメール王国から逃れた、のちの都市国家ウーシャーを建てるフルリ人が、大国主（アムル人）に「あなたならメソポタミア全域を統治し、政略結婚としてシュメール王国の国王の娘を嫁にもらう」と言ったという物語なのです。

4 山幸彦からウガヤフキアエズ

ここまでの話を振り返ると。ニニギとは、シュメール人とアムル人たちに崇拝された神「ナナ」に始祖名のギがついた「ナナギ」がモデル。

山幸彦とは、後に大和民族となるシリア地方にいた山が付くヤマァド人と山幸彦の別名「ホオリ」と同音の民族「ホオリ人」こと「フルリ人」の共同統治時代を擬人化した存在でした。

しかし、もしそうだとすると山幸彦の息子で、神武天皇の父に当たる「鸕鶿草葺不合（ウガヤフキアエズ）」とは一体誰なのか？　もちろん、「鸕鶿草葺不合」も、アムル系ヤマァド人国家とその周辺の状況をそのまま名前にしたものです。

まず「鸕鶿草葺不合」という名前。元々は「ウガヤ・フキ・アワセズ」と呼ばれていました。そして、この「ウガヤ・フキ・アワセズ」のアワセズとは「合わない／合わせない」という意味。

では、この真ん中のフキはというと。古事記編纂当時の日本語のハ行は破裂音のパ行だったので「プキ」。そして、これが長い年月をかけ同じ破裂音のブとナマり現在の「ブキ」こと「武器」になります。

つまり、「ウガヤフキアエズ」こと「ウガヤ・フキ・アワセズ」とは「ウガヤ武器合わせず」。つまり、「ウガヤは武器を合わせなかった」時代というのが本当の意味なのです。では、この地球上の歴史で、「ウガヤという何かが武器を合わせない時代」はあったのか？

それが、ちょうど山幸彦のモデルのヤマァド王国建国後の時代にあるのです。アムル系ヤマァド人が自らの国でフルリ人と共存していた時代、彼らの国の隣に、とある小さな国がありました。

それが「ウガリット(Ugarit)」。ただ、アムル人「Amorite」だったり、エラム人が「Elamite」ということから分かるように、この最後の「Ite（イテ）」という音の言葉は、「～人」という意味なので、Ugaritの最後の「it」も「～人」という意味です。そして、残った「ウガ」の「R」を伸して「ウガァ人」。そして、このウガァが日本神話でなまって「ウガヤ」となります。

そんなウガァ人国家「ウガリット（Ugarit）」は、勢力を拡大しようとするヤマァド王国に攻められるか攻められないかの危機に面していました。

しかし、軍事力では勝てないと悟ったウガァ人国家は、ヤマァド王国との貿易だけでなく、定期的に貢物を送ることを約束し、和平を結びます。そして、これ以降、ウガァ人国家はヤマァド王国が滅びるまで、武器を合わせない時代が続くのです。

そして、お分かりのように、この時代のことを「ウガヤ武器合わせず」こと「鸕鷀草葺不合」と呼んだというのが真の意味です。この「ウガヤフキアエズ」が国々の長い期間の状態名というのは、ウエツフミなど一般的に偽書とされる古史古伝とも一致してきます。

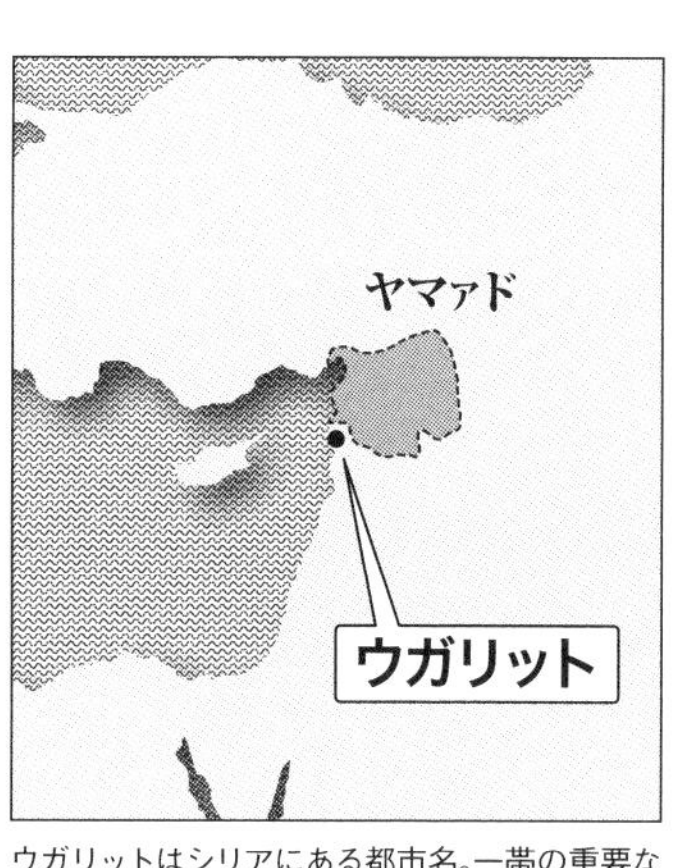

ウガリットはシリアにある都市名。一帯の重要な都市のひとつ。ウガリットはヤムハッドと交易により和平を結んでいた。

偽書と言われる『ウエツフミ』

現在の大分県、昔の豊後の国で発見されたとされるウエツフ

あ い う え お

あ か さ た な は ま や ら わ ん

ミには、神武天皇以前のウガヤ王朝の長い期間の歴史や天文学、医学や農業学などが神代文字のひとつ「豊国文字」で書かれており、「中国に農業を伝えたのは日本だ」とも書かれているそうです。ただ、ここで注意してほしいこと。

それは、この本での民族の歴史考察は、こうした古史古伝だけでなく古事記・日本書紀や聖書などが言っていることが必ずしも、「史実」として正しいとしていません。

むしろ、それとは逆で、古代に実際に起きたとされる考古学的歴史に民族の言語や文化の比較を交えながら、日本神話や聖書や古史古伝の、どの部分が史実として正しいかを考察しています。

なので、ここまで話してきた通り、日本神話での大国主やニニギなどの物語を裏付ける考古学的証拠は日本列島で発見されていませんが、古代メソポタミア付近には、それらの証拠が大量にあるので、日本神話は古代メソポタミア付近の史実だとしているのです。

とはいうものの、あえてここで「ウエツフミ」の話を出した理由は、ウエツフミで使われた文字「豊国文字」が今後の話と繋がるからです。

漢字が使われる前に日本列島に存在したとされる神代文字のひとつ「豊国文字」。古代文献研究科「吾郷清彦（あごうてつお）」氏の研究によると、この豊国文字の象形文字は古代エジプトで使われていたヒエログリフと、かなり似ていると指摘されています。

そして、そんな豊国文字を使って書かれたのがウエツフミで、ウガヤ王朝のことを詳しく書いています。しかし、このウガヤ王朝ことウガヤフキアエズが、シリア地方にあった「ウガリット王国の武器を合わせなかった長い期間」を意味するのであれば、なぜ、古代エジプトのヒエログリフとよく似た豊国文字が使われたのか？

日本建国に関わった祖先には古代エジプト人の血が入っている

それは、ヤマァド王国やウガリット王国などのシリア地方の国々は、古代エジプトと深い関わりがあるからです。これを直球で言うと、日本列島にたどり着き、「日本」を建国した我々の先祖には古代エジプト人の血が入っています。

では、ここまでを簡単にまとめると。

古代メソポタミアにいた最古の文明を持つシュメール人とエラム人が、日本神話で語られる国津神を信じた人々であり、しばらくのちにアナトリア地方から南下し、全メソポタミア統治に成功したアムル人たちが、日本神話で天孫族と呼ばれる後の海部氏だということ。そして、その一部の弟民族が山幸彦のモデル「ヤマァド王国」のアムル人で、大和民族の祖となります。

しかし、大和民族を知るためにもう一つ重要な氏族が存在します。それが「物部氏（モノノベシ）」。

5 物部氏と大和

「物部氏」の部民制の「部」と、氏族制の「氏」を取った「物（モノ）」というのが「物部氏」の民族名です。

そして、先程の「吉志部氏（キシベシ）」の民族名「キシ」が、古代メソポタミアの都市「キシ（Kish）」と同じように、物部氏こと「もの」族にも、古代メソポタミアにゆかりの場所があります。

そして、その場所が古代メソポタミアの北東部に位置するこの広範囲の地域。当時、この地域一体は「マナ（Manna）」または「マナイ（Mannai）」と呼ばれていました。まず、この「マナ(Manna)」という地名の最後の「A」を弱く発音すれば『マノ』となり、これは物部氏の民族名「モノ」とほぼ同音であります。

また「Mannai（マナイ）」と言えば、物部氏と同族であり、物部氏の中で祭祀を行っていたとされる海部氏。その海部氏で有名な京都の丹後にある元伊勢「籠神社（コノジンジャ）」の奥の院の名前が「真名井神社（マナイジンジャ）」と呼ばれています。

つまり、海部氏と物部氏の同族関係から、この「マナ」または「マナイ」という場所が、民族名「モノ」こと物部氏の出身地だと

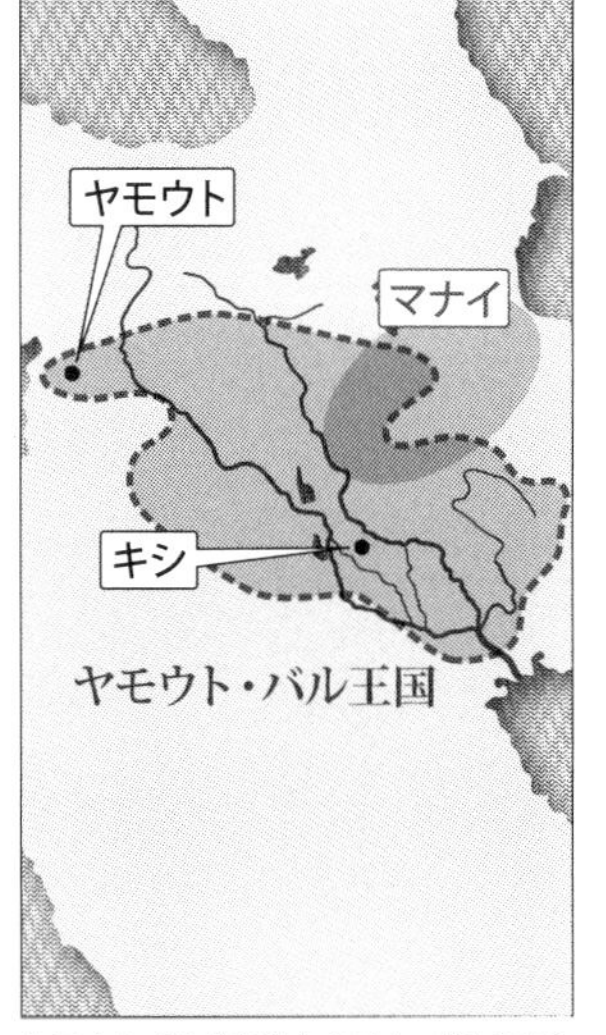

ヤモウト。正式名称ヤモウト・バル王国。文献が少なく、正確な都市、王国の位置は特定されていません。

わかります。「吉志部氏（キシベシ）」のときは「キシ」という都市だったのに、物部氏はこの「マナ」と呼ばれる地域一帯って広すぎませんか？

と言われそうですが、物部氏は軍事・防衛・警備を担当する氏族で、ほかの氏族と少し違い「広範囲に広がる」のが特徴とされ、そんな物部氏が、賀茂氏と忌部氏の「倭」から、表向きの政治権力を譲られたのが大和王権だと言えます。

そして、天孫族系ヤマァド王国のアムル人同様、物部氏も「大和王権」の「ヤマト」という名前と繋がります。と言うのも、この『マナ／マナイ」と呼ばれる地域付近に「大和（Yamut）／ヤモウト（Yamout)」と呼ばれる都市があったからです。

現在も「ヤモウト」という場所が、当時の「マナイ」の近くにあります。また、あまり文献数は多くなく場所も特定されていませんが、シュメール人の時代の後期、メソポタミア地方で「経済・政治・防衛」の拠点として、実際に「Yamut」という都市がいくつかあったと言われています。

物部氏の民族名「モノ」とほぼ同音の「マナ」という地域に、政治・経済・防衛の拠点である「大和」と同音の「ヤマト(Yamut)」があったということです。

つまり、古代メソポタミアの都市ウルと古代エラム王国から「殷」、殷から「倭国」というルートには、賀茂氏や忌部氏の祖先の民族集団と、現在のシリア辺りにあったヤマァド王国と「マナ／マナイ」という場所から日本列島にやってきた「海部氏」と「物部氏」の2つ民族集団があるということです。

そして、日本列島に「倭国」があり、そこからしばらくして「大和王権」と名前が変わったことから、賀茂氏と忌部氏の「倭国」に比べて、少し遅れて日本列島にきたと思われます。

では、「ヤマト」という都市があったとされる「マナ・マナイ」という地名出身の「物部氏」が、大和王権のメインの氏族であると話をしてきましたが、「大和王権」から「日本」という名前に変えたのは、一体どの氏族なのか？

6 天武天皇＝日本建国者＝ニッポー

まず、そもそもこの国が正式に「日本」という国号になったのは天武天皇の時代。それよりもっと昔の「神武天皇」が「日本」という国号をつけたという神話があるので、日本は大昔から「日本」と呼ばれていたという考えもあるかもしれませんが、神武天皇の神話は、この「天武天皇」が作らせた神話です。

つまり、そんな「日本」という名前をつけた天武天皇と関わりが深い氏族が分かれば、「日本」の真の建国者がわかります。

そして、それが「海部氏（アマベシ）」。

天武天皇の時代は、氏族同士の権力争いが最も激しい時期で、賀茂氏系の「倭」、物部氏の「大和」、賀茂氏と遠い親戚の「秦氏」、そして、天武天皇の氏族「海部氏」が手を組むことで建国されたのが「日本」です。

先ほど、物部氏の出身地名「マナ／マナイ」という名前のついた真名井神社が奥の院にある元伊勢、『籠神社』。この籠神社を建て、また物部氏の中の祭祀を司るのがこの「海部氏」とされています。

天武天皇の元の名前は「大海人皇子（オオアマノミコ）」と呼ばれることからも、この「海部氏」の「海」という関わりがあるのがわかります。そして、この海部氏が、いわゆる「天孫族」で、日本を建国し、表向きに取り仕切る氏族です。

しかし、この時代の歴史に詳しい人であれば、海部＝日本の建国者説には、いろいろツッコミたい人も多いと思います。

例えば、「天武天皇は天智天皇の弟なので、彼はただ兄から政権を奪っただけではないか？」や、「なぜ天孫族系の海部氏が、天孫族系ではない賀茂氏や秦氏と手を組んだのか？」や、「日本の建国者が海部氏という割には、歴史の中で海部氏はそこまで権力の中枢にいなかった」や。いま、ここで言えることは、みなさんが思っている以上に、この天武天皇の前後の歴史は真っ直ぐ来ていないということです。

では、なぜこの海部氏が、大和王権の「ヤマト」という名前から「日本（ニッポン）」という名前に変えたのか？

その理由は、彼らの先祖「アマ／アムル人」が古代メソポタミアのとある都市を重要だとしていたからです。「日本」には「ニホン」と「ニッポン」という2つの呼び名がありますが、平安時代以前の古代の日本語「上方日本語」では、「は行」は全て「ぱ行」で発音され、「ん」は無音だとされています。

なので、天武天皇の時代当時の「日本」の呼び名は「ニポ」または「ニッポ」だと思われます。そして、この日本の初期の発音「ニポ」または「ニッポ」とほぼ同音の都市が古代メソポタミアにありました。それが「Nippur（ニッポー）」。

最高神『エンリル』の神殿があった『ニッポー』

現在、日本語では「Nippur」は「ニップル」と呼ばれていますが、この「Nippur」という英語で最後の「ル」は基本に発音しないので、「ニッポー（Nippur）」です。そんな「日本」の昔の呼び名「ニッポ」と、ほぼ同音のメソポタミアの都市「ニッポー」

ですが、メソポタミアでかなり重要な都市でした。

なぜなら、この「ニッポー（Nippur）」は、メソポタミア神話の最高神「エンリル」を祭る神殿が唯一ある都市だからです。

嵐の神様で知られるシュメール人の神「エンリル」。シュメール人は超古代から国家を形成していく過程で、この「エンリル」が、メソポタミアを統べる王の権力を与える神様だと信じていました。なので、そんなエンリルの神殿がある「ニッポー」は歴代のシュメール人の王にとって、メソポタミアの国々を統治する正当性を得られる重要な都市であります。

言い換えれば、このエンリルの聖地「ニッポー」を統治するものが、メソポタミア全土を統治する正当な王となったわけです。なので、次にメソポタミアを支配するようになったアッカド人も、シュメール人を宗教的にまとめるという目的で、このエンリルの聖地「ニッポー」をかなり重要な都市として扱いました。

それは、そののちにメソポタミアにやってきたアマ人も同じで、このエンリルの聖地「ニッポー」を重要都市とします。そんな、海部氏の祖「アムル人」こと「アマ人」がメソポタミアに来て、しばらくのちに独立を果たした王朝があります。

その王朝の名前が「イシン（Isin）」。

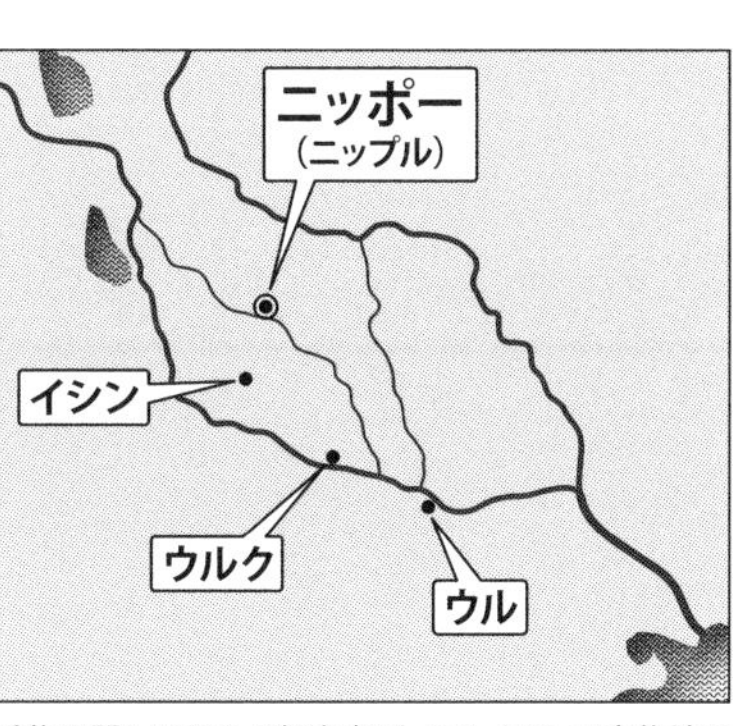

氏族に関わりのある都市名が、スライドして定住地に持ち込まれるという現象は珍しいことではありません。ニッポーもそのひとつ。

『イシン』という重要都市。そして『伊勢』

実際に「イシン（Isin）」という都市も存在し、すぐ近くにある宗教的な聖地「ニッポー」を統治し、150年ほど栄えます。

そして、この「イシン」という王朝はアムル人こと「アマ人」が建てた王朝です。このメソポタミアの「イシン」という王朝の名前はのちに、日本のとある地名になります。イシンの「ン」は古代の日本語の発音には存在しないので「イシ」。この「イシ」が少し訛って「イセ」。

そう、天孫族の聖地アマテラスを祭る神宮（伊勢神宮）がある場所「伊勢」です。「アマ人（Amorite）」を祖に持つ民族名「アマ」の海部氏が、元伊勢とされる籠神社の祭祀であり、メソポタミアで「イセ」こと「イシン（Isin）」王朝を建てたのであれば、自らの聖地を「伊勢」と名付ける理由もわかります。

もし、ここまでの話が本当であるならば、「ニッポ」こと「日本」という名前は、古代メソポタミアで王権をもらう重要都市「神エンリル」の神殿があった「ニッポー」が起源であり、「日本」と名付けることで氏族同士の権力争いで混乱していた日本列島をまとめようとする意志を感じられるわけです。

神武東征伝説と酷似する壬申の乱

そして、これは日本神話の神武天皇の東征伝説とも繋がります。日本神話では、神武天皇は九州から東の大和へ行き、そこで先住民である遠い親戚と戦いますが、苦戦を強いられます。

しかし、そこに現れた八咫烏に導かれ、先住民たちの東側へ回り込み、太陽を背にすることで戦いに勝ち、新たな国「日本」を建国するという物語です。

この話からわかることは、日本を建国した民族は「八咫烏」の援助があって日本を建国したことを暗示しているのです。

では、八咫烏、そして、八咫烏と同一の「金鵄（きんし）」を祖先神として祀るのが、倭国の中心氏族の賀茂氏と忌部氏です。つまり、神武天皇の東征伝説には、賀茂氏と忌部氏などの倭国を建てた「八咫烏」のお陰で、日本を建国することができた、というのを暗示しているのです。

そして、この神武天皇の物語を編纂させたのが、名前に「海（アマ）」がある大海人皇子（オオアマノミコ）こと天武天皇。

先ほども言いましたが、この天武天皇が正式にこの国を「日本」と名付け、また、男系の天皇制度を始めた張本人です。そして、天武天皇は、既存の勢力を壬申の乱で倒し天皇となるのですが、偶然にも神武天皇と同じ様な勝ち方をしています。

それは、八咫烏を祖に持つ「賀茂氏」と「忌部氏」に縁がある奈良県の「吉野」から、敵陣がいる滋賀県の「近江」の東側へ回り込み、太陽を背にして親戚の勢力を倒し、この国号を「日本」とするのです。まさに、八咫烏に導かれた神武天皇の伝説と瓜二つ。

つまり、神武天皇の伝説を歴史とすることで、天武天皇が自らを「神武天皇の正当な後継者」を示しているのです。

ただ、DNAのゲノム解析を見る限り、九州は遥かに縄文系が多いことから、神武天皇が九州出身というのも、天照大神が宮崎県の高千穂に降臨したというのも、あとから付け足した伝説と言えます。それは、倭国の建国者の賀茂氏や忌部氏と同じく、日本の建国者の海部氏や物部氏もシリア／メソポタミアなどから日本列島へ渡った渡来人だからです。

『徐福』というキーパーソン

では、そんなアマ人こと天孫族「海部氏」や同族の「物部氏」は、どのように日本列島に入ってきたのか？

そのヒントとなるのが、彼らの拠点、京都北部にあった「丹波国」の「丹波」という名前。この「丹」という漢字には「赤い土」という意味がありますが、元々は「不老不死の薬」を意味する漢字でした。

というのも、古代中国には神仙思想という東には空飛ぶ仙人がいたり、不老不死の霊薬があるという伝説が広まっており、そんな不老不死の薬を生み出す技を「錬丹術（レンタンジュツ）」と言い、不老不死の霊薬を「仙丹」または「丹液」と呼んでいました。

つまり、海部氏の拠点「丹波」という地名の「丹」は、不老不死の霊薬と関わりが深い地名だと言えます。そして、古代中国と日本には、そんな不老不死の霊薬を探し求めた人がいます。

古代中国の秦の始皇帝の時代の役人「徐福（ジョフク）」。徐福は元々「徐」という国があった地域の出身者で、徐という国が滅んだのちの今から約２５００年ほど前の秦の時代、「秦始皇帝」に仕える役人でした。

そんな徐福は、秦の始皇帝に「不老不死の薬」を探してくるように頼まれ、東を目指したとされます。そして、そんな徐福が東で建てた国が朝鮮半島南部にあった古代朝鮮の王朝「新羅（しらぎ）」。

「新羅」という漢字を使う以前の新羅という国には、「徐」という漢字が多く使われており、「徐福」率いる「徐民族」が、新羅の建国に深く関わっているとされるからです。

そんな新羅を建てた「徐福」と徐民族は、かなり早い段階で京都北部の丹波や兵庫県の北部へ移住したと思われます。なぜなら、現在でも、これらの地域と「新羅」が深い繋がりがあった証拠がたくさんあるからです。

例えば、丹波国があった、現在の京都の丹後には「新井崎神社」という神社があります。この新井崎神社は徐福がこの場所に渡来し、生涯を終えたとされる伝承があり、実際に徐福をお祀りしています。

また、現在の丹後半島の弥栄町（ヤサカマチ）には「溝谷神社（ミゾタニジンジャ）」という神社があります。この溝谷神社は、古くは新羅神社と呼ばれ「新羅明神」をお祀りしています。

この丹後地方は、の伝説以外に、浦島太郎、天女の羽衣伝説、そして、海幸彦伝説の舞台とされます。また、日本神話の「伊弉諾（イザナギ）」の伝説があるのが元伊勢・籠神社。

観光地として有名な「天橋立」は籠神社の参道で、天界にいる伊弉諾が地上の籠宮にお祀りされている伊奘冉（イザナミ）の所へ向かうために建てた天界の梯子（ハシゴ）が、地上に落ちてできたのが天橋立という伝説があります。

一説には、この「イザナギ」の「イザ」とは「磯の男」という意味があり、海岸へ辿り着いた男という意味とされるので、この伊弉諾伝説も渡来人が持ち込んだ神話と言われています。先ほど、弥栄町の話をしましたが、弥栄（ヤサカ）と言えば「八坂神社」。

京都の三大祭りの一つ「祇園祭」を取り仕切る八坂神社には「新羅牛頭山（シラギゴズサン）で祀られていた素戔嗚尊（スサノオノミコト）をお祭りしている」と書かれた社伝が残っています。

これら以外にも、丹波国のあった京都の丹後地方と新羅が繋がる証拠を持つ新羅系の神社が多くあります。丹後地方以外に新羅との繋がりが濃いのが兵庫県です。

新羅の王子「天日矛（アマノヒホコ）」が出石（イズシ）地方の定住地と言われていたり、「新羅神社」という名前を持つ神社や、新羅明神／新羅国明神を祀る神社など、新羅系の渡来人がいた痕跡があります。

割愛しますが、京都の丹後地方や兵庫県以外に、三重県、大阪県、広島県、福井県も新羅系渡来人の影響をかなり受けた地域とされ、新羅系神社が存在します。そして、これらの地域は、DNAのゲノム解析の渡来系弥生人の分布図とも一致します。

では、ここまででわかること。

古代メソポタミアからやってきた、天孫族系の海部氏や物部氏は丹波に拠点を置き、徐福伝説と繋がるだけでなく、徐福と深い関わりを持つ「新羅」という古代朝鮮の国とも繋がるということがわかりました。しかし、問題は、「新羅」という国と海部氏の祖、古代メソポタミアで活躍した「アマ人（Amorite）」はどう繋がるのか？

そのヒントとなるのが、新羅の初期の名前「シラ（Silla）」という音です。先ほど、古代メソポタミアでイシン王朝として「ニッポー（Nippur）」という、神エンリルの聖地を統治した海部氏の祖「アマ人」ですが、彼らはメソポタミアに来る前は、現在のシリア辺りにいたとされます。

そして、このシリアという名前は語源をさかのぼることができ、その最も古い「シリア」の語源の一つが「スラ（Sura）」。このシリアの語源「スラ」と新羅の元の名前「シラ」はほぼ同音なのです。

つまり、古代のシリア地方「スラ（Sura）」出身のアムル／アマ人が、同音の新羅（スラ）という国を建てたということです。

しかし、中東のシリア地方から、朝鮮半島南部にあった新羅へ移住したと言っても、かなり距離があります。また、新羅と深い関わりのある徐福とシリア地方との関わりも気になるかと思います。では、このアマ人がいたシリア地方や中東から東アジア、そして、日本列島へ移住したと言える証拠はあるのか？

この証拠となるのが、アムル人と古代エジプトの歴史。そして、この歴史を読み解くことによって、日本人とユダヤ人の祖が同じだとする日ユ同祖論の真実が見えてくるのです

月の神として崇拝されるエンリルの息子神

メソポタミアの重要都市ウル(Ur)に祀られる重要神。エンリルの最初の子であり『月の神』としても知られています。シンと呼ばれていることもあります。ウルで崇拝されていたこともあり、シンという別名は歴代の王などにも使われることが多かったようです。

本書では古事記の前半部はシュメールの史実をオマージュしていると解説しておりますが、天孫降臨で描かれるニニギはこのナナ神をモデルしていると考察しています。ナナも日本神話を読み解く上で、非常に重要な神です。

ナナ Nana

メソポタミアの重要神

本書は日本の古史古伝がメソポタミアの歴史や神話の影響を強く受けていると考察しており、特に、ここで紹介する神は本書解説のキーとなる2柱ですので、ぜひ注目しておいてください。

Enlil エンリル

あらゆる文化文明の神が帰結する嵐の神

シュメールの神話のなかでも最高クラスに神格が高い神として描かれています。嵐神、雷神などの性質を持ち、輝きの神でもありました。崇拝されていた代表的な都市といえば、本書でも言及のあるメソポタミアのニッポー(ニップル)。

日本神話だけでなく、世界の神話に登場する神々の元々のモデルがエンリルである可能性が高く、本書ではその論拠についてかなり詳しく解説しています。素戔嗚、牛頭天王、閻魔大王、インシュシナク、ヤハウェ、ゼウス、パン、パネースなどなど挙げ出すとキリがありません。この神を知ることで根源的な『神』のルーツを探ることができるため、非常に重要な一柱と言えます。

第4章

日ユ同祖論が導くファラオの血族と天皇

解き明かされる事象

日ユ同祖論・アブラハム・出エジプト記・ナナ神・古代イスラエル人・ベルサディ・エルシャダイ・アモン神・ヤハウェ・アクエンアテン・モーセ・悪魔サタン・セティ・ダビデ王・ゼウス・パン・アペプ・契約の箱アーク・蘇民将来・牛頭天王・祇園祭・春節・ニアン

1　日ユ同祖論の定説と問題点

「日ユ同祖論」それは、日本人の祖先と古代イスラエルにいたユダヤ人の祖先は同じではないか？とする説。

そして、これまで、それを証明しようとする人たちが日本には多くいました。

しかし、確信的な証拠を掴んだ説はまだあるとは言えません。なぜなら、いわゆる歴史・都市伝説界隈で話されている日ユ同祖論とは、古代イスラエル王国にいたユダヤ人がのちに日本人になったというのを前提としており、それが大きな間違いなのです。

真の「日ユ同祖論」日本人と古代ユダヤ人の関係を知るためには、古代イスラエル王国よりさらにもっと過去を遡らなければいけません。

これまでの日ユ同祖論を知る

ただ、その前にまず、日本人と古代イスラエル人の祖先が同じだと言われる理由はと言うと？

日本の大和言葉とイスラエル人のヘブライ語のいくつかの言葉が似ていると言われたり、祭りでお御輿を担ぎますが、それが古代イスラエル人の失われたアークの名残りだと言われていたり、そもそも失われたアークが四国の剣山に隠されていると言われたり、三種の神器という考え方は古代イスラエルにもあったり、京都の祇園祭りは古代イスラエル人のシオン祭を意味していたりと、日本と古代ユダヤのよく似た文化や伝統はあげればきりがないほどです。

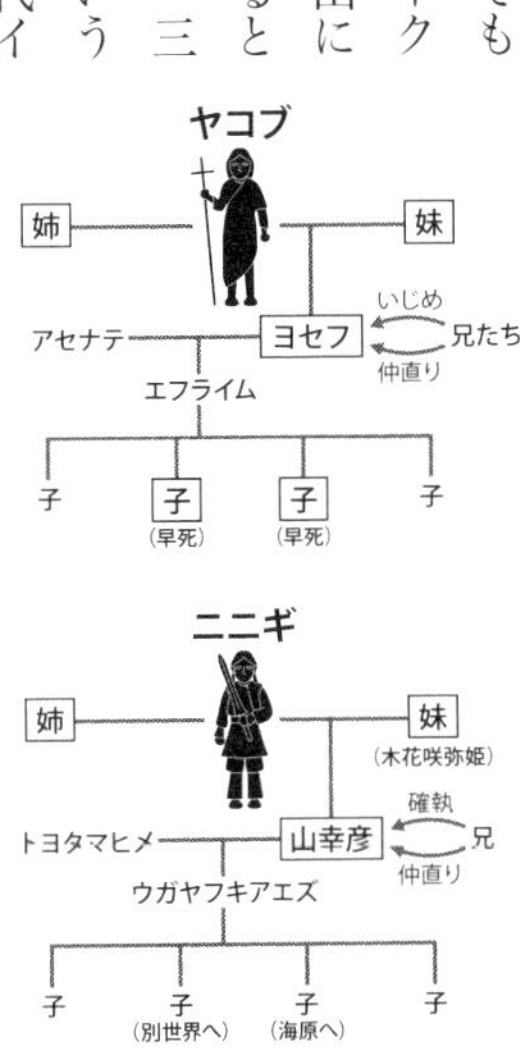

そして、面白いのが、日本神話に登場する伝説上の人物たちの家系図と古代イスラエル民族の祖先の家系図が似ていると言う説です。

天使と相撲をし「ヤコブの夢」で有名なイスラエルの祖「ヤコブ」とその子供たちの中のひとりで、のちに兄たちにいじめにあいイスラエルから別の場所へ移動した「ヨセフ」の家系図が、日本神話の「瓊瓊杵尊（ニニギノミコト）」と、兄との確執で別の場所に移動する羽目になる瓊瓊杵尊の子「山幸彦」の家系図とかなり似ています。もう、ここまで来ると日本人は元古代イスラエル人なのではないか？と思ってしまいそうですが、たとえ多く類似点があったとしても、古代イスラエル人がのちに日本人となったという説には圧倒的な問題点があります。

圧倒的な問題点。『名前』そして……

それが「名前」。もし、古代のイスラエルにいたユダヤ人がのちに日本列島に渡り、日本人となったのであれば、なぜ日本神話には「ヤコブ」や「モーセ」や「ヤハウェ」という名前が一切出てこないのか？

日本人が旧約聖書を信じる元古代ユダヤ教徒であれば、聖書の神や人物の名前を知らないのは完全に不自然です。

そして、そもそも日本の神話「神道」はユダヤ教の「一神教」とは違い「多神教」です。

言ってしまえば、日本神話の構図は、一神教の旧約聖書よりも「ギリシャ神話」やヒンドゥー教などの「古代インド神話」の方がはるかに似ているのです。

つまり、日本人は古代ユダヤ人と同じ文化と伝統を持っているが、旧約聖書を知らないということです。ではここから分かることは何か？

旧約聖書を信じる古代ユダヤ人ことイスラエル人の多くが、のちの日本人になってはいない……。

しかし、古代イスラエル王国を建国しユダヤ教を確立する時代より更に古い古代イスラエル人の祖と、日本人の一部は同じ祖を持っている、という可能性しかあり得ないということです。

そして、古代イスラエル王国でユダヤ教が確立されてからのユダヤ人は、ほとんど日本に来ていないか、来ていたとしても旧約聖書の内容が日本神話にそこまで反映されていない事から、日本の政治の中枢にはいないということです。

もし、旧約聖書を信じるユダヤ人が日本の中心民族で有れば、我々の名前も「ヤコブ」や「モーセ」と、なっていてもおかしくありません。

聖書の重要人物『アブラハム』の歴史

では、これを理解するために知る必要があるのが、第1章で話してきた、シュメール人やアムル人たちが躍動した古代メソポタミアの歴史と、旧約聖書で登場するヤコブの祖父である「アブラハム」の民族移動の歴史です。先ほど、瓊瓊杵尊と瓊瓊杵尊の子「山幸彦」の家系図と、イスラエルの祖「ヤコブ」とヤコブの子「ヨセフ」の家系図が似ていると話しましたが、古代イスラエル人が自らを「イスラエル人」と名乗る前の先祖「アブラハム」がどこに住んでいたのかというと。

それが、葦原中国のモデル、古代メソポタミアの都市ウルです。そして、この古代メソポタミアの考古学的歴史と、旧約聖書で書かれた古代イスラエル人の歴史も繋がります。

ただ、その説明の前に、先に言わなくてはいけないのは、旧約聖書で書かれたイスラエル民族の歴史はあくまで、実際の歴史より何百年もあとに書かれています。なので、天武天皇が書かせた日本神話と同じように、旧約聖書の物語には、**その物語が書かれた時代背景が必ず反映されています**。

そして、自分の運営する動画チャンネルは第一資料である考古学的歴史をベースに考察しているので、必ずしも旧約聖書の歴史が考古学的に正しいとはしていません。それを踏まえた上で、旧約聖書の物語をご覧ください。

古代メソポタミアからアブラハムの軌跡

旧約聖書で登場するユダヤ人の直接的な祖とされるのが「アブラハム」。正式名称は「アブラ（Abram）」。旧約聖書では、このアブラことアブラハムは、父「テラ」と、妻の「サラ／サライ」と共に古代メソポタミアの都市ウルに居住しているところから物語が始まります。

ここで重要なのは、旧約聖書での「アブラハム」時代の物語とは、あくまで遊牧民である少数民族の物語であるということです。アブラハムたちは、メソポタミア南部の都市ウルから、北にある現在のトルコ南部、日本神話での高天原のモデル、「ハラ（Harran）」という貿易が盛んな都市へ移住し、そこで一時的に定住したのち、南にあるカナンへ向かいます。そして、カナンでしばらく暮らしたのち、飢饉に襲われたために、古代エジプトに一度を訪れ、またカナンへ帰還。アブラハムと妻サラはそこで、イサクを生み、イサクは妻と「ヤコブ」を生み、ヤコブは4人の妻と12人の息子を得ます。

この12人がイスラエル十二部族の始まりとされており、この12人の息子のひとり「ヨセフ」が、先に古代エジプトへ渡ります。

そして、居住地「カナン」でも大飢饉が起こったので、ヤコブ一族みんなで「ヨセフ」が用意した古代エジプトへ移住。

そのときから、古代イスラエル人が古代エジプトに住み付き、かなりの月日が経ってから「モーセ」が生まれ、エジプト王家に拾われ、最後には海を割ってエジプトを脱出し、カナン付近へ戻ります。

そして、他民族からカナンの地を取り返し、しばらくのちのソロモン・ダビデ王辺りで民族国家が栄え、イスラエル王国となったというのが、大体の旧約聖書の話の流れです。

では、ここまでの「古代イスラエル人の前身の民族集団が実際にカナンの地でイスラエル人となっていく物語」のなかで、考古学的な資料と完全に合致する話が一つ存在します。

それが「大量のカナン人のエジプトへの大移動」です。

カナン人のエジプトへの大移動

古代エジプトの記録には、紀元前1900年辺りから前1800年にかけてカナンの地にいた「アムル人」や「カナン人」などの遊牧民族たちが、大量にエジプト北部に移住し、王国を建国し、最終的には古代エジプトを統治するまでに至ります。

実際に彼ら遊牧民族たちは、古代エジプト人から当初「アム(Aamu)」と呼ばれていたので、大きなくくりで「アマ（Amar)」こと「アムル人系」だと言えます。

民族名などに「アマ(Ama)」や「アモ(Amo)」という名前が入っていれば、アマ人ことアムル人を意味する可能性があるのですが、古代エジプトでもそれは同じです。

例えば「アモン（Amun)」という古代エジプトでは比較的新しい神様は、いつしか超古代の太陽神ラーと同格になるほどまで神格化の成り上がりを見せます。

そして、それを実現されたのが「アモーセ（Ahmose)」というファラオで、このファラオの名前には「アモ（Amo)」というアムル人系民族の起源が隠れています。

それほどまでに、アムル人の他民族への適応能力は凄かったのですが、実際にエジプト北部には「Yaqub(ヤコブ)」というファラオが存在したと言える考古学的遺物が発見されています。

そう、確実に初期の古代イスラエル人はエジプトにおり、適応していたということです。

ではここまで、「アブラハム」から「ダビデ王」辺りまでの物語を話しましたが、「古代イスラエル人のエジプトへの大移動」を紀元前1900年（1899～1800BC）辺りを基準にすれば、旧約聖書で書かれたイスラエル人の祖「アブラハム」の古代メソポタミアでの民族移動の年代が予測できます。

そして、それが大体「紀元前2000年辺り」そして、ここからアブラハムの起源が分かります。

紀元前2000年辺りの古代メソポタミアの都市ウルを統治していたのが、天孫族の祖アマことアムル人だと第1章で話しましたが、アムル人は遊牧民で、父テラを含めたアブラハムたちも同じ遊牧民です。

また、イスラエル人のヘブライ語は「セム語系」と言われており、アムル人メソポタミア統治時代で、セム語系の言語を使っていたのはアムル人たちしか存在しません。

遊牧民族にとっての『月』

そう、あとでアイデンティティは変わりますが、イスラエル人の祖アブラハムたちは大きなくくりで、天孫族と同じ、元アムル人系遊牧民族なのです。

そう言える理由はまだまだあります。このアブラハムたちは、メソポタミア南部の都市ウルから、かなり北の都市ハラという場所に移動しますが、なぜ彼らは中心都市からそんな北まで移動しなくてはいけなかったのか？

月の神『ナナ』を祀る姉妹都市

一つ目の理由は、都市ウルと都市ハラは、同じ月の神「ナナ神」を祀る姉妹都市であり、遊牧民同士の交流があったからだと言えます。遊牧民は自らの最高神を太陽神ではなく、月の神にする傾向があります。

というのも、古代史において太陽を神様として崇拝する人々の特徴は一定の土地で農耕を始めた民族で、それは太陽の恵みによって農作物が育つからです。

その一方で、農耕のように一定の場所にとどまらず、自然の牧草地を求めて移住し、牛や羊や豚などを育て、市場で家畜を売り買いするアムル人などの遊牧民たちは、農耕と違い、夜でも行動する必要がありました。そのため、危険を伴う夜道を歩かなくてはいけないために、月明かりが重要だったのです。

アムル人＝遊牧系民族＝月の神の信仰

それ故に、遊牧民にとって月の方が太陽よりも、信仰の対象になりやすいわけです。そして、アムル人系遊牧民のアブラハムがよった都市ウルと都市ハラはどちらも、当時の商人らが自らの家畜を売り買いする経済の中心都市同士でした。つまり、遊牧民こと商人たちが集まる都市同士なので、そのどちらにも月の神シンことナナが祀られており、交流があったとされます。

アブラハムが都市ハラへ移動しなくてはいけない二つ目の理由は、アブラハムたちが、イシン王国を建国するアムル人系遊牧民より少し遅れて都市ウルに移住しようとしたために、もう遊牧できる土地がなかった可能性があります。

そう言える理由は「ハラ」という都市とアブラハムの本名「アブラ」にヒントがあります。

都市ウルから北にある都市ハラへと移動したアブラハムたちですが、都市ハラは元々、現在のシリア地方にあった「エブラ

(Ebla)」という民族国家の王家が建てた都市でした。

そして、この都市国家「エブラ」という名は、アブラハムの正式名称「アブラ」とほぼ同音なのです。

エブラという都市の歴史

では、このエブラの歴史を見てみると、紀元前2000年後半にはアムル人が建てたイシン王国の自治国でした。

ちなみに、この時代の都市ウルもイシン王国の自治都市とされています。そんな都市国家エブラでしたが、他民族の侵入や災害により、紀元前2000年初頭に一度完全に崩壊してしまいます。

なので、多くのエブラ人たちがより南の新しい遊牧地を探したとされます。

そして、このタイミングと合うように古代メソポタミアにいたのが、イスラエル人の祖アブラハムと彼の父テラで、父テラはわざわざ息子の名前を都市国家エブラとほぼ同音の「アブラ」にしているわけです。

また、アブラことアブラハムの妻は「サラ／サライ」という名で、後のシリア地方の「シリア」の語源でもあります。

つまり、イスラエル人の祖アブラハムは、元々シリア地方付近にいた、アムル人のイシン王国の自治国エブラにいたアムル系エブラ民族であり、国家エブラが崩壊後にアムル系イシン王国の自治都市メソポタミア南部の都市ウルまで来たと言うこと。

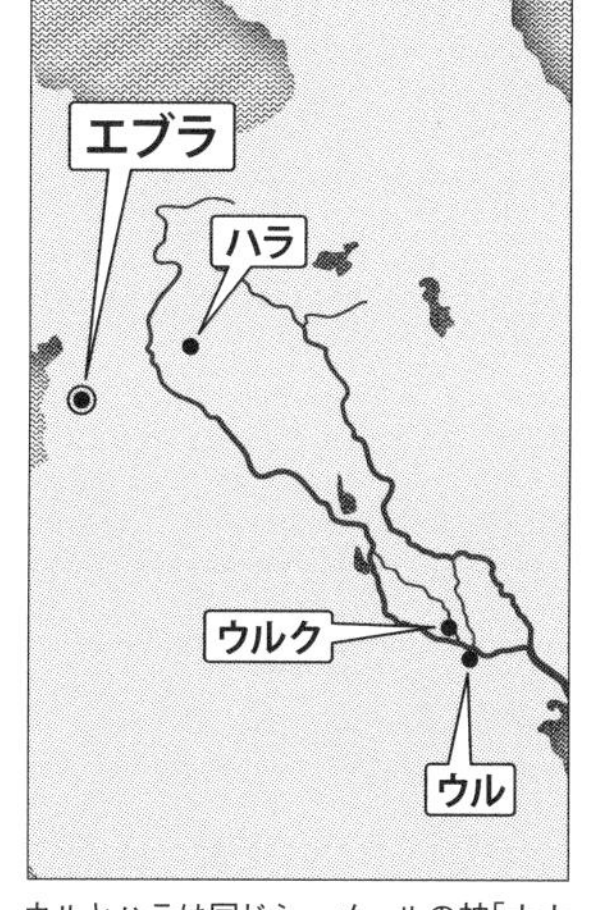

ウルとハラは同じシュメールの神「ナナ神」を祀っていた。

しかし、すでに遊牧地がないので、自らの起源エブラ民族の姉妹都市ハラへ移動し、そこから更に新たな移住地を探したというわけです。

しかし、メソポタミア南部の都市ウルから、かなり離れた都市ハラへの移動となるとかなりリスクがあります。なぜ、アブラハムたちは都市ハラなら一時的でも生活できると知っていたのか?

それは、この都市ウルと都市ハラは同じシュメールの神、「ニニギ」のモデル「ナナ神」を祀る都市同士で、いわば宗教的姉妹都市の関係だったのです。

そして、どちらも貿易の中心都市。つまり、都市ウルと都市ハラは経済的にも宗教的も交流があり、人の行き来が盛んだったと言えます。

アブラハムについてわかるふたつのこと

旧約聖書では、都市ハラのあるシリア地方付近に戻って来たアブラハムたちは、同じセム語系言語を話す「アラム人」という民族たちと盛んに交流します。

それ故に、古代イスラエル人は元々アラム人だと言われることもありますが、考古学的に、この時代にアラム人と呼ばれた民族はまだいません。

「アラム人」と「アムル人」という響きが似ているように、「アラム人」という呼び名はアムル人たちの別の呼び名として使われたというのが、紀元前１８００年辺りのハンムラビ国王のバビロニア時代で確認されています。

そう、のちにカナンの地で自らを「イスラエル人」と名乗り王国を建てる民族の祖は、元々アムル系の人々だった可能性がかなり高いのです。

この説を後押しするように、古代イスラエル人が崇拝する唯一神ヤハウェの初期の名前は「エル（EL）・シャダイ」と言いますが、この名はアムル人たちの一部が信じた神の名「ベル・サディ」と良く似ており、ヤハウェの起源の一つと考える学者もいます。

ここまで、日本列島で日本神話をまとめる天孫族の祖アムル人のメソポタミア統治時代に存在していたイスラエル人の祖アブラハムたちの民族移動の話をしてきましたが、もしここまでの話が本当だとすれば二つのことがわかります。

①なぜ、旧約聖書はよりシュメール人の古代メソポタミア神話に影響を受けているのか？

②なぜ、日本人と古代イスラエルの文化と伝統が似ているのか？です。

旧約聖書で有名なノアの方舟は、古代メソポタミア神話の洪水物語によく似ているという話は有名ですが、人々の言語がバラバラになった原因である「バベルの塔」の物語に似たものが古代メソポタミア神話に存在すると言われています。

では、なぜここまで古代イスラエル人の旧約聖書、特に創世記の物語とシュメール人の神話には共通点が多くあるのかというと、

それは彼らの祖先が、元々シュメール文化に適応したアムル人系の民族だからです。

そして、日ユ同祖論の原因になった、日本人と古代イスラエ

ル人の言葉や文化や伝統が似ている理由は、のちに日本を建国するメソポタミア南部の天孫族の祖アムル人は、イスラエル人の祖「アブラハム」たちと、その起源がほぼ同じだからです。

つまり、「日本人は元々シュメール人だった？」とされる「日本人シュメール起源説」と、日本人と古代イスラエル人は同じ祖先を持つとされる「日ユ同祖論」は、日本人をシュメール人と共存し、混血したイスラエル人の祖と同じアムル人系の民族とすることで、どちらも大きなくくりで間違っていないのです。

しかし、問題は、なぜ日本神話と旧約聖書は、登場人物の名前や、神の名前だけでなく、多神教と一神教という風に、こんなにも違うのか？

それはアブラハムの子孫「ヤコブ」以降の古代イスラエル人たちの歴史に原因があります。では次に、その話をしていきましょう。

2 古代イスラエル人の本筋のアイデンティティ

旧約聖書で描かれる、のちにイスラエル人と名乗るアブラハムの子孫たちが、約束の地カナンに辿り着いた話をしましたが、この一連の物語から、考古学的にこれらの歴史が実際に起きた歴史かどうかを調べられる箇所は、モーセの時代ぐらいからです。

というのも、イスラエル人の祖アブラハムやヤコブ辺りの物語の時代は、小さな民族集団という設定なので、この時代に実際にアブラハムやヤコブという人物がいて、どこで何をしたか？を、考古学的に立証するのは、彼らが伝説級の功績を残し、どこかの王国の粘土板に記録されない限り不可能です。

その一方で、エジプトの王に認められたヨセフの物語を含めた、モーセのエジプト脱出物語、そして、絶頂期のイスラエル王国の王様であるダビデ王やソロモン王などの伝説級の物語は、発掘作業を通して考古学的に実際に起きたことなのかを調べることができます。

では、この考古学的に調べられる古代エジプトで活躍したヨセフやモーセや古代イスラエルのダビデ王・ソロモン王辺りの物語の中で、旧約聖書の物語通り、実際に存在したと言い切れる歴史はというと…。

『一つもありません』

旧約聖書の出来事は『嘘』なのか？

旧約聖書の描かれた『古代イスラエル人』のモーセの脱出物

語や、ダビデ王やソロモン王の全盛期伝説というのは、考古学を通した客観的な立場からみると、実際に起きた歴史として認められるほど証拠が見つかっていません。

というのも、モーセのエジプト脱出の物語では、かなりの数のイスラエル人たちが古代エジプトから脱出したと書かれていますが、古代エジプトの記憶に、そのような歴史はいっさい残っていません。

そして、モーセの弟子のヨシュアが、カナンの地を取り返すために、カナンにいた民族をほぼ全滅させたという物語があるのですが、このヨシュアがいたとされる時代にカナンの地でそのような大規模な争いの痕跡は見つかっていません。

なので、もし実際に、古代イスラエル人がエジプトから脱出し、カナンの地に住むようになった物語が実際にあった出来事とするならば、古代エジプトの王家が彼らの脱出を認識せず、なおかつ、カナンの地にいた他民族と仲良く共存した可能性の方が高いわけです。

また、ソロモン王で有名な、かなり大きかったとされる「ソロモン神殿」の発掘作業が、現在まで何十年間も続けられてきました。

しかし、どんなにソロモン神殿が他民族によって破壊されていたとしても、巨大な神殿を下から支えた基礎は基本的になくならないものですが、その基礎の痕跡さえも見つかっていません。なので、考古学的には、ソロモン神殿は本当はもっと小さいか、時代が違う別の大きな神殿をモデルにしていると言われています。

宗教が絡むことなので、絶対ないとは言いません。ですが、考古学的に見て、モーセからソロモン王辺りの旧約聖書の歴史を事実としているのは「旧約聖書」本体以外、ほぼ存在しないとされています。

では旧約聖書は嘘だったのか？というと、そうでもありません。旧約聖書も日本神話と同じく、民族をまとめるために**『そういう設定にするしかなかった』のです。**

というのも、古代イスラエル人が、カナンの地で「イスラエル人」と名乗る前、彼らの元々のアイデンティティは、エジプトへ渡り成り上がったアムル人系のエジプト王家、「エジプト第18王朝」だからです。

古代エジプトの『アモン神』

古代エジプトに渡ったアムル人系遊牧民は、その文化に適応し、最終的には自らの神「アモン神」を最高神ラーと同格にで

きるほどの地位まで成り上がりますが、アモン神を最高神にしたのが、エジプト第18王朝最初のファラオ、

『アモーセ（Ahmose）1世』。

「アモー」という「アムル人起源」の名前がついています。そして、何より「アモーセ」という名前。そう。

旧約聖書の「モーセ」に「ア」を付けただけの名です。また「アモーセ」は「アモーシュ」とも呼ばれていたので、モーセの語源「モーシュ」とも合致します。では、この「モーセ」とよく似た古代エジプトのファラオの名前「アモーセ」の意味とは何か？

古代のエジプト言葉で、この「アモーセ」は「月が生まれる」という意味です。

その一方で、イスラエル人の言語「ヘブライ語」では、この「アモーセ」は「モーセの兄」という意味になります。

「モーセの兄」？？？

古代エジプトに「モーセの兄」という意味の「アモーセ」というファラオがいたということです。

旧約聖書でのモーセの兄と言えば「アロン」と呼ばれる人物で、弟のモーセと共に、ファラオにケンカを売り、エジプトから脱出します。

モーセとモーセの兄アロンが、本当は古代エジプトのファラオだというのは信じ難いとは思いますが、古代エジプトにはヤコブ（Yaqub）というファラオがいたという考古学的証拠もあるので、可能性がないわけではありません。

では、もし「モーセの兄」が「アモーセ1世」であれば、彼の弟で旧約聖書の中でも最も重要な「モーセ」のモデルは誰か？それが、エジプト第18王朝の実質の最後のファラオ「アメンホテップ4世」。別名「アクエンアテン」。この人類史で初めて「一神教」始めた人です。

3 モーセ＝アクエンアテン説

20世紀前半、心理学者のフロイトが「エジプトを脱出したモーセは、古代エジプトのファラオ「アクエンアテン」と一緒にいたのではないか？」と衝撃的な説を発表しました。

なぜなら、モーセとアクエンアテンは、この世界で初めて一神教を始めた人物であり、ほかにも共通点が多いからです。それから数十年。現在ではそのフロイトの説もさらに発展しました。

それがエジプト出身の作家、アメド・オスマン氏の説。

アクエンアテン＝モーセ説はアメド・オスマン（Ahmed Osman）による説。心理学者のフロイト（Sigmund Freud）はアクエンアテンの祭祀役モーセ説を唱えている。

「モーセとアクエンアテンは同一人物」

そして、アムル系エジプト人として古代エジプトを統治した民族が、エジプトを離れ、中東でイスラエル人となった理由が、このモーセのモデル「アクエンアテン」の歴史で分かります。

アクエンアテン、別名「アメンホテップ4世」は、この世界で初めて一神教を始めた革命的な存在。

そして、その唯一神が「アテン」という太陽円盤です。それまで古代エジプトでは人間の体に鳥や牛の顔というような姿が神様の姿とされてきましたが、アクエンアテンはそのような人間的な偶像を完全に拒否し、この太陽円盤のみを国民に崇拝させようとさせました。モーセも偶像崇拝を徹底的に禁止した人物で合致します。

そんなアクエンアテンが崇拝した唯一神「アテン」には、アテン神を祀る詩が存在します。

そして、そのアテンへの詩は、旧約聖書に編纂されている詩のひとつと、そっくりだということが最近になって判明し、西洋の考古学界ではかなり話題になりました。

アクエンアテンとモーセの様々な共通点

また、モーセといえばシナイ山で人の道徳が説かれた、二枚の石板を神から与えられますが、アクエンアテンにも同じような描写の壁画や遺跡があります。この様に、旧約聖書とエジプトのファラオ「アクエンアテン」の繋がりはかなりあるのですが、モーセとアクエンアテンの人生も似ています。

エジプト第18王朝を始めたアムル人系エジプト人のファラオ「アモーセ1世」から同族のファラオが続いたのち、アメンホテップ3世というファラオとTiye（ティエ）という女性の間に生まれたのが、アメンホテップ4世こと「アクエンアテン」です。

しかし、アクエンアテンの出生にはひとつ問題がありました。それはアクエンアテンは王位継承の権利を持てなかったのです。

アクエンアテンの父アメンホテップ3世は、世襲のために3

歳の親戚と婚約関係を結びましたが、アクエンアテンの「ティエ」に恋をしたために、ティエと婚約しました。

しかし、古代エジプトの王位継承では、父方だけでなく、母方も女系の王位継承の血筋を持っていなければ、その子が王になることができません。そして、ティエは女系王位継承権がなかったのです。それ故に、アメンホテップ3世とティエの子「アクエンアテン」は王位継承権を持ってなかったのです。しかし、アメンホテップ3世は自らが愛した女性との子が次の王になって欲しい。

ただ、それをよく思わないのが、古代エジプトのアモン神の神官たちでした。なぜならアクエンアテンが王になれば、古代エジプトの王位継承のルール状、王家が変わり、王朝が変わってしまうからです。そのため、アメンホテップ3世はティエと婚約してからは、アモンの神官たちと揉めに揉めました。

そして、それはより過激になっていく。アメンホテップ3世とティエの間には、アクナアテンが生まれる前にもう1人子供がいましたが、突如記録から消されていおり、アモン神官たちによって暗殺されたとされています。

つまり、アメンホテップ3世とティエの子アクエンアテンは王位継承権をめぐり、産まれてからすぐに命を狙われる身であった。それ故に、アメンホテップ3世は、妻のティエを、首都のテーベ（Thebes）から、より北のザーゥ（Zarw）という都市に住まわせ、そこでアクエンアテンを産んだとされています。

このザーゥ（Zarw）があったという地域というのは、旧約聖書ではヨセフがヤコブや兄弟たちとカナンから移住し住み始めた場所であり、モーセが生まれた地とも言われている場所です。

ツタンカーメンの母親『ネフェリティティ』

モーセの本筋のモデル「アクエンアテン」は、アモンの神官たちに命を狙われるので、より安全なこの場所で成人を迎えます。そして、とある用事で、首都テーベ（Thebes）に行き、1人の女性に恋に落ちます。それが「ネフェリティティ」。

かなりの美女でした。そして、ネフェリティティは、王位継承権を持つ女性であり、アクエンアテンとネフェリティティが婚約すれば、アクエンアテンの子には王位継承が与えられるわけです。そして、アクエンアテンとネフェリティティは婚約します。ちなみに、この2人の子があの「ツタンカーメン」として知られるトゥトゥ・アンク・アメン。

モーセのモデル、アクエンアテン、とネフェリティティが婚約すると、父アメンホテップ3世は子アクエンアテンと共に政治をするようになります。

それ故に、アモン神の神官たちとまた揉めますが、アクエンアテンは自らの唯一神アテンを崇拝する神殿を建てたりと、アモン神官たちにケンカを売り続けます。そして、最終的にはエジプトのアマルナという場所でアテン神のみを崇拝する都市を建設します。

世界最初といえる一神教政策

そこから、しばらくして、父アメンホテップ3世が死去したので、政治権力は子アクエンアテンに移りました。なので、アクエンアテンは当時エジプトの領地であったカナンやシリア地方だけでなく、地中海の島々からの要人たちを集めて盛大な式典を行い、そこで覚悟を決めます。

それが「エジプト全土を唯一神アテンのみを崇拝する国とする」と。

それからアクエンアテンはエジプト中にある古代エジプトの神々の崇拝を禁止し、それらの神殿を閉めさせた。もちろんそれは、犬猿の仲であったアモン神官たちのアモン神の神殿も対象で、多くのアモンと書かれた壁画が消されました。

しかし、問題は何千年も続いた多神教文化のエジプトで、いきなり一神教に切り替えるのは無理がありました。国民だけでなく、アクエンアテンの軍隊の中にも、太陽神ラーやアモンなどの自らが信じた古代神の神殿を閉されるのに我慢出来なかった者も多かったのです。なので、しばしばアクエンアテンの一神教派の者たちと多神教派の者たちで内紛が起こりました。

多神教vs一神教。この構図が聖書に描かれた？

そうこうしてる間に、エジプトにいた権力者たちがアクエンアテン討伐を計画。それを知ったアクエンアテンは、自らの王統を途絶えさせないために、子ツタンカーメンへ王位を譲り、自らの身を守るために、シナイ半島南部、シナイ山辺りへ数年間身を隠します。

しばらくのち、第18王朝の王位を継承した子ツタンカーメンが若くして死去。それ故に、ツタンカーメンの父アクエンアテンはエジプトへ戻り、自らが正統な王と名乗り出ます。

しかし、それを良しとしないのが当時エジプトの実質的な王で、次の第19王朝を新たに始めようとしていた「ラムセス1世(Rameses I)」は、武力でアクエンアテンを倒すことを決意します。

ラムセス1世の討伐計画を知ったアクエンアテンはエジプトを脱出し、シナイ半島で自らの軍隊と合流。そこでラムセス軍と戦う準備をするために、当時エジプトの領地であったカナン地方へ行き、そこで自らの基盤を整えようと計画します。

しかし、アクエンアテンの軍事基盤計画を知ったラムセス1世は、その計画を止めるべく、アクエンアテンがカナンへ入る前に軍隊を送り、アクエンアテン軍と衝突します。そして、このタイミングでラムセス1世が死去したので、ラムセス1世の息子の「セティ」が、その戦いを継承します。

カナンを目指すアクエンアテン軍とそれを追いかけるセティの軍、それはまさに、聖書でモーセを追いかけるエジプト軍と同じ。そして、モーセがカナンの地へ到着する前に死んでしまった話と合致するように、アクエンアテンはカナンの地に辿り着く前に、セティの軍によって殺されてしまいます。

悪魔サタンのモデル＝セティ＝セト神

勘が良い人ならわかると思いますが、このセティという名前が、のちに「セト神」となり、聖書では「サタン（悪魔）」という言葉の起源だと言われています。そして、アクエンアテンは古代エジプトの異端の王とされ、ラムセス2世によって歴代のファラオの系図から全て抹消されてしまいました。

そんなラムセス2世の息子「カエムワセト（Khaemwaset）」の時代、古代エジプトは中東にいたとされる『とある民族』と戦った記録が遺跡に刻まれています。

その民族の名前が「イスラエル人」。この時代の石に刻まれた「イスラエル」と言葉が（メルネプタの石碑）、この世界で残る最も古い「イスラエル」の記述です。アクエンアテンとアテンの一神教徒たちが、カナンの地を目指してから暫くのちの時代から現れた「イスラエル人」という民族集団。時代もドンピシャで合うのです。

アクエンアテンとモーセの共通点これは偶然か？

①天から与えられし2枚の石板

②アクエンアテンの唯一神「アテン」への詩と、旧約聖書の詩との類似

③アクエンアテンの出生やエジプト脱出物語とモーセ伝説の繋がり

④モーセの唯一神への信仰は後世に残るが、一切の記憶が存在しない。その一方で、アクエンアテンの唯一神への信仰は後世に残らないが、モーセとよく似た記録が残る

もちろん、宗教が絡むことなのでこの2人が絶対的に同一人物とは言いません。しかし、果たしてアクエンアテンとモーセの偶然の一致は偶然で片付けられるのでしょうか？

もし、ここまでの話が本当だとすれば、旧約聖書が反古代エジプトの立場になった理由だけでなく、旧約聖書でモーセがアロンの偶像崇拝に怒った理由も読み取れます。

元々、ヘブライ語で「モーセの兄」を意味する「アモーセ1世」がエジプト第18王朝を始め、自らのアムル人系の神「アモン」を最高神にしましたが、そののち、モーセのモデル「アクエンアテン」が、アムル人系の最高神アモンの神官たちと、唯一神アテンを巡って揉め、エジプト第19王朝によってアクエンアテンはエジプトを奪われる、というここまでの話。

ここで重要なのは「アクエンアテン」はアモンの神官たちと揉めただけであって、モーセの兄こと「アモーセ1世」の子孫の「アメンホテップ家」と揉めていなければ、自らもアメンホテップ家の人間です。

しかし、アクエンアテンは母親の「ティエ」の血筋からアモンの神官たちから正当な王族として見られなかった。つまり、アモーセ1世から続くアクエンアテンの父アメンホテップ3世までは、アモーセという言葉のヘブライ語の意味が示すように「モーセの兄」民族で、旧約聖書でいうところの「アロン」のモデル。アロンのようにアメンホテップ3世は、モーセのモデル「アクエンアテン」にかなり献身的に接していたとされます。

そのため、旧約聖書では自らのエジプト王家の血筋「アモーセ」から続く「アメンホテップ」を否定するのではなく、アモン神信仰だけを否定したのです。

旧約聖書では、牛の偶像崇拝を行った兄アロンにモーセが怒る描写がありますが、この物語が表すのがアモン神信仰の否定です。

というのも、アモン神は、羊／山羊のシンボルを持つ神ですが、雄牛のシンボルを持つ「ミン」という神様と融合し、「アモン・ミン」としても崇拝されていました。

なので、アモン神は牛のシンボルも持っています。つまり、アモン神をモデルとした牛の偶像崇拝を、アクエンアテンをモデルとするモーセが怒る、という描写を通して、アモーセ1世からアメンホテプ家まで続いたアモン神信仰を痛烈に批判しているのです。

そして、そんな彼が、第19王朝によってエジプトを追い出されたので、旧約聖書は、エジプトを悪い存在として描いたと言えるのです。

4 アブラハムの子孫がエジプトの王家になった話

しかし、この話には一つ大きな疑問があります。それは、そもそもなぜ、のちにイスラエル人と名乗るアブラハムの子孫たちは、古代エジプトで第18王朝を始められるほど成り上がれたのか？

それはいたってシンプル。のちに中東でイスラエル人と名乗る民族はそもそも古代エジプトの王家の血を引く者たちだからです。

聖書ではイスラエルの祖アブラハムの息子イサク、そして、イサクの子ヤコブが古代エジプトへ渡りますが、このエジプト移住の前にかなり重要な物語が聖書に存在します。それが、アブラハムと妻サラがカナンの地へ移住したのち、イサクを生む前に、古代エジプトを訪れた時の話。

カナンが飢饉に襲われたのでアブラハムは妻サラと共に古代エジプトへ向かいます。

しかし、アブラハムが心配なのは妻のサラがあまりにも美しいすぎることでした。

というのも、サラがもし、エジプトのファラオの目に留まり、婚約をせまられれば、夫であるアブラハムは命を狙われるからです。

なので、アブラハムはサラに、エジプトにいるときは自らの妹という設定で過ごそうと提案します（実際に異母兄妹ではあった）。そして、案の定、サラはエジプトのファラオの目に留まり婚約を申し込まれ、サラとアブラハムは宮殿に招待されます。

アブラハムはサラの兄という設定なので、ファラオから命を狙われないだけでなく、羊や牛など贈り物をもらい盛大に祝福してもらいます。

しかし、ファラオがすぐに病気になったので、サラはアブラハムの兄ではなく、夫だということに気づき、二人を追い出します。

ファラオから貰った羊や牛のプレゼントだけでなく、サラのお世話をするエジプト人女性「Hagar（ハガー）と一緒に、アブラハムとサラはカナンの地へ戻りました。

そして、しばらくして、アブラハムはそのハガーとの間に子「イシュマエル」を生み、そののちにアブラハムはサラと「イサク」を産みます。

少し前に話したように、イサクは、息子ヤコブと同じイスラエルの祖とされる人物です。その一方でこのイシュマエルは、のちにイスラム教の開祖となるムハンマドの祖とされています。

ただ、イスラム教の物語と旧約聖書の違うところは、ファラオによって、サラの下に遣わされたハガーという女性は、ファラオの実の妹という設定なのです。つまり、イスラム教の開祖ムハンマドは古代エジプトの王家の女性とアムル人系アブラハムとの子孫ということです。

しかし、このサラの物語には一つ不思議な点があります。

物語の矛盾点を紐解くと見えてくる謎

なぜ、アブラハムとサラは、ファラオを騙したのにも関わらず、羊などのプレゼントをそのまま持って帰れただけでなく、ハガーという女性と共にエジプトから出られたのか？　ましてや、ハガーという女性はファラオの実の妹とも言われています。

そして、このアブラハムとサラのエジプトでの物語は、イシュマエル誕生の重要な話であって、聖書で残す意味はそこまでないはずです。

そう。この話にイスラエル人の元のアイデンティティを隠しているのです。

ハッキリ言いますと、ファラオによって宮殿に招待され多くのプレゼント貰い、ファラオの実の妹まで付いてくるという大接待を受けたサラとアブラハムの物語が真に伝えたいこととは**「エジプトのファラオとサラ」の婚約です。**

そして、聖書ではアブラハムとサラの子とされていますが、「イサク」はファラオとサラとの子供で、アブラハムの子ではないのです。

そう言える理由は二つ。一つ目は、実際にイサクの子「ヤコブ」と全く同じ名を持つファラオが存在した古代エジプトの遺物が見つかっていること。

のちのアモーセ1世の第18王朝に繋がるエジプト王家の系図にアムル人系の血が入った最初の子が「イサク」であれば、その息子であるヤコブというファラオが存在していても何の不思議もありません。

そして、二つ目が、ユダヤでは古来から、男系ではなく、女系がユダヤ人の証明になるということです。

日本の皇室の男系家系とは違い、イスラエルでは「母親がユダヤ人であればユダヤ人」という女系の伝統があります。しかし、そうであっても女系社会というわけでなく、基本的に男性が親の地位を引き継ぐので男系社会でした。では、なぜ父親ではなく、ユダヤ人の基準が母親なのかというと、母親が誰だかわかれば大丈夫だとされているからです。

しかし、ノアから始まり、テラ、アブラハム、イサク、ヤコブ、ヨセフというように、旧約聖書は男系の子孫をかなり強調しています。また、アブラハムの父テラは、アブラハムと嫁を探しに出かける物語がありますが、この物語だけで聖書は男系の目線だとわかるはずです。

では、なぜイスラエルは男系目線の聖書を持ち男系社会の文化があるのに、ユダヤ人の基準が「女性」なのでしょうか?

ユダヤ人の基準が「女性」である理由

その理由が、複雑な古代イスラエル人の歴史にあるわけです。もし、イサクがサラとエジプトのファラオの子であり、そののちに続くヤコブもエジプトのファラオであれば、イスラエル人は自らをエジプト人と名乗れたはずです。

しかし、少し前に話したように、モーセのモデルで、アムル人の血が入った古代エジプトの王「アクエンアテン」の時代に、アムル人系エジプト王家18王朝はエジプトから追い出され、中東へ移住しなくてはいけませんでした。

このエジプト追放により、古代イスラエル人の男系の血筋は、憎きエジプトに変わってしまったので、「元エジプトの王家」という肩書きを捨て、新たなアイデンティティを持つしかありません。

そして、そこで誕生したのが「イスラエル」呼ばれた民族ということです。もし、イスラエル人ことユダヤ人の判断基準が「父親の系譜」であれば、イスラエル人はエジプト人になってしまうので、「母親」が基準になったと言えます。

アムル人系遊牧民としてメソポタミア付近をさまよったアブラハムとサラ。古代エジプトでファラオの子イサクを産んだサラと、実際に存在したヤコブというファラオ。アムル人系の古代エジプト第18王朝と「モーセの兄」こと「アモーセ1世」。聖書のモーセと良く似た人生を歩み、モーセと同じく、この世界で初めて一神教を始めたアクエンアテン。

そして、アクエンアテンのカナンでの基盤計画から、しばらくして初めて登場し、憎き古代エジプト第19王朝と戦った「イスラエル人」という民族集団。

宗教が絡むのでこれが絶対的に正しいとは言いませんが、あまりにも繋がりすぎています。

では、「古代イスラエル人」とは一体何者なのか?もちろん、現在の常識では「旧約聖書」を信じたアブラハムを祖に持つ人々。

しかし、重要なのは旧約聖書の内容が世に広まったのは、イスラエル人が存在したとされる時代の数百年のちで、わざわざ、全イスラエル人に聖書の内容を広める必要があるほどに、皆が現在の聖書の内容を知らなかったとされます。

エジプトのファラオの血筋を隠した！

その証拠に、旧約聖書の内容が書かれた石版は一枚も見つかっていないだけでなく、現存する最古の聖書は「死海文書」で、更に数百年もあとのもの。

つまり、旧約聖書が知れ渡るもっと昔の民族集団「古代イスラエル人」のほとんどは、現在の聖書の内容を知らない。と言えます。そして、先ほど話しましたが、イスラエル人と名乗った民族集団はアブラハムではなく古代エジプトのファラオの血筋を隠しているのです。

では、古代エジプトから追放された、アムル人系の血が入ったエジプト第18王朝の人々は、そののちどうなったのかというと、彼らは中東付近で、同じ元アムル人系のヤマァド人やウガヤ人等と合流したとされます。

というのも、大和民族の祖ヤマァド人のヤマァド王国は、秦氏の祖ヒッタイト王国に敗れたのち、長らくエジプト第18王朝の領地であった中東で細々と暮らしたと考えらえます。

つまり、第18王朝崩壊後のタイミングで、古代イスラエル人と大和民族の祖ヤマァド人たちが中東で合流したのです。それ故に、旧約聖書でのイスラエル人の祖の一人「ヤコブ」から続く家系図と、天孫族の祖「ニニギ」から始まる家系図が似ているわけです。

日本文化にも受け継がれた古代エジプトの文化

では、もし古代イスラエル人と大和民族の祖ヤマァド人が、元アムル人同士で、どちらも古代エジプトの影響を受けていたのであれば、旧約聖書と日本文化には、その影響はないのか？

もちろん、あります。むしろ、日本は、古代エジプト時代の祭りを現在でも続けており、それは旧約聖書の「契約の箱」と起源が同じなのです。

次はその話を掘り下げるために、エジプト第18王朝の中東統治時代の歴史と文化の話をしましょう。

5　ダビデ王のモデルと祇園祭の起源

アモーセ1世によるエジプト第18王朝が始まる少し前のエジプト北部には、アムル人系民族ヒクソスの国がすでに台頭していました。

このヒクソスたちを第17王朝が倒し、アモーセがエジプト統一を成し遂げ第18王朝が始まります。アムル人系の国がエジプトにあったということから分かるように、この時代の古代エジプトにはシリア／カナン経由のアムル人系民族がすでに大量にいたわけです。

エジプト王家へ嫁いだサラの名前はシリアの語源なので、ヒクソスとは違い、母方のみがシリア経由のアムル人というのがエジプト第18王朝と言えます。

そんなヒクソスたちを倒して誕生したモーセの兄ことアモーセ率いるエジプト第18王朝は、すぐさま、カナン地方へ出兵しゆっくりと支配範囲を広げていきます。

この時、シリア地方のヤマァド王国はヒッタイトの攻撃によりすでに崩壊しています。そこから少しあと、アモーセの親戚「トトモーセ1世（Thutmose I）」がファラオとなり、シリア地方までの勢力拡大し、ヒッタイト王国と新たに誕生したミタンニ王国と対峙します。

この時からエジプト第18王朝はカナン地方だけでなく、シリア地方にもエジプト風の建造物を建て、そこにいるアムル人系民族たちとの貿易が盛んになり、古代エジプトでもこれらの地域の神々が崇拝され始めます。ウガヤことウガリット王国の女神アシェラがその例です。

しかし、時間が経つにつれエジプトから遠く離れたシリア地方の国々は徐々に独立し始めます。

そこで、トトモーセ1世（Thutmose I）からしばらくのちにファラオとなったトトモーセ3世（Thutmose III）が再びシリア地方まで出兵し統一を果たします。この古代エジプトのカナン・シリア統一はアクエンアテンの時代まで続きます。

ちなみに、エジプトからこの辺りを全て統べるものは、考古学上、ペルシャ帝国のキュロス国王ことカラス国王の時代まで現れません。

ここから分かることは、ヒッタイト王国に負けたヤマァド王国のアムル人たちだけでなく、この地域にいたアムル人系民族全てが古代エジプトの影響を数百年受け続け、共に発展したと言えます。

共に発展したと言えるのは、当時のカナンやシリア地方の国々はエジプト第18王朝に忠誠を誓うことで、ミタンニ王国などの脅威から自らを守ることができ、モーセのモデル「アクエンアテン」がファラオになった時にも、この付近の国々は古代エジプトに貢物を送っています。

ミタンニ王国などの得体の知れない国に支配されるより、アムル人系の血が入ったエジプト第18王朝の支配下の方がまだ許せたのかもしれません。

しかし、エジプト第18王朝はアクエンアテンの時代に行った一神教政策などが原因で、第19王朝にとって変わられてしまい、18王朝とアクエンアテンの残党たちは古代エジプトから中東へ脱出します。

そして、彼らは現地で細々と暮らしていた元イシン王国のアムル人などと結びつき、第19王朝のに盾突いたことで歴史に初めて登場する「イスラエル人」となります。

では、この後のエジプト・カナン・シリア付近の歴史を話すと。第18王朝のシリア地方の影響力がなくなったために、ヒッタイト王国が南下を試みます。しかし、それを阻止すべくエジプト第19王朝も出兵し、この2カ国の戦いが始まります。

そして、カデッシュの戦いを経て、この2カ国は世界最初の和平条約を結び、戦いは終結。

しかし、彼らが戦いを終結した理由はほかにありました。それは、「海の民」と呼ばれる人々が一気に地中海を渡って古代エジプトや中東の国々を攻めてきたのです。

それ故に、古代エジプトはヒッタイト王国と戦っている場合ではありませんでした。

そして、ヒッタイト王国も海の民との戦いだけでなく、アッシリア王国が隣で強大となったために古代エジプトとの戦いを止めたかったわけです。

そして、古代エジプトはなんとか海の民の攻撃に耐えますが、ヒッタイト王国は滅ぼされ、その代わりにアッシリア帝国が勢力を伸ばしていきます。

ちなみに、この「海の民」の侵入がカナン・シリア地方の時代の転換期ということを覚えておいてください。

なぜなら、この紀元前12世紀辺りに攻めてきた海の民の時代に、多くの民族が東を目指し、そこから約100年後に誕生する古代中国の国「周」になって行くからです。

聖書のダビデ王は存在したか

ただ、その前にダビデ王の話をしなくてはいけません。エジプト第18王朝の影響を受けた、のちにイスラエル人と名乗る人々ですが、この時代に旧約聖書はまだ確立していません。

なので、古代の物語が実際に起きた歴史かどうかを客観的に見るためには、当時の遺跡から読み解かなければいきませんが、現在まで世界中の叡智を集めて、カナンやシリア地方付近を発掘調査して分かったことは、古代イスラエル王国の国王「ダビデ王」は存在しなかった、ということです。

つまり、それは彼が実際に存在したと言える証拠が一切発見されていないので、当時、誰にも認知されていなかったということ。ただ、先に答えを言うと、聖書での物語は史実を元に作られているが、時代と名前が違うということなので、ダビデ王のモデルとなった人物は存在します。

ダビデ王のモデルとなった人物

では、ダビデ王のモデルとなった人物は一体誰か？

旧約聖書では、古代エジプトに囚われていたユダヤ人たちが、モーセによってエジプトを脱出し、モーセの弟子のヨシュアが次々とカナンの国々を滅ぼし、そこからしばらくして、イスラエル王国ができます。

そして、当時のサウロ王が先ほどの海の民ことペリシテ人に倒されたので、ダビデが立ち上がり、ペリシテ人国家を倒します。そこから、ダビデはエルサレムを首都とし、全イスラエルの王となります。

そして、そこからダビデ王の勢力拡大はとどまることを知らず、ペリシテ人などの都市国家を次々と倒していき、シリア地方北部の「ゾバ」、先ほど、出てきた当時の「カデッシュ」辺りから、アナトリア地方南部まで勢力を拡大します。

そして、このダビデ王の栄光は、海の民の侵入を引用していることから、大体、紀元前11世紀末から紀元前10世紀ぐらいだとされています。

しかし、モーセ率いる『イスラエル人』によるエジプト脱出からヨシュアのカナン征服には一切の考古学的記録がないというのは以前に話しましたが、紀元前11世紀以降のどこかのタイミングでアナトリア地方南部まで勢力を伸ばしたとされるダビデ王もしかり、カナン地方やその他の国々の遺跡や遺物に、ダビデという名の王もイスラエル王国という国も存在したと言える証拠はありません。

そして、それは次の国王「ソロモン王」と「ソロモン神殿」も同じく存在したと言える証拠はないのです。それもそのはず、彼らの物語は紀元前11世紀または紀元前10世紀辺りのイスラエル人としての物語ではありません。

モーセのモデルがアクエンアテンといったように、彼らの物語は、紀元前16世紀以降に最強になったエジプト第18王朝の栄光の歴史を元に作られているために、証拠が見つからないのです。

では、ダビデ王のモデルは一体誰か？それが、先ほど話した、シリア地方まで勢力拡大に成功した、エジプト第18王朝のファラオ「トトモーセ3世（Thutmose III）」です。

トトモーセ3世がダビデのモデルと言える理由

そう言える理由はいくつも存在します。一つ目の理由は、トトモーセ3世とダビデ王の勢力拡大の動きが同じということ。まず、ダビデ王がシリア地方に向けて出兵した時、聖書には「ダビデ王はユーフラテスの失った領地を取り戻しにいく（サムエル記8章3節）」と書かれています。

しかし、イスラエル王国がダビデ王より前にこの辺りを領地にした記録もなければ、聖書にもそのような歴史は書かれていません。いきなり、「取り戻す」設定なのです。

そして、この歴史的大偉業を誰も当時の記録に残していません。しかし、ダビデ王のモデル「トトモーセ3世」は、先代の「トトモーセ1世」が征服した、この辺りの領地を取り戻すために、シナイ半島北部の要塞都市ザーウから出兵し、ダビデ王と同じく領地を取り戻しています。

そして、歴史上、この「取り戻す設定」でここまで出兵したのは「トトモーセ3世」しか存在しません。

また、トトモーセ3世が勝った戦いの一つ「マギド（Magiddo）の戦い」での戦い方や敵の逃げ方などの一部始終は、ダビデ王の行った「ラバ人との戦い」と類似していると指摘されています。

ちなみに、このトトモーセが勝った「マギド（メギド）」という国の名前は、ヨハネの黙示録で登場する「アルマゲドン」のモデルの都市です。

「アルマゲドン」と言えば、終末の日に世界中の王たちが神の軍勢へ戦いを挑み、そこでダビデ王の子孫が救世主「メシア」として登場するという預言ですが、この言葉「Armagiddon」は、ヘブライ語の「Har Megiddon」から来ており、このHarは「丘（土地）」という意味で、実際に存在した「ハー・マギド（Har Magiddo）」こと「マギドの丘」という意味から来ているとされます。

ダビデ王がマギド人と戦った描写はありませんが、ダビデ王のモデルが実際にアルマゲドンことHar Megiddoでマギド人と戦かって勝利を治めたトトモーセ3世ならば、黙示録の預言で言われている「アルマゲドン」とは、神の国・古代エジプトのファラオ「トトモーセ3世」の戦いを土台にした可能性があり、ダビデ王の子孫が救世主とする理由も筋が通るわけです。

6 契約の箱アークの真実

ダビデ王のモデル「トトモーセ3世」説を裏付けるものはま

だまだあります。それが、『契約の箱アーク』。聖書の物語で、ダビデ王はイスラエル王国統一とエルサレムを首都としたとき、そこに契約の箱アークを安置する、という描写があります。では、そんな契約の箱ですが、聖書の記述から「5つ」の特徴が書かれています。

① 金箔が塗られた木の箱

② 黄金で作られた蓋。ただこの蓋は木箱のように箱を閉じるものでなければ、蓋でもありません。その理由はあとで説明します。

③ 向かい合う天使ケルビムが羽を合わせている像

④ 選ばれたレビ族のみがアークを運ぶ時にかつげる木の棒。ちなみに、彼らが運ぶときは、アークを完全に布で隠してから運ぶと書かれています

⑤ ユダヤの三種の神器「十戒・マナのツボ・アロンの杖」が入れられている

一般的に、アークは聖遺物を運ぶ用の箱だとされますが、別の用途もあります。それがヤハウェの玉座としての箱。先ほどの、アークの蓋は神の玉座とされ、箱の部分は神が足を載せる台の役目があります。

そして、ケルビムの上にヤハウェが座り、戦いがあるときにイスラエル人たちを導いたとされます。しかし、神がアークを通して力を発揮するためには生贄が必要で、レビが牛の血をその蓋に振りかけていました。そして、戦いの時にはイスラエルの氏族を表した旗を掲げます。

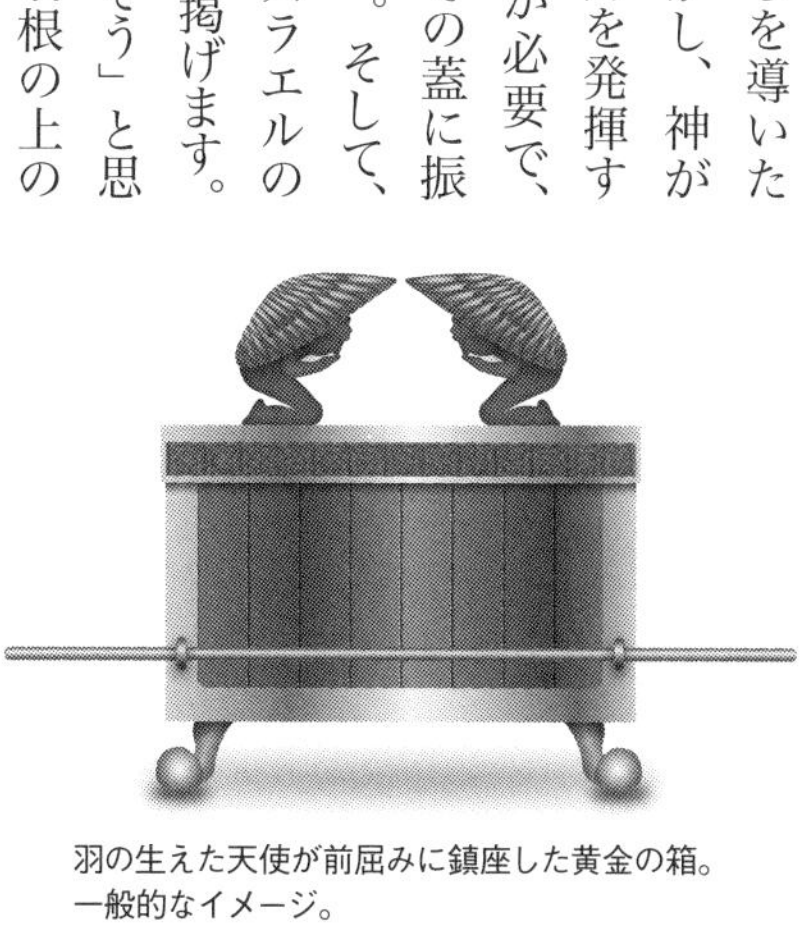

「神様座りにくそう」と思えるケルビムの羽根の上の玉座など、ここまでのアークの説明から、我々がよく見るアークの絵は不自然な点があるのが分かると思います。

羽の生えた天使が前屈みに鎮座した黄金の箱。
一般的なイメージ。

ひとまず、そんな契約の箱アークをエルサレムに運んだと聖書に書かれるダビデ王ですが、先ほども言ったように、どの時代のカナン地方にもダビデ王という国王は存在しなく、彼のモデルは「トトモーセ3世」だと話しました。

しかし、もしそうであるならば、契約の箱アークは「古代エジプト起源」の何かなのか？

その通り。

この聖書で書かれた、神を箱に降臨させ移動する文化は、そもそも古代エジプト起源です。そして、それが「バーク」と呼ばれた神の社です。

バークと呼ばれる神の社

船の形をしたバークですが、古代エジプトでは船として使われることはなく、神聖な儀式を行い神をおろす移動式の社です。古代エジプトにはいくつもの種類のバークがあり、ご鎮座させる神によって見た目が変わりますが、聖書で書かれたアークの説明に最も合うのが、アモン神のバークです。

Public domain

船の形をしたバーク。特にアモン神のバークと聖書の契約の箱アークは一致が見られる。

このバークは、下に箱があり、その箱の上部に付けられた木の棒を許された神官たちが担いで運びます。

そして、その上には「ナオス（naos）」と呼ばれる黄金のドームがあり、その中に、アモン神がご鎮座するための玉座があります。聖書では箱が神の足置き台で蓋が玉座とされますが、このバークを神さま目線で見ると、聖書の説明通り、箱が足置き台の役割を持ち、それを蓋のように、覆う黄金のドームに玉座があります。

「いやいやいや、それ蓋じゃなくてドームやん」と言われそうですが、実際のところ聖書は、アークの上部を「蓋」とは書いていません。

近代の聖書で蓋と訳されていますが、ヘブライ語でこの部分を「カッパラ（Kapporeth）」と呼び、この「Kapporeth」はシンプルに「覆う」という意味です。

また、このKapporethは「マーシー・シート（Mercy Seat）／慈悲の席」という意味も存在します。つまり、近代の聖書で「蓋」と訳されただけであって、この蓋の元々の意味は「覆う」と「慈悲の席」という意味なのです。

つまり、聖書で書かれたアークの蓋を元の意味の『神がご鎮座する「覆われた慈悲の席」』として見ると、このアモン神のバークは、聖書のアークの説明通りの見た目になるのです。

そして、このアモン神のバークには、アークの上にいる二柱のケルビムとリンクするように、二羽の鳥が描かれています。

このアモン神のバークは鳥の顔ですが、他のバークには人面の鳥もいるので、この絵のケルビムと同じものもあります。

聖書のアークの説明で登場するケルビムには、これ以外とくに説明がなく、これまで起源とされる神が不明でしたが、近年の発掘からケルビムと特徴を同じとする羽の存在が確認されています。

そして、その発掘されたケルビムのモデルは全て古代エジプトに影響を受けているため、古代エジプトのアークことバークにいるこの鳥がケルビムの起源とした説があります。

もし、聖書のアークの説明が本当に存在した古代エジプトのアークをモデルに書いたのであれば、そのアークにあった鳥の羽はこの船の形に沿うように彫刻され、中央でふれあうようなデザインだったのかもしれませんね。

これであれば、ケルビムの上に玉座という聖書での意味も通ります。

ではここまで、聖書に書かれた契約の箱アークは古代エジプトのバークを起源に持つと話してきましたが、問題は、ダビデ王がアークをエルサレムに移動させたように、トトモーセ3世もバークを移動させたのか？

そう。彼はダビデ王と同じように、神のご加護のもと、カナンとシリア地方への出兵が成功するのを願い、エジプト第18王朝の最高神アモン・ラー（Amun-ra）を祀ったバークを持ち込んでいます。

さぁ、まだまだ繋がっていきますよ！

7 もう一つのアーク

契約の箱アークのモデルが船の形をした古代エジプトのバークだと話してきましたが、旧約聖書の物語には、契約の箱アークが登場するもっと前に、かなり重要な「アーク」が登場しています。

それが、ノアの方舟こと「Noah's Ark」。日本語では「方舟」と訳されるのでノアの方舟が「アーク」と呼ばれているのを知らない人も多いかもしれませんが、方舟も「アーク」です。

ちなみに、聖書ではヘブライ語で「テヴァト・ノア（Tevat Noah）」と言います。

では、なぜわざわざ契約の箱のくだりで、ノアの方舟の話をしたかと言いますと、ノアの方舟のモデルも古代エジプトのバークだからです。

「え？ ノアの方舟は古代エジプトより昔の話だから、バークがモデルではないでしょ？」
と思う方もいるかもですが、どんなに聖書が大昔のことを語ったとしても、聖書ができたのはもっとあとなので、大昔の話をより新しい時代の文化に照らし合わせても不思議ではありません。

では、ノアの方舟こと「Noah's Ark」は、契約の箱と同じく古代エジプトのバークをモデルにしていると言える理由が二つあります。一つ目はその見た目と「ノア」という名前。そして、二つ目が「ダビデ」という名前との一致です。

まず一つ目の「見た目」ですが、我々が知るノアの方舟の見た目は、このように船の上に箱のような部屋があるものだと思います。これは、聖書の記述を元にして書かれたものですが、近代になり聖書の大発見がありました。

それが「死海文書」。死海文書には、これまでの聖書の定説が覆される内容が多々発見されているのですが、その一つが「ノアの方舟」の見た目。

研究者たちが死海文書の断片の解析を進めて分かったことは、ノアの方舟の箱の頂上は平らではなく、ピラミッド型に先端が尖ったものだったと判明しました。このような感じです。

しかし問題は、なぜ死海文書と既存の聖書で書かれたノアの方舟の見た目が違うのか？それは、死海文書を編纂した者と既存の聖書を編纂した者は、別種類の方舟こと、古代エジプトの「バーク」を参考にし、方舟の見た目を説明したからです。

というのも、「箱のような形をした部屋がある船」と繋がるのは、古代エジプトのバークしか存在しないだけでなく、ピラミッド状の屋根がある死海文書の方舟と合うバークも古代エジプト以外、存在しないからです。

つまり、契約の箱アークと同じく、ノアの方舟も古代エジプトのバークを元に説明されているということです。しかし、このバークとノアの方舟に登場する「ノア」は、どう繋がるのか？それがノアという名前です。

ノア（Noah）という名前は元々のヘブライ語で、ノアーク（Noach）、ノイアーク（Noiach）、ナオアキ（Nauach）、ナオア（Nauah）と色んな呼び名があり、語源的には「休憩」とい

方舟に載る箱は尖ったピラミッド状だったという死海文書の研究結果に沿ってディフォルメした方舟の形がこちら。

う意味があります。

大洪水の中、ノアが方舟で休憩できたかは疑問ですが、注目して欲しいのがノア（Noah）が暮らしたアークの部分。この部分を古代エジプトの方舟ことバークでは「ナオス（Naos）」と呼びましたました。

しかし、このNaosという呼び名は、後の古代ギリシャ人が「Naos」と呼んでいたのであって、古代エジプトではこの文字が使われており、意味は「社」。しかし、「社」全体を意味しているのではなく、外から御神体が見えないように隠された奥の院的な場所をナオスと呼んでいました。

なので、ピラミッドの中にある王の間も「ナオス」と呼ばれ、古代ギリシャの神殿の奥にある神聖な間も「ナオス」又は「セラ」と呼ばれていました。しかし、この古代ギリシャ語の「ナオス」の最後の「ス」は、「〜の」という意味です。

なので、この場所の名前は「ナオゥ（Naou／ναοῦ／naoû）」です。では、バークの箱の部分やピラミッドの王の間ことNaouという奥の院とノアという名前、特にその中の一つ「ナオス（Nauah）」。あまりにも似ています。

古代エジプトと古代イスラエルと古代ギリシャとの繋がりはあとで話すとして、ノアの方舟のノアという登場人物の名前は、神がバークの玉座で御鎮座し「休憩」する場所の名前「ナオゥ（Naou）」が起源なのです。

ダビデのモデル『トトモーセ3世』

また、船の上に箱のような玉座がある古代エジプトのバークの見た目は、ノアの方舟の物語と通ずるものがあります。ノアの方舟の物語は、シュメール神話などを引用したであろう、大洪水の世界をさまよったという話です。そこには、船がしばらくさまよったあと、陸地があるかどうかを確めるために、ノアは二羽の鳥たちを放ちます。つまり、方舟の先導者は鳥たちだと言うこと。そして、古代エジプトのバークも同じく2羽の鳥が船を先導しています。

では、古代エジプトのバークが、契約の箱アークとノアの方舟のアークのモデルという話ですが、そう言える二つ目の理由が「ダビデ」という名前の一致です。ダビデ王のモデルは、第18王朝のファラオ「トトモーセ3世」と少し前に話しましたが、この二人の名前は繋がっています。

まず、トトモーセ3世の「トト」または「テウト」とは古代エジプトの知恵の神「トート神」で、モーセとは「生まれる」という意味。なので、「トトモーセ」とは、「トート神が生まれた」

という意味になります。

ただ、このトート／テウトという名前も古代ギリシャ人が呼んだ名前であり、古代エジプトでは母音は発音せず「ダゥィト(Ḏḥwtj)」でした。

では、このḎḥwtjが名前にあるトトモーセ3世がカナン・シリア地方を統一を成し遂げ、彼の栄光がのちにダビデ王のモデルになったという話ですが、「ダビデ」という名前の由来がこのトート神ことḎḥwtjなのです。

というのも、このトート神を意味する「Ḏḥwtj」という名前にエジプト以外の言語で使われた「母音」を加えると、「Ḏḥawitj（ダウィト）」となります。

そして、このウィはVの音と近いだけでなく、イスラエルのティベリアでは「ダビデ（David）」を「ダウィデ（Dawid）」と呼んでいたことから分かるように、このウィが長い年月で訛って「Dhavit」。そして、ダビデ（Dhavid）となった可能性があります。

実際に、ヘブライ語の「ダビデ（דוד）」の語源を遡ると、ヘブライ語の起源「古セム語」で「ドド(dod)」又は「ドド(dwd)」とされ、「ドド（dod）」は古代ギリシャ語の「トート（Thoth）」に音が近く、「dwd」はトート神の名前「Ḏḥawitj」とかなり近い音ということが分かると思います。

ほかにも、トート神はシナイ半島では「遊牧民の主」または「アジア人を支配するもの」と呼ばれ、これはトトモーセ3世がアジア圏のカナンやシリア地方にいたアムル人系遊牧民たちを統一したのと繋がります。

また、トート神は楽器を発明した神だともされますが、ダビデという名前がトート神から来ているのであれば、ダビデ王がミュージシャンとして描かれる理由も分かるというわけです。

そう、ダビデという名はトトモーセ3世の「トト」ことトート神から取っているのです。

しかし、もしそうだとしても、なぜこれがもうひとつのアーク「ノアの方舟」と繋がるのか？ 先ほど、ノアの方舟ことNoah's Arkはヘブライ語で「テヴァト・ノア（Tevat Noah）」と話しました。

では、この「テヴァト（Tevat）」、「あ、トート神の古代ギリシャ語名「テウト」やセム語のDwdと音の流れが似てる」というのもそうですが、「Tevat」は元々古代エジプト語が起源の言葉「Dbt」から来ています。そして、このDbtは古代エジプトで「箱」という意味です。これはダビデ王の語源「Dwd」とよく似ていますね。

しかし、古代エジプトの「Dbt」にはもう一つ意味があります。それが、古代エジプトのファラオたちが復活するために作られた石棺（せっかん）と棺。古代エジプトでは、肉体を残したミイラは来世で復活すると信じられ、そのために作られたのが石棺と棺でピラミッドに埋葬しました。

しかし、古代エジプトの埋葬の伝統では、これらと一緒に、アークことバークも作っていました。

クフ王の船などが有名ですが、ファラオがあの世でも船に乗り無事来世で復活できるようにバークを作り、石棺と共にピラミッドに埋葬したのです。そして、あの世で復活できるかどうかを判断する神がトート神であり、実際にトート神には神を復活させた物語があります。

なので、ここまでをまとめると、

「ノアの方舟」はバークと良く似ており、ノアの方舟の「ノア」はバークの箱の社「Nauh」から来ているということ。そして、ノアの方舟の「方舟」はヘブライ語でテヴァトと呼び、古代エジプトでファラオが復活するために作った石棺と棺こと「Dbt」が起源の言葉で、ダビデのDwdという名に似ている。

そして、その石棺に入る人間が来世で復活できるかどうかを判断するのが、この方舟／Tevatや、この石棺や箱／Tevatとよく似た名前を持つ神「トート神」こと「Dhwtj」つまり、これらの語源から分かることは、古代エジプトで箱とは復活の象徴であるということ。そして、これらが「ノアの方舟」の起源であれば、ノアの方舟の根本的な意味もわかります。

それが「社に石棺がある復活の船」。

そして、これは聖書のノアの方舟の「全生命体復活」の物語と一致します。

全生命体のオスとメスを一体ずつ、方舟に乗せ地球規模の大洪水から生命体を守り、また地上で繁栄させるという話がノアの方舟でした。

この物語はシュメール神話や古代エジプトの大洪水伝説を引用したものだとされますが、その伝説に、ゾロアスター教の「イマ／イム神」などの復活物語のように、復活の要素を古代エジプトのバークの文化を通して付け加えたのが「ノアの方舟」と言えるでしょう。

つまり、ノアの方舟とは、「復活の船」なのです。

それだけではありません。これらのシンボルを照らし合わせると、古代エジプトでのピラミッド全体を使った埋葬方法ともリンクします。

というのも、ピラミッドの中には石棺や社を含め、ノアとよく似た名の箱の空間Naouがあり、方舟やバークのように船が地下に埋められ、死海文書で書かれた先端がピラミッド状の方舟と合うように、頂上にはピラミッドがあるのです。そして、その箱の部分に埋葬された人間が復活できるかどうかを判断するのが、方舟ことTevatとよく似た名前の「テウト」ことトート神なのです。

つまり、ピラミッド全体で表された復活のシンボルとその名前は、ノアの方舟そのものなのです。

ちなみに、ピラミッドの方がバークの文化よりも古いので、ピラミッド全体で表す復活のシンボルを、後世に（特に第18王朝時代に）移動式の社として模したのがバークと言えるでしょう。

そして、ここから「アーク」の真の語源もわかります。

ノアの方舟はTevatで復活担当のトート神のテウトと似ているという話ですが、古代エジプトで最も有名な復活のシンボルと言えば「アンク」。

現在の知られている古代エジプトでのアンクの発音は「アーンク」です。その一方で、現在我々が知る「アーク」という言葉は英語で、語源を遡るとラテン語の「Arca」です。

意味は箱、または、棺です。このアークの語源「Arca」と古代エジプトの復活のシンボル「アーンク」はあまり音は変わらないだけでなく、どちらも亡くなった者が復活するというシンボルを持っているのです。

なので、ここから考えられることは、古代ギリシャ付近の人々が古代エジプトの復活シンボル「アンク」という名前を引用し、復活の儀式で必ず必要な箱をアンクことアークとして呼んだと考えられます。

では、これらを、ダビデ王の契約の箱アークと照らし合わせると。

祭りや遠征などで使ったバークの文化を元にしたのがダビデ王の契約の箱アークのモデルで、埋葬の儀式として使ったバークやピラミッドの文化を元にしたのが「ノアの方舟」のアークのモデルということ。

そして、そのどちらにもアンク復活の意味が隠れているということです。では、ここまで旧約聖書に書かれた二つのアークのモデルは、古代エジプトのバークやピラミッドの伝統という話をしてきましたが、このバークは古代エジプトの祭りにも使われていました。

そして、先ほどの「トトモーセ3世」から盛大に行われるようになったのが「オペット・フェスティバル（Opet Festival）」という祭りです。この祭りは、まず儀式を通してバークに御鎮座する神「アモン神」の御神体を洗い浄めてから、バークを外へ持ち出し、古代エジプトの民衆へ見せるというものです。

詳しくいうと、まず都市テーベの大通りの両側に神の姿を見ようとする民衆が集まり、その道の真ん中をバークを持った神官たちが通り、次の都市ルクソールへゆっくり進みます。この祭りは大体20日ほどあり、最後に同じルートをたどってテーベに帰ってきます。この祭りでは、都市から食べ物や飲み物が支給されるために多くの人が集まりますが、時に人々はアモン神へ質問を投げかけることができ、その質問に対し、必要あらば神官たちがアドバイスを添えて返答します。

日本のお神輿を担いだ祭りのような光景だったとされるオペット祭りですが、神官たちは常に、バークをお神輿のように担いでいたわけではありません。時には、バークを台に乗せ、紐で引いて運んでもいました。そして、この祭りはそっくりそのまま、現在の日本で行われています。

それが日本三大祭りの一つ「祇園祭」。古代エジプトのバークのように移動する祇園祭の船こと船鉾、またの名、山車。

祇園祭の真の起源を考察する

もうお気づきですよね。これは古代エジプト起源の祭りであり、古代イスラエルの伝統から見れば、「契約の箱アーク」や「ノアの方舟のアーク」と、その本質が同じということに。

オペット祭と同じように、1ヶ月ほどかけて行う日本最大規模の祇園祭。その起源を話すと。今から約1100年前、八坂神社を中心に行われていた疫病退散を願った祇園御霊会（ぎおんごりょうえ）という祭りが起源です。

そして、その八坂神社の主祭神が素戔嗚尊＝須佐之男命こと、明治時代の神仏分離政策前の牛頭天王。なので、言ってみれば、祇園祭は元々、仏教的な祭りなのですが、古代エジプトや中東とドンピシャで繋がっていきます。

ひとまず、そんな祇園祭の鉾には色んな種類がありますが、だいたい大きく分けて三つ。

長刀鉾などで有名な建物状のもの、船の形のもの、そして、箱の上に人が乗るものです。

そして、これらの総称を「山鉾（やまほこ）」と言います。これら全て古代エジプトのアークことバークの起源と言えますが、その形をより再現しているのが舟鉾。

舟鉾の見た目は船で、ちゃんと神様が御鎮座できそうな箱状の玉座があるだけでなく、先頭に飽き足らず後方にも羽の存在がいるなど、もう否定できないほどアモン・ラーのバークと同じです。

その一方で、箱状の山車の上には、玉座のように人が乗る場所もあるのでバークを起源にした旧約聖書の契約の箱と似ています。契約の箱には、それぞれの民族を表す旗が飾られていたと書かれていると少し前に話しましたが、それをキレイな錦でしっかり体現しています。

言ってしまえば、古代エジプトのバークが旧約聖書で書かれたノアの方舟や契約の箱のモデルなので、同じ起源を持つ祇園祭りのこれらの山鉾を「ノアの方舟」や「契約の箱」と本質は同じ、と言ってもあながち間違いではありません。

むしろ、旧約聖書より、起源である古代エジプトの祭りを再現しているのが祇園祭です。

そして、その中で最も古代エジプトの伝統を本質的に継承したのが、長刀鉾などの山鉾です。この山鉾は舟鉾の様に船の形はしていませんが、根本的には移動式の船を模したものです。そして、その中央部には、箱状の空間があり、屋根の上はピラミッド状のあみ隠しというものがあります。

そして、この下から船・箱・ピラミッド型の屋根という配置は、古代エジプトのピラミッドを使って表した「復活」のシンボルと同じ。

そして、これは同時に、死海文書で書かれたピラミッド型の屋根を持つ「ノアの方舟」と、その本質は同じということです。

山鉾が「船」だけでなく「山」とも呼ばれている理由の一つが、これらが古代エジプトの人工的「山」ことピラミッドを模した移動式の船だからだと言えるでしょう。余談ですが、日本の神社の多くの奥の院とされるのが山で、中には人の手が加えられたピラミッド型の山もあるということなので、もしかするとその中には箱型の空間があり、その地下には船が埋められているのかもしれませんね。

では、ここまで祇園祭の本質的な起源は、古代エジプトのバークやピラミッドの伝統だと話しましたが、祇園祭は牛頭天王を主祭神とする八坂神社発祥の祭りだとも話しました。

しかし、牛頭天王と古代エジプトや中東などはどう繋がるのか？

八坂神社の社伝から、元々、牛頭天王は古代の新羅国の神と書かれています。そして、新羅ことシラは、シリアの語源「サラ」が元であり、シリア地方の人々が移住して建てた国ということ。

それは、新羅があった場所から古代のシリアやギリシャ地方と同類の技術が使かわれた遺物が見つかっているだけなく、顔がかなり濃い人が刻まれた遺物も発見されています。

このように、中東やアナトリア付近に起源を持つ人々が新羅いた証拠はたくさんあるわけですが、その新羅で崇拝された牛頭天王は、古代中国の「周」の時代辺りから崇拝され始めたパングと同一であり、パングは古代ギリシャの古代神パンと似た見た目がほぼ同じ名前なだけでなく、パンの同一のパネースという神と同じ誕生神話を持っています。

なので、パングと同一の牛頭天王は、古代ギリシャの神と同一なのです。まとめると、パン＝パネース＝パング＝牛頭天王。

見えてくるヤハウェの正体

そして、古代ギリシャのパンの起源をさらに遡ると、発音&見た目&牛というシンボルが同じ「ベル」またの名「バール」という神と繋がります。

この神「バール（Baal）」や「ベル（Bell）」の最後の「L」は、「N」とほぼ同音なので、一部の民族から、バールは「バーン（Baan）」又は、「ベン（Ben）」という音に似た名前で呼ばれていたとしても不思議ではありません。

そして、このベルという神の名前は、古代イスラエル人の祖であるアムル人たちに、彼らの最高神の名前の一つ「ベル・サデェ」として使われ、これは古代イスラエル人の最高神ヤハウェの別名「エル・シャダイ」と訛り継承されていきます。

また、考古学の世界で「ヤハウェ」と同一とされる神は多く存在し、英国エクスター大学の教授フランセシカ氏などが指摘するように、古代のイスラエル人は「ヤハウェとヤハウェの妻」をセットで崇拝していたという考古学的証拠が数点見つかっています。

そして、そのヤハウェの妻が「アシェラ」という女神。そして、この女神「アシェラ」を妻にしていたのが、中東で長らく創造主として崇拝された「エル」です。創造主「エル」と「ヤハウェ」の妻が同じ「アシェラ」という女神なのです。

「ヤハウェ」の名前には「エル」が入った「エル・シャダイ」や、エルが少し訛った「エロヒム」という呼び名もあることから分かるように、ヤハウェとエルも同一の神です。これだけではありません。

ヤハウェの別名「エル・シャダイ」とよく名前を持つ、一部のアムル人たちが崇拝していた最高神「ベル・サデェ」。彼の別名が「アムール（Amuru）」と呼びますが、このアムールの妻の名前が「アシェラタム（Ashratum）」。

ヤハウェやエルの妻「アシェラ」のように、アムル人の最高神アムールの妻「Ashratum」にも「アシェラ」という音の名前が入っているのです。つまり、妻「アシェラ」という存在から「ベル・

サデェ」も、ヤハウェとエルと同一の神だと分かるのです。

聖書では度々批判される神バールですが、バールの意味は「主」で、ヘブライ語でも「夫」という意味なので、決してネガティブな名前ではありません。

古代アムル人のベル・サデェが、のちのヤハウェの呼び名エル・シャダイになったということから、このベルもアムル人系民族が崇拝した神です。

これらの証拠から繋げていくと、カナン地方の最高神「エル」など数柱の古代神が同一とされており、簡略化して言うと、ヤハウェ＝エル＝ベル・サデェ＝ベル＝パン＝パネース＝パング＝牛頭天王であり、これ以外にも同一神はたくさんいます。

そして、そんなシリアやカナン地方から古代エジプトへ移住し王家へ嫁いだのが、古代イスラエル人の祖、遊牧民でヘブライ語と同じセム語を話したアムル人たちで、ダビデ王のモデルのファラオ「トトモーセ3世」を含めたエジプト第18王朝の時代からアムル人を意味するアマが名前に入ったアモン神がラーと同格の最高神となり、このアモン神が先ほどの日本のお神輿や祇園祭の山鉾の起源のバークで古代エジプトと中東などへ移動し、全国的に崇拝されました。

では、そんなアモン神ですが、このアモン神がラーではなく、ミンという神様と融合した状態で崇拝されたものをアモン・ミンと呼び、右手を上げた状態で表されます。そして、その姿はカナンの神「エル」や「ヤハウェ」と同じです。

そして、アモン・ミンは牛の角を持つと書かれています。ただ、牛と書かれていながら、ほとんどが羊か山羊の角で描かれているアモン神を見る限り、遊牧民にとって重要な動物の角であれば、牛でも羊でも同じと言えるでしょう。

ちなみに、アモン神のバークをモデルにした契約の箱アークには、動物の血を捧げなくてはいけないと、聖書に書かれていますが、その動物の血は牛だけでなく山羊もOKだとされるので、アモン神と関わりのある動物と合致します。

そんな、アモン神には角が生えている姿とは違い、そのまま羊の顔が頭にあるものがあります。

そして、これは日本での牛頭天王を表したものとそっくりです。

見えざるもの・隠されたもの。アモン。

では、そんな牛頭天王と通づる姿も存在するアモン神の御神体が、唯一触ることが許された神官たちによりバークの箱の玉座の中に隠され、古代エジプトを巡行していました。それ故に、アモン神の「アモン」という名前には意味が付けられます。

それが「見えざるもの」又は「隠されたもの」です。これは、モーセなどの選ばれた者しか見ることができない「ヤハウェ」と同じ神の設定です。そして、アモン神と同じくモーセにも角があります。

つまり、ヤハウェのモデルはアモン神なのか？　そっくりそのままとは言いませんが、アモン神の一部の特徴を引用したのは間違いないでしょう。というのも、ここまで話した通りヤハウェは、色んな古代の神々と同一とされているからです。そして、だからこそ旧約聖書でのヤハウェのもう一つの呼び名「エロヒム」の意味が単数の「神」ではなく、多数形の「神たち」なのです。つまり、旧約聖書の編纂者は「ヤハウェ」こと「エロヒム」を神々の集合体として描いたということです。

言ってしまえば、旧約聖書も日本神話と同じく、本質的な意味をその神話に隠しながら、民族をまとめるために書かれた書物です。ただ、日本神話とは違い、モーセのモデルである第18王朝最後のファラオ「アクエンアテン」が始めたアテン神の「一神教システム」と「アモン神」の見えざるものとしてのキャラクター設定を、先ほどのエロヒムこと神々の集合体に当てはめ、バラバラだった民族たちをまとめたと言えます。

では、ここまでの話からアモン神＝ヤハウェ＝エル＝ベル・サデェ＝ベル＝パン＝パネース＝パング＝牛頭天王という話をしましたが、日本と古代エジプトとの繋がりを知るためにもう一柱、同一の神を紹介します。それが、古代ギリシャの最高神「ゼウス」。

お馴染みの全能神『ゼウス』

古代ギリシャで最高神・空の神として崇拝され続けたゼウスは、古代エジプトのアモン神と同一としても見られ、アモン神と同じように、角を持った姿でも描かれていました。そして、この姿のゼウスを「ゼウス・アモン」と呼びます。そして、ゼウスという神の名前にも語源が存在し、それが「デウス(Deus)」。そして、更に古いインド・ヨーロッパ祖語で「Dewos（神）」、

誰もが知るゼウスも、さまざまな神と習合していくことがわかる。

古ペルシャ語で「ディーバ(Deiva(悪魔))」となり、サンスクリット語で神を意味する「デーヴァ（Deva（神））」と起源が同じになります。

このゼウスことデウスとデーヴァの同一説以外にも、最も古いサンスクリット語が書かれた遺物はシリア地方付近で見つかっていたりと、古代ギリシャとヒンドゥー教があった古代インドは繋がっています。言い換えれば、民族の移動が確実にあったということです。

つまり、ゼウス＝アモン神＝ヤハウェ＝エル＝ベル・サデェ＝ベル＝パン＝パネース＝パング＝牛頭天王（ごずてんのう）＝古代インドの神々の名称となります。

しかし、ゼウスとパンは同じ古代ギリシャの神様ですが、パンの方が起源が古いにも関わらず、パンはゼウスの孫とされています。

その理由は、古代ギリシャにあとからやってきたゼウスを崇拝した者たちが国のトップとなり、神の優越を明確にするためにゼウスを父にしたからです。

ゼウスを崇拝した者たちがどこからやってきたのかというと、それが古代エジプト。遊牧民のアムル人たちが色んな地域に広がり始めた時代。

ゼウスとパンは同一ということになるが、パンがゼウスの孫とされているのは理由がある。左がパン。

一部はギリシャ地方付近でパンを崇拝する者たちとなり、他の一部はシリア・カナン地方から古代エジプトの王家へ嫁ぎ、しばらくして、ダビデ王のモデル「トトモーセ3世」などがいる第18王朝となっていき、そんな彼らがアクエンアテン、ツタンカーメンのタイミングで第19王朝に負け、古代エジプトを脱出し、しばらくしてカナン付近で古代イスラエル人になると話しました。しかし、カナン地方に残らず古代ギリシャへ渡った者も多くいます。

その証拠に、紀元前4世紀の歴史家「アブデラのヘカタイオス」は、カナンやシリア地方の民族たちが一度、災難がきたのでエジプトで集まり、そののち、エジプトからカナンやシリアへと散っていき、それらの場所には古代エジプトの文化が反映され、その民族の一部がギリシャにやってきたと述べています。

実際に、この説明と合うように、古代ギリシャ人は「ダナーン（Danaan）」と自らを呼んでおり、「ダナーン（Danaan）」はカナンの地こと「カナン（Canaan）」とかなり近い呼び名です。そして、聖書では「ユダヤ人とギリシャ人に違いはなく、同じ神を崇拝する」とも書かれています。

決定的なのは、天孫族の祖アムル人たちの拠点カナン・シリア・ギリシャ地方は、現在、世界的に見てＹＡＰ遺伝子を持つＤＮＡの人々が比較的多いの場所なのです。

先ほど話した通り、ヤハウェの特徴の一部がアモン神の引用であり、そのアモン神がゼウスと同一と考えると、「ユダヤ人とギリシャ人同祖説」は確実だと言えます。ということから、古代イスラエルと古代ギリシャの唯一の違いは、アクエンアテンが始めた一神教システムを自国の信仰に採用したか、していないか、だけなのです。

では、これらの神々が同一だったとしても（ゼウス＝アモン神＝ヤハウェ＝エル＝ベル・サデェ＝ベル＝パン＝パネース＝パング＝牛頭天王＝インドの神々の名称）、祇園祭発祥の八坂神社の主祭神「牛頭天王」と古代エジプトはどう繋がるのか？

この二つを繋げてくれるのが牛頭天王の物語「蘇民将来伝説」です。

蘇民将来（ソミンショウライ）伝説

どんな物語だったかというと。

昔々、牛頭天王（ゴズテンノウ）、またの名、武塔神（ムトウノカミ）という男が旅をしていました。そして、ある日、彼は旅の途中で宿を借りようとしたところ、お金持ちの弟の、巨人の「巨」が名前に入った「巨旦将来（キョタンショウライ）」は、それを断りますが、貧乏な兄の蘇民将来は、お粗末ながらも、牛頭天王をもてなしました。

そして、再び、牛頭天王が蘇民将来を訪れた際に、疫病から守ってくれる茅の輪を渡します。

そして、この茅の輪を持っていない蘇民以外の将来一族、つまり、巨旦将来一族は滅んでしまいました。ちなみに、この一族を滅ぼした疫病とされる力は牛頭天王本人だと言われています。なので、牛頭天王が意地悪な巨旦将来一族を倒したということです。

よく、この蘇民将来の物語は、旧約聖書の古代イスラエルの「過越の祭り」が起源だと言われたりしますが、過越の祭りと似ている「疫病に備える」という部分は古代エジプトの伝説が周王朝へ伝わったものです。

7　古代エジプト起源の過越と蘇民将来

ただ、ひとまず、牛頭天王の蘇民将来物語が、古代エジプトに起源があるという話の前に、蘇民将来伝説と似ている旧約聖書に書かれた過越の物語が、どのようなものか話していきましょう。

聖書の『過越の祭り』

毎年、イスラエル人の新年を祝う過越の祭りの起源は、旧約聖書で書かれた古代エジプトを脱出した古代イスラエル人の物語にあります。

その物語は。

モーセをまとめ役としたイスラエル人は、エジプトで奴隷状態にありました。それを解消すべく脱エジプトを願いでるわけですが、ファラオはそれを渋ります。ならばと、神は災厄をエジプトにもたらします。しかし、そのいくつかの災厄程度ではファラオは屈しません。そこで、神はその災厄のちょうど10番目、極め付けに、エジプト全土の初子（長子）を殺すという災厄を与えることにします。

その災厄に巻き込まれ無いように、イスラエルの民には子羊の血を玄関の柱に塗っておくように指示をします。そして、それを実行したイスラエル人はこの災厄を免れました。この最悪な災厄を受け、ファラオはイスラエルの民の奴隷解放に踏み切ります。これを記念したのが過越の祭り。

よく歴史考察界隈で、この門の柱を神社のように赤く塗り、自らの民族を救うという過越の物語は、玄関に茅の輪を飾り自らの民族を救う伝統の元となった蘇民将来の物語と似ていると言われており、それ故に、古代イスラエル人が日本列島に渡ったという日ユ同祖論の証拠の一つとしてよく語られています。

しかし、ここまでで分かるように、古代イスラエル人という確立されたアイデンティティを持った人々が日本列島に渡ったのではありません。古代エジプトに影響を受けた天孫族と古代イスラエルの祖・遊牧民アムル人系の血が入ったエジプト第18王朝の人々が、世界中に散っていったので、同じような物語があるのです。

私の動画チャンネルでは考古学や言語・文化比較を土台に、より客観的に考察しているために、旧約聖書のヤハウェが他の神々と同一と言えるわけですが、この過越の物語と蘇民将来の物語が似ているという事から、ヤハウェと牛頭天王は直接的に同一だと言うことがわかります。

牛頭天王＝ヤハウェ。直接的に同一と言える理由

というのも、蘇民将来の物語で、巨旦将来を全滅させた牛頭天王と、過越の物語で「宿敵19王朝」のエジプト人の長男を全滅させたヤハウェは、同一として見る必要があるからです。

そして、先ほども言ったように、ヤハウェは19王朝に負けたエジプト第19王朝の最高神「アモン神」と同一。そんなアモン神の姿は、牛頭天王と同じ見た目をし、アモン神の祭りが牛頭天王を祀る八坂神社の祇園祭と似ているわけです。

つまり、ヤハウェと牛頭天王は、アモン神を起源に持つ、直接的な同一神ということになるわけです。

過越の祭りと蘇民将来が似ているのにも関わらず、ヤハウェ＝牛頭天王と言った考察者が今までほぼいなかったのは、旧約聖書の史実が絶対的に正しいとしていた考察者が多かったのも原因ですが、古代イスラエル人の起源にエジプト第18王朝が絡んでいることに気づかなかったからだと言えるでしょう。

しかし、先ほども言ったようにアムル人系エジプト第18王朝の人々が世界中に散ったということから分かるようにに、ヤハウェの過越伝説と牛頭天王の蘇民将来伝説が似ているだけでなく、蘇民将来と比にならないぐらい、過越伝説に似ているものが他の古代の国にあります。

中国の新年祭『春節』の起源

それが、古代「周」王朝から始まったとされる年越しの祭り「春節（しゅんせつ）」。

少し前に、中東に攻めてきた「海の民」から撤退するように、中国大陸にやってきた人々が建てたのが周王朝と話しました。

この周王朝の時代から始まったとされる年越しの祭り「春節」こと「グゥオ・ニアン（Guo Nian）／过年／パッソゥヴァ・ニアン（Passover Nian）」は、現在の中国での年越しの祭りの起源とされているものです。

では、この年越しの起源の伝説を話すと。

ニアン（Nian）というモンスターが新年の前夜に、ライオンのように街中をうろつき回り、子供や家畜をむさぼると人々は信じていました。

なので、赤いチェリーの木の板と赤いランタンを玄関に飾り、「ドゥイリアン（Duilian）」と呼ばれる赤い紙に書かれた詩をドアに貼ることで、そのモンスターを追い払う。というのものです。

現在の中国でも新年の時に町中が真っ赤になるのは、この伝

説が起源だからですが、赤い物を玄関におき、子供を狙うモンスターから身を守るというのは、旧約聖書での過越伝説と全く同じなだけでなく、旧約聖書には神の言葉をドアに飾れとも書かれているので、「ドゥイリアン（Duilian）」と呼ばれる詩を飾る伝統とも一致します。

旧暦か新暦かの違いはあるものの、このニアン（Nian）というモンスターの「年」という漢字が日本での年を表す「年」と通ずるように、この中国の年越しは日本の正月とよく似ており、離れていた家族が集まったり、特別な食べ物を食べたりと、数日間かけて行われます。

そして、この日本の年越し。中国の春節と合うように、過越の祭りもユダヤ教の暦で新年の最初の春の月「ニサン（Nisan）」に行われ、家族が集まり、特別な食べ物を食べ数日間かけて祝うのです。

ちなみに、古代中国のニサン（Nian）は、漢字で「年獣」と書き、「Nian shou」と呼ばれています。これはイスラエル人の年初めの月ニサン（Nisan）と言葉の流れは同じです。

つまり、蘇民将来とよく似た旧約聖書での過越伝説は、古代中国「周」王朝起源のニサン（Nian）伝説とほぼ同じであり、同文化を今も継承していることから、これらの祭りの起源が同じだということがわかります。では、この過越の祭りと春節、どちらの起源が古いのか？

古代イスラエル人とアイデンティティを持った人々がいた時代の方が古いですが、彼らの旧約聖書が確立し、世に広まる時代より前に周王朝は存在するので、**周王朝起源の春節の方がより古い伝統だと思われます。**

そして、確実にそうだと言える理由が、周王朝起源の春節の方が、より古い古代エジプトの伝説を継承しているからです。

言い換えれば、牛頭天王の蘇民将来伝説も、旧約聖書の過越伝説も、周王朝起源のニアン伝説も、元を探れば古代エジプトの伝説に起源あるということ。

アペプという巨大な蛇のモンスター

そして、その古代エジプトの伝説が地下世界の悪魔「アペプ（Apep）」という巨大な怪物。

アペプ（Apep）またの名 Apophis という巨大な蛇の姿のモンスターは、古代エジプトの古い時代から「混沌」または「地震／疫病」というネガティブな象徴の悪魔として見られ、太陽神ラーの敵として見られていました。

というのも、毎晩、太陽が沈んだのち、太陽神ラーは、地下世界のアペプとの戦いに勝つことで、朝に、太陽が帰ってくると信じられていたからです。それ故に、古代エジプトの神官たちは神殿でアペプを退散させるお祈りを定期にしていました。

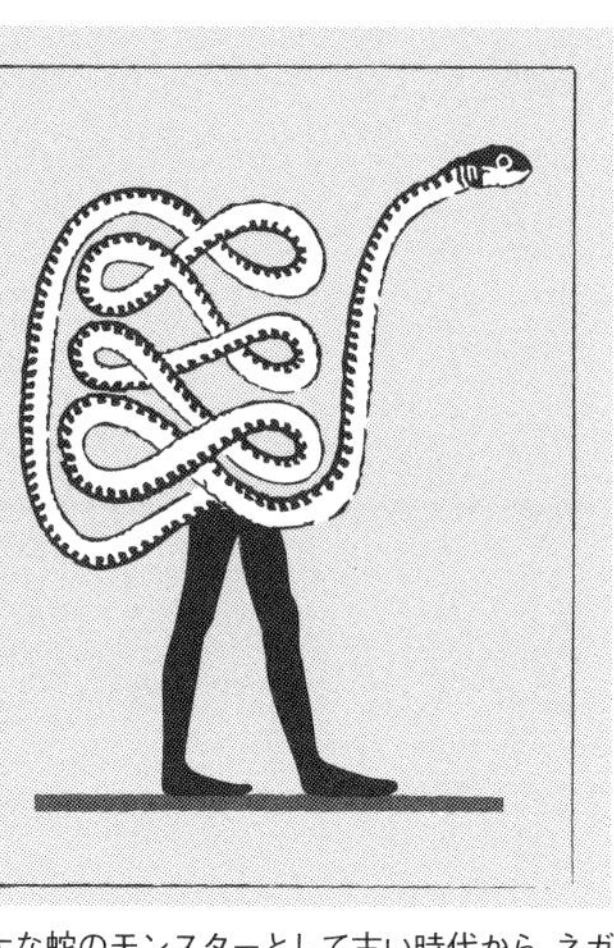

巨大な蛇のモンスターとして古い時代から、ネガティブな象徴、『悪魔』として見られていたアペプ。

そんなアペプ退散の儀式の中で、一年に一度盛大に行われるものがあります。それは、アペプの姿をした人形を作り、それをコテンパンにし最後は燃やすというもの。

というのも、アペプの姿の人形にエジプト中の悪いものが付くと信じられたので、それを燃やすことで、次の年を迎える人々を清める意味が込められていたからです。明確な時期は不明ですが、古代エジプトの新年の前後だったとされます。

ただ、その蛇の姿のアペプの人形でも、怖がってしまうと、悪霊がついてしまうと信じられたので、エジプト第18王朝時代の神官たちはアペプの倒し方が書かれた「アペプ退散の書」を人々のために書き、怖がらないように誘導するほどです。そんなアペプの象徴の色が赤色で、最後に燃やしていたとされます。ちなみに、赤色は古代エジプトで「血」と同じ言葉で表されていました。

しかし、なぜアペプが新年辺りにコテンパンにされる存在となったのか？それはアペプが古代エジプト特有の自然現象を擬人化した存在となったからです。

アペプとナイル川

アペプは、太陽神ラーの宿敵ですが、どちらも同じ母・女神「ネイト（Neith）」から産まれているとされます。

この「Neith」という名は、先ほどのユダヤ教の新年最初の月の名「ニサン（Nisan）」や古代中国のニアンの正式名「Nian shou」とよく似た名前なのですが、この女神ネイト（Neith）を象徴するのが古代エジプトの発展に必要不可欠だった「ナイル川」です。なので、ネイトから生まれたアペプはナイル川からきた蛇という存在でもあります。

では、そんな古代エジプトの新年は7月半ばで、大犬座にある「ドッグスター」こと最も輝く星「シリウス」が一度現れてから、70日間姿を消して、また現れるタイミングが新年の基準とされていました。

そして、このシリウスの二度目の出現はナイル川の氾濫の時期が、もうすぐやってくるというのを知らせてくれる重要なサインでもあります。

というのも、古代エジプトでは栄養を持った土が流れてくるナイル川の氾濫は、その後の農耕に必要不可欠だったのです。なので、だいたい9月辺りから次の年の1月ぐらいまで続くナイル川氾濫の時期になると、人々はそれに備えていました。

また、ナイル川は、この氾濫の時期になると土壌の影響で何度か赤っぽくなることもあったであろうと、現在の科学者たちが指摘しています。

実際に、紀元前1600年辺りに書かれたイプウェル（Ipuwer）の話で、「川は血となった。もし人がそれを飲むと、それを拒絶し、水を探し求める……（それ故に）外国の民がエジプトにやってきた」と書かれています。

古代エジプトでは「赤い物」全て「血」と関連づけられていたと考えると、この水は褐色に変色した川と、そののちに発生する疫病を表したものだと考えられます。

また、実際にこの書物の後半には「ナイル川が血のように赤くなっている」とも書かれています。つまり、ここから考えられることは、ナイル川の化身の女神「ネイト（Neith）」から産まれたアペプ（Apep）は、蛇のように流れるナイル川氾濫の擬人化となり、その時期にナイル川や他国の川が不吉に赤くなり疫病を運ぶので、アペプに赤の象徴が付き悪魔とされた可能性があるということ。

そして、これから起こる川の氾濫を恐れないことと川が赤くならないのを願い、アペプをコテンパンにする儀式が生まれた可能性があります。

そして、アペプ＝ナイル川氾濫の擬人化というのが確実だと思われる絵がこれ。

この絵には、犬たちが前におり、その後ろに手がある蛇のような生き物がいます。

そして、その後ろに太陽神ラーと犬の顔のセト神がおり、その下にアペプがいます。

これは、古代エジプトの新年辺りに見ることができた自然現象の擬人化で、セト神を含めた犬達がシリウスを含めた大犬座を表し、早朝の大犬座とシリウス（セト神）が輝いたあとに、太陽が昇るで、犬たちがバークに乗った太陽神ラーを引っ張っています。

そして、この太陽神ラーに勝負を挑むのが、蛇のアペプで、この時期辺りから毎年始まる「ナイル川氾濫」を表しているのです。

この絵の元はエジプト第19王朝辺りに書かれた物だと思われるので、元々、毎日戦ったていた太陽神ラーと混沌の悪魔アペプの話を、一年の終わりと始まりをかけた神々の戦いとして表したものだと言えるでしょう。

なので、この上部分が太陽側でアペプがいる下部分が混沌の世界を表し、犬たちの下に蛇がいる理由は、シリウス率いる大犬座は出現してから70日間ほど隠れるので、犬と蛇の戦いを表しているのかもしれません。

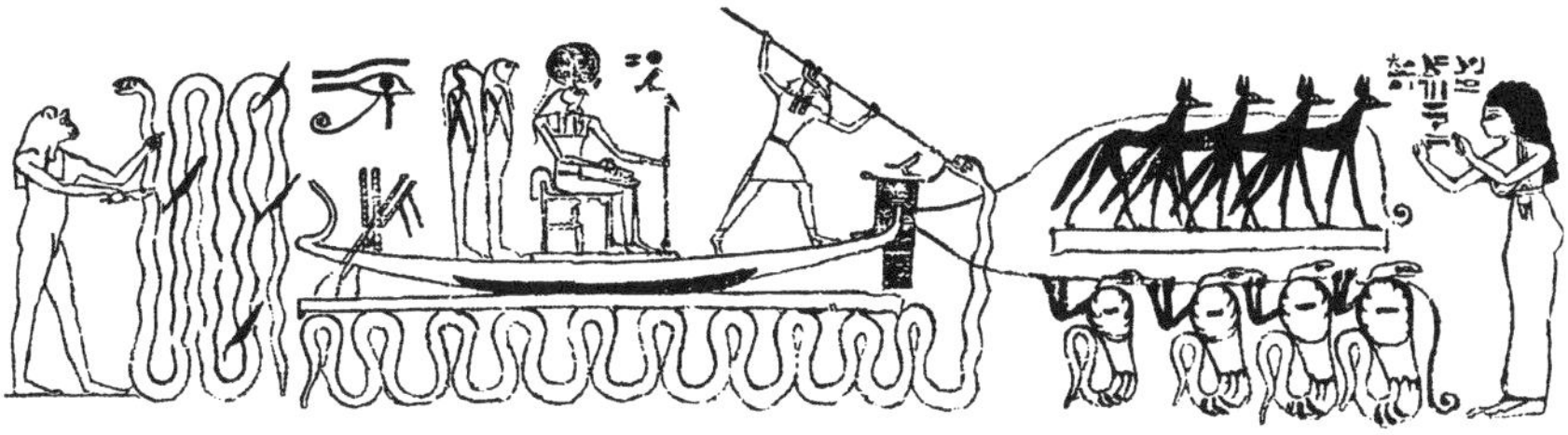

では、アペプ＝ナイル川氾濫の擬人化をまとめると。

氾濫時期になると時に赤くなり疫病を流行らすナイル川の擬人化されたアペプの人形を、古代エジプトの新年辺りにボコボコにすることで、疫病やその他の災難の退散を願った儀式が行われていたということです。

そして、このアペプ退散の新年の儀式が、古代中国の周王朝に渡り、「年越し」こと、怪物のニアン（Nian）から恐れることなく身を守る春節の祭りとなっていきます。

「さっきニアンはライオンのように街を徘徊すると行ったのにアペプは蛇じゃないか？」と言われそうですが、先ほどのアペプ退散の書には足のもぎ方なども書かれているので、蛇に足が生えた龍っぽいニアンと本質は変わりません。

また、ニアンは山からやってきたとも言われていますが、アペプも東から昇る太陽こと『ラー』を西の山で待ち伏せしていると書かれている遺物もあるので、山から来たというのとも一致します。

なので、新年のタイミングは違いますが、古代中国の春節は古代エジプトが起源と言えるのです。

ようするに、疫病を運ぶ赤い足のある蛇のアペプを怖がらないための古代エジプトの新年の祭りが、周に渡り、時代を経て、赤いアペプが起源の赤い龍こと「ニアン」を怖がらないように町中を真っ赤にし、疫病退散を願った祭りへと変わっていったということ。

現在の中国の新年では花火が上がりますが、これは、最後にアペプを燃やす儀式の名残りなのでしょう。

ヤハウェはアペプと同一なのか？

しかし、もし春節のニアン伝説がアペプ退散儀式が起源だとすると、ニアン（Nian）伝説とよく似た旧約聖書の過越の祭りで疫病役を演じるヤハウェは、アペプと同一なのか？

ヤハウェが過越の伝説でアペプと同じ役割を持っていることから、この二神の関係は否定できませんが、これが確実だと言える物語が聖書にはあります。

それが蛇の物語。

旧約聖書の中で「蛇」はモーセを助ける神聖な生き物として登場します。有名な物語は、モーセが兄のアロンと共に、憎き古代エジプトのファラオに会った際、杖を蛇の姿に変えファラオを驚かせるものですが、これ以外に、モーセと蛇の重要な物語が二つあります。一つ目がモーセが初めてヤハウェと出会った時の話。

それはある日、モーセが赤く燃えている木を見つけると、そこから声が聞こえ、声の主は自らをヤハウェと名乗ります。

そして、それが本当だとモーセにわからせるために、ヤハウェはモーセが手に持っていたものを蛇に変え、驚いたモーセが手を見ると白くハンセン病のような手になってしまいます。そして、神はそれをすぐ治しました。この奇跡でモーセはその燃える木の声の主がヤハウェだと確信し、神の言葉に耳を傾けます、という話。

この物語のキーワードは「赤く燃える木」、「蛇」、そして、紀元前２４００年のエジプトで、すでに存在が確認されている病、「ハンセン病」です。この「燃える」「蛇」「病」という三つのキーワードは、「最後は燃やされる病を運ぶ蛇」ことアペプと繋がるものだと思います。

そして、この三つのキーワードが入った物語が聖書にはもう一つあります。それが、エジプト脱出後の物語「青銅の蛇」。

青銅の蛇の逸話

モーセたちのエジプト脱出ののち、しばらく彷徨った人々の中に不満が溜まった者が現れ、モーセと、最高神ヤハウェに対し文句を言ってしまいます。その行いに対しヤハウェは、燃える毒蛇たちを送り、その蛇たちは神に逆らった者たちに噛みつき、次々とあの世へ送りました。

これを止めるために、モーセがヤハウェに祈ると、ヤハウェは「蛇を作り、棒の上に飾れ。それを見れば助かる」と言うので、モーセは青銅で蛇を作りその通りにすると、残った人々は助かりました。というお話。

アペプと同じく蛇は疫病または病のシンボルだと考えると、この物語の「次々に人々をあの世に送る毒蛇」というのは疫病の比喩で間違いないと言えます。そして、その蛇たちは「燃えている」とされています。つまり、この物語にも「燃える」「蛇」「病」という三つキーワードがあるのです。

つまり、この二つから分かるように、旧約聖書での「蛇」は「燃える」と「病」というキーワードがある、ヤハウェの力を表す神聖な生き物だということが分かります。そして、この3つのキーワードとドンピシャで繋がるのが、古代エジプトのナイル川氾濫の際、時に水が赤くなり疫病を運ぶ自然現象を擬人化した、儀式で燃やされる蛇「アペプ」なのです。

また、旧約聖書では、ヤハウェが古代イスラエル人をイジメるファラオをこらしめるために、ナイル川を血の色の赤にする話がありますが、ここまでで分かるように、赤い川で飢餓を起こすアペプの特徴をヤハウェの力として描いていることもわかります。

そう。ヤハウェと蛇のアペプの繋がりは確実です。

そして、この説を後押しするように、実際に「ヤハウェ＝蛇」として見る考え方が存在します。

グノーシス主義で表される『ヤハウェ』

それがグノーシス主義のヤハウェ。主義の違いで定説の聖書の信者からは異端とされてしまった秘密結社の起源の一つとされるグノーシス主義ですが、最高神ヤハウェこと、グノーシス主義名「デミウルゴス（demiurge）」はライオンの顔を持つ蛇として描かれています。

つまり、神々の集合体エロヒムこと「ヤハウェ」に、蛇の神の要素もあると信じる者が古代から存在したということです。

また、このヤハウェの見た目は、蛇の様でライオンの様な周王朝起源のモンスター「ニアン」とウリ二つの存在。

少し前に、牛頭天王の蘇民将来伝説と繋がるヤハウェの過越の話をしましたが、もし、このライオンのような蛇が、聖書の編集者が想像した過越伝説でのヤハウェの姿であれば、春節でのニアン伝説との同一説は否定できないほどだと言えます。

そして、これは同時に、ニアン伝説の起源である古代エジプトのアペプ伝説と、ヤハウェの過越伝説の同一説もほぼ確実となるのです。

なので、少し前の話と合わせると、ヤハウェは神々の集合体の存在として、アモン神などの角が生えた古代の神々だけでなく、蛇の姿のアペプの要素も取り入れた存在としても旧約聖書で描かれているということ。

全部合わせると、アペプ＝ニアン＝ヤハウェ＝ゼウス＝アモン＝エル＝ベル・サデェ＝ベル＝パン＝パネース＝パング＝牛頭天王＝古代インドの神々となります。

ヤハウェがなぜ蛇と重なったのか？

しかし、たとえ蛇が神聖な動物だとされていたとしても、なぜ古代エジプトでネガティブな蛇とされたアペプの伝説を、旧約聖書ではポジティブな存在のヤハウェの物語として使ったのか？

その理由は、古代エジプトの人々が自然現象を表す過程で、アペプが悪者とされただけであって、アペプの本筋のモデルである地下世界の蛇は、元々悪者ではなく、古代エジプトで最も重要な神の一柱だったからです。

そして、エジプト第18王朝起源の古代イスラエル人の中には、この蛇の地球神を崇拝するものもいたので、旧約聖書の編集者は、蛇の神の特徴をヤハウェの特徴として引用したと言えます。

ゲブとヌト

ではまず、そんな地下世界の蛇アペプの起源とされる古代エジプトの神の正体は誰か？

それが地球神ゲブ。ここでは深く話しませんが、この地球神ゲブは、宇宙の女神ヌトこと日本語名「瀬織津姫」の夫であり、瀬織津姫＝背折りつ姫という「言葉あそび」から、大祓えの言葉で唯一登場する瀬織津姫の役割が、この古代エジプトの絵だけで読み取れます。

そんな瀬織津姫こと女神ヌトは、宇宙の擬人化の女神で、古代エジプトの神々の母であり、その宇宙のヌトが2つに分かれて誕生したのが、地球の擬人化「ゲブ」です。

なので、ゲブはヌトの夫であり、子どもでもあります。そして、そんな地球神ゲブには、アペプと繋がる「手が生えた蛇」の姿の絵も存在し、実際にゲブは「蛇たちの父親」とされています。

先に結論を言うと、この蛇たちの父の地球神ゲブが時代を経て、巨大な地下世界の悪魔アペプへと移り変わっていきます。

それ故に、アペプには疫病だけでなく、ゲブと同じ「地震」という特徴もあるわけですが、アペプの起源「地球神ゲブ」だと言える理由の一つに、アペプの産みの親「ネイト（Neith）」

の存在があります。

というのも、アペプとラーの母親ネイトには、いくつか別の呼び名が存在するのですが、その一つが「ヌト」なのです。そう、宇宙の女神ヌトと全く同じ名前なのです。

つまり、宇宙のヌトとナイル川を擬人化したネイトことヌトの子どもは、どちらも地球の「蛇」ということになります。

では、なぜここまで二組の神々が繋がるのか？　それは、自然現象を擬人化したネイト（Neith）ことヌトと蛇アペプのペアは、

Public domain

ヌトとゲブの関係を表した象徴的な壁画のデザイン。

宇宙規模のヌトとゲブの「スライド現象」によって新たに付け足された神々だからです。

簡単にいうと、宇宙の話を古代エジプトの自然で例えた時に、新たに神々を作ったに過ぎないということです。

詳しく言うと、現在でも「天の川」と呼ぶことから分かるように、宇宙は古代エジプトに限らず全世界的に水の世界だと信じられていました。そして、そんな水である宇宙を表した女神ヌトの鏡写しがナイル川だと古代エジプト人は信じていたのです。

というのも、古代エジプトでは地上の世界は天の世界の鏡写しの存在だと信じていたからです。例えば、ピラミッドがオリオン座と同じ配置なのはこの法則に従っているわけです。

それ故に、宇宙の鏡写しである地上のナイル川の化身ネイトに、宇宙の女神「ヌト」という名前が残っているのです。そして、宇宙のヌトから生まれるゲブが蛇の姿ということなので、そのヌトが起源のネイトが表すナイル川の氾濫が、ゲブと同じ蛇のシンボルとなり、名前を変えアペプとなったと言えます。

そして、古代エジプトではナイル川の氾濫を利用した農耕が盛んになるにつれて、太陽が重要な存在となり「太陽神ラー」が古代エジプトの最高神となります。その一方で、赤く染まっ

たナイル川の氾濫が疫病を流行らし飢餓をもたらすので、赤い蛇のアペプが太陽神ラーの宿敵となっていったというわけです。

ちなみに、自然現象や自然そのものを神格化し、どんどん神様の数が増えていく、この古代エジプトの伝統は、そっくりそのまま日本の伝統になっていますね。日本風で言うならば飢餓をもたらすアペプは、地球神ゲブの「荒魂」みたいなものです。

話がそれましたが、蛇のアペプが悪者にされたのは、当時の古代エジプト人の生活環境の変化による神々の「スライド現象」によるもので、蛇の姿の地球の神は元々、ポジティブな存在の「ゲブ」でした。

蛇の姿をした『ヤハウェ』はおかしいか？

それ故に、蛇の神の特徴が旧約聖書での蛇の姿のヤハウェの特徴として描かれていても不思議ではありません。言ってみれば、アペプの疫病伝説をヤハウェの荒魂的な特徴として描いたのが、過越伝説なのです。

ではここまで、古代中国の龍のニアンと蛇の姿のヤハウェの起源である蛇アペプ、そのアペプの起源は蛇の地球神ゲブだという話をしてきましたが、なぜゲブやアペプの顔が蛇なのに対し、ヤハウェやニアンの顔がライオンなのか？その理由は簡単。まず蛇型のヤハウェの顔を良く見ると、このライオンの特徴を表す立髪は太陽の光だというのが分かります。

つまり、犬や猫の様な哺乳類系動物の顔の後ろに立髪のような太陽の光があるので、ライオンとされているのです。そして、身体が蛇。では、この見た目がどこから来たのかというと、それが、先ほど見せたアペプが描かれた、この古代エジプトの絵なのです。

この絵の前方には「大犬座」を表す犬たちが描かれ、その少しあとに太陽神ラーがいます。この犬と、その後ろにある太陽というシンボルを「一つの顔」だけで表したのが、蛇型のヤハウェのライオンの顔の由来です。そして、その大犬座とラーの下にあるアペプを含めた「蛇」の存在をヤハウェの胴体としたので、ヤハウェの体が蛇となります。

アペプを含めた蛇たちには足がある信じたものが古代中国で龍となります。つまり、蛇型のヤハウェの姿も、龍の起源である古代中国のニアンの姿も、アペプが描かれた、この古代エジプトの自然現象の絵の特徴を、「ひとまとめ」にしたものなのです。

これは、セト神を抜いてですが。ちなみに、太陽神ラーは鳥の姿をしている存在ですが、この絵でのラーを「太陽」ではなく「鳥」の特徴である「羽」で表し、すべて合体させたものが西洋に伝わる「ドラゴン」の起源です。

では、なぜ蛇型のヤハウェの姿に、セト神の特徴を入れなかったのかと言いますと、エジプト第18王朝に起源がある古代イスラエル人からすれば、セト神は彼らの宿敵であるエジプト第19王朝寄りの神だからです。

旧約聖書でのモーセのモデル「アクエンアテン」を倒した「セティ王」の名前の意味が「セト神の君」であり、この「セティ」という名前が、聖書での悪魔名「サタン」の由来ということから分かるように、古代イスラエル人はセト神を敵の神だと見ていたのです。

ちなみに、このエジプト第18王朝と第19王朝の敵対関係は、

Public domain

アペプとセト神の戦いをオマージュした「聖ジョージとドラゴンの戦い」を描いた絵。

この時代ののちも、形を変えながら密かに続いていきます。それを一番分かりやすく表したのがセント・ジョージの絵。これは紀元後12世紀辺りからヨーロッパに広まった伝説「聖ジョージとドラゴンの戦い」を描いた絵です。

セト神とアペプの戦いの絵と似ていますね。50年以上前から考古学者たちに指摘されていますが、この「聖ジョージとドラゴンの戦い」は、古代エジプトの「アペプVSセト神」のオマージュなので、このドラゴンはアペプを土台にした蛇型のヤハウェとも言えるのです。

しかし、もしヤハウェの起源がアペプであれば、そのアペプの起源である地球神ゲブと蛇型のヤハウェに繋がりはあるのか？もちろんあります。

むしろ、蛇型のヤハウェと、アモン神などと同一の人型のヤハウェ、この二つを繋げてくれる存在がこのゲブという地球神です。

農業神『ミン』

先ほど、宇宙規模のヌトとゲブの神々のスライド現象によって生み出されたのが、自然現象規模のネイトことヌトとアペプだと話しましたが、このゲブにはアペプのほかにスライド現象

によって作り出された神がいます。それが少し前に話した「ミン」という農業神です。

ミンは、農業だけでなく「人間が住む場所」全般と地下世界の神だとされており、生命体の繁殖を意味する男性器が象徴的に描かれています。

では、このミンと同じように、繁殖のシンボルである男性器をシンボル的に持つ地下世界を含めた地球そのものの神と言えば？

そう、地球神ゲブでしたね。この絵は地球神ゲブが女神ヌトへ男性器を伸ばす絵ですが、この地球全体を表すゲブを、農業に適した土壌や人々が住む土地神として細分化し、誕生したのが「ミン」と言えます。日本風でいうと、地球神ゲブの荒魂がナイル川氾濫のアペプだとすれば、ゲブの和魂が土地神・農業神ミンみたいなものです。

このミンという農業神ですが、牛の角を持つ神だとされ、古代イスラエル人の起源の一つ、エジプト第18王朝の最高神アモン神と合体した存在「アモン・ミン」として崇拝されます。

そして、このアモン・ミンの姿が人型のヤハウェとそっくりで同一でしたね。

このミンに牛の象徴があるので、ヤハウェへの生贄にアモン神の象徴「羊や山羊」だけでなく、牛もオッケーとされていると少し前に話しましたが、ミンは古代ギリシャでの農業神パンとも同一とされています。パンにも繁殖を表す物語がある神でした。

そして、このパンはほぼ同音の神ベルから⇒ベルサデェ⇒ヤハウェの別名エル・シャダイと繋がります。このように遠まりをしてもヤハウェと繋がるわけです。

ちなみに、ヤハウェと同一のアモン神には足がある蛇型の姿も存在しており「ケマテフ（Kematef）」と呼ばれています。そして、この蛇型のアモン神が、古代ギリシャでライオン顔の蛇「クノウミス（Chnoumis）」という存在として崇拝され、グノーシス主義での蛇型ヤハウェの原型になったと考える考古学者もいます。

Public domain

アモン神と農耕神ミンが合体した『アモン・ミン』という神もおり、姿を見るとヤハウェにも繋がる。

ひとまず、ヤハウェの古代エジプト起源は確実だと言うことです。

では、ここまで話した考察を日本へと繋げていきましょう。

祇園祭や御神輿の根本的な起源が古代エジプトのバークを使ったアモン神の祭りだということなどから、牛頭天皇はアモン神と同一で、このアモン神は古代エジプトから古代イスラエル経由で古代ギリシャへ渡った者たちにより誕生した最高神ゼウスとも同一であると話しました。

なので、牛頭天王とゼウス神は間接的に同一だということでした。

ただ、この二柱の神々が直接的に同一だと教えてくれるのが、牛頭天王または牛頭天王と同一のスサノオの八人の子供たち「八王子」です。

八王子という存在

日本に八王子市があるので名前は有名ですが、必ずしも八人の息子たちというわけではありません。八王子は別名「八将神（はっしょうじん）」とも呼ばれ、その内の一柱は女性だったり、祇園祭と深く関わる八坂神社では、八王子を四柱の男神と四柱の女神としています。

また、これらの八柱の神々こと八将神は陰陽道で八方を司る神々とされており、太陽系のいくつかの星々と対応する存在だとされています。

では、もしこの八王子こと八将神の父親が牛頭天王であり、この牛頭天王が古代ギリシャのゼウスと同一であれば、八王子とゼウスの息子が繋がっていてもおかしくありません。しかし、ゼウスには大量の子供がいます。

これは傘下の民族の神々をゼウスの息子として加えていったためですが、ゼウスの息子として最も有名な存在「ヘルメス」が八王子と繋がります。

ここまで話してきたグノーシス主義などが発展した古代ギリシャと古代エジプトの繋がりは、古代ギリシャがローマ帝国の傘下になったあとの時代にも続き、ローマ帝国がエジプトを統治した際、「オグドード（Ogdoad）」という都市を「エルメスの都市」という意味の「ヘリオポリス（Hermopolis）」という名前に改名にします。

というのも、ローマ帝国が「オグドード」を統治した時、この場所で主に崇拝されていたのがトート神で、古代ギリシャ・古代ローマの人々はトート神とエルメス神は同一だと考えていたからです。

しかし、ここで重要なのは、このヘルメスの都市「ヘリオポリス」という名前が付けられる前の都市名「オグドード」。というのも、このオグドードには意味があり、それが「8」だからです。数字の「8」と言う名前の都市です。では、なぜこの「8」という名前が付けられたのかと言いますと、トート神が崇拝される前は、この都市ではずっと八柱の神々をまとめて崇拝していたからです。

そして、その神々は男神が四柱・女神が四柱で、それぞれが自然や天体現象を擬人化した存在だとされています。

つまり、牛頭天王と同一のゼウスの息子ヘルメスの都市こと「オグドード（Ogdoad）」は元々「八柱の神々」の都市だったということです。

そんな古代ローマの一部の人々は、シリア系民族が建てたシラこと新羅という国へ移住した為に、新羅には古代ローマの技術が使われた遺物が多く発掘されていると以前話しましたが、その新羅にあった牛頭山で崇拝された牛頭天王が八坂神社の主祭神で、その八坂神社の牛頭天王の子供達「八王子」は男神が四柱・女神が四柱。

そして、その牛頭天王と同一のゼウスの息子の名前が付いたヘルメスの都市の元の神々が「男四・女四」で、八坂神社の八王子と同じになるのです。

では、なぜここまで西と東がここまで繋がるのか？ これだけの神々が同一だったり、祭りが同じということから分かる通り、古代エジプトから中東や古代ギリシャ経由で東アジアへの大規模な民族移動があったからです。

そして、東の果ての日本列島は、その民族たちの最終地であり、集合地。そして、その大きなタイミングとなったのが中東への「海の民」の侵入です。そして、海の民のタイミングで誕生したのが「周王朝」や、その他の古代中国の国々です。

第5章

天武天皇が隠した数字『55』

解き明かされる事象

神武天皇・周王朝・日本武尊・応神天皇・竹内宿禰・神功皇后

1　西から周に来た初代天皇

元エジプト第18王朝の古代イスラエル人や、ヒッタイトに倒された元ヤマァド王国の人々は、それぞれ中東辺りで細々と暮らした時代。

「海の民」と呼ばれる人々が 地中海からアナトリア、中東、そして、エジプトに侵入し、元エジプト第18王朝 や元ヤマァド人の一部など、海の民と戦ってまで守る土地がない民族の多くが東に移動し、インドだけでなく、のちの周王朝を含めた東アジアの国々となっていきます。海の民に敗れたヒッタイト王国の人々が、遅れて東アジアに到着し、秦となっていくと話しました。

元々、周王朝は殷こと商の属国で、政略結婚が既に行われていましたが、周が革命により殷を倒し、古代中国をしばらく支配する帝国となります。そして、この革命により逃れた殷の人々が、日本列島に移住し、殷滅亡すぐのドンピシャのタイミングで、青銅器などを本格的に作る弥生時代が始まります。これが、「倭国」の始まりで、倭という名前は、メソポタミアの古代都市「ウル」が由来です。

エジプト・中東・シリアなどから、多くの民が東アジアに移住した話ですが、周王朝起源のニアンやパングが、古代エジプトのアペプや古代ギリシャのパンと繋がるところから確実だと言えます。そして、これは民族の移動として見ても繋がっていきます。

一つ目の理由が、周こと「シャウ（zhou)」という国の名前が、古代エジプト起源の名前ではないか？というものです。というのも、エジプト第18王朝は、モーセのモデル「アクエンアテン」とその子「ツタンカーメン」の時代を最後に、エジプトの歴史から姿を消しますが、このアクエンアテンが幼少の時代に過ごし、中東支配への重要な軍事拠点でもあった都市が「ザーゥ(Zarw)」と呼びます。

周こと「Zhou」とほぼ同じ名前です。彼らは第19王朝によってエジプトから追い出され、すぐ海の民が地中海から侵入し、多くが東へ移住したので、古代エジプトゆかりの都市「ザーゥ(Zarw)」という名前を、周の王朝名「シャウ（Zhou)」としたのではないか、と考えられるわけです。

姫族の建国伝説

また、この「海の民」の侵入により中東から東へ移住したのが周王朝の始まり説を後押しするのが、周王朝を始めた王族「姫

（キ）」族の建国伝説。

史記によれば、古公亶父（ココウタンポ）という周王朝の始祖の王が、自らの国に住んでいた時、異民族が侵略にやってきたので、財宝を渡しなんとかしたが、それでも土地を奪おうとしたので、民が戦おうとしました。

しかし、古公亶父は「民が君を立てるのは民の利益のためで、異民族でも利益を図るなら民にとってはそれでかまわないはずだ。自分が必ずしも国を治める必要はない。民が戦うのは私のためで人の父子を殺して恨まれれば君主であることはできない」と言い、自らの一族を連れて住んでいた土地を離れ、新たな土地に民を定住させ周を建てたという伝説があります。

このの
ち、古公亶父は殷の王族と親交を結び、息子が政略結婚します。

史記では、古公亶父がかっこよく語られていますが、これはシンプルに戦わずして移住したという話。しかし、先祖何代にもわたって暮らした故郷であれば、普通は戦います。ちなみに、古公亶父の子孫「武王」は、周の国王として故郷でもない中国大陸の殷とバチバチ戦います。つまり、古公亶父の話から分かることは、「戦わずの移住」を選択するほど、戦力の基盤がなかったということです。

そして、これはエジプト脱出後、中東辺りで細々暮らしていたアムル系ヤマアド人やエジプト第18王朝の残党の元に、土地を侵略しようとする海の民がきたので、特に戦わず、すぐに東に移住したという話と合うだけでなく、年代もドンピシャなのです。

次に、古代エジプトから中東、中東から周王朝建国説の証拠となるのが「農業」です。

周王朝を建国した民族の先祖には后稷（コウショク）英語名「Hou ji」という伝説的な人物がおり、「農業」の神として信仰されていました。

そして、伝説上、人類に初めて、雑穀類などの安定した大規模な農業技術を導入した存在だとされ、実際に「雑穀の神（Lord of millet)」とも言われています。

しかし、重要なのは、「伝説上」と言っていることからも分かるように、彼が実際に存在したと言える客観的な証拠はありません。

また、別の周王朝の先祖の伝説では、度重なる「黄河の大洪水」に悩まされていたと書かれており、「禹（ウ）」と呼ばれる人物が流水路を整備し、洪水を治めたという伝説もあります。しかし、こちらも存在した証拠はありません。

その一方で、度重なる川の洪水を流水路などを使って人工的に止め、なおかつ、大規模で画期的な農業技術を、世界のどの古代王朝よりも早く始めていたのが、古代エジプトです。古代エジプトは毎年ナイル川が氾濫し、その氾濫した水の栄養素を使って大規模な農業をしていたと前に話しましたが、考古学上、紀元前３０００年ぐらいから、人工の流水路を作り、農業の安定化を成し遂げただけでなく、その技術で飲み水を確保したりと、自然をコントロールしていました。

つまり、古代中国の農業や洪水対策に関する英雄の伝説は、古代エジプトの話を、古代の中国大陸に渡った民族たちが、あたかも、古代中国の伝説のように話している可能性があるわけです。

その証拠の一つが司馬遷が史記で書いた一言。紀元前1世紀辺りに歴史家の司馬遷が、殷より古い王朝とされる「夏」の地形の特徴を書きました。それが、

「**北へ伸びる川は、九つの川に分かれ、最後は海へ流れる**」

中国大陸で有名な黄河は東西に伸びる川なので、北へ伸びる川ではありません。南北に伸び、北で何ルートかに分かれ、最後は海に流れる最も有名な川は、**古代エジプトのナイル川なのです。**

つまり、司馬遷は「夏」王朝があった場所は古代エジプトと言っているのです。そして、そんな夏王朝にいたのが、皇室の先祖の一つであろう周王朝建国民族「姫一族」の始祖「后稷（コウショク）」です。

つまり、大規模農業を導入したとされる后稷（コウショク）は、中東から古代エジプトの農業技術を伝えた人物だと分かるのです。

そう言える理由が、后稷の誕生伝説にもあります。后稷が生まれる前の話。姜嫄（キョウゲン）という、とある国王の妻がいました。

ある日、姜嫄が、外で巨人が付けた足跡を見つけ、それを踏んだところ、なぜか妊娠してしまい、后稷を産みます。しかし、この出産は良くないものだと思った姜嫄は、子供の后稷を捨てようとします。

しかし、子を馬小屋に捨てようとすると馬や牛が后稷を敬う行動をしたり、氷の上に捨てようとすると鳥が温めようとしたりするので、后稷の天の子と信じ、育てる決心をします。

そんな后稷はスクスクと育ち、農業を人々へ教えました。后稷の誕生伝説は、ここまでですが、この話で重要なのは、姜嫄（キョウゲン）の姜は遊牧民を意味する漢字だということです。

つまり、遊牧民の母親の子が農場を人々に伝える周の祖と

なります。

東明の伝説とモーセ伝説との類似性

「遊牧民なのに、農業?」となると思いますが、この疑問に答えてくれるのが、后稷伝説とそっくりな「東明(トウメイ)」という伝説です。

東明の伝説の前半部分は后稷の伝説とほぼ同じで、王の妻が、いきなり妊娠し、子供を捨てようとするが奇跡が起こるので育てるという話です。しかし、重要なのは、このあと。

后稷とそっくりな東明は、王妃に育てられ、かなり優秀でした。しかし、王は国が奪われると感じ、東明を殺そうとし追いかけます。東明は逃げ、川の前に立った時、持っていた弓で川を叩くと、そこに魚が橋を作り、東明は川を渡りますが、王の追手が来ると魚たちはバラバラになり、これ以上、東明を追えなくなりました。

そして、東明は夫余(プヨ)という場所で都市を築き王となります。という話。

后稷の伝説の続きのような、東明の伝説ですが、もう分かる人には分かると思います。これは、旧約聖書のモーセ伝説とほぼ同じです。

モーセも、一度は捨てられ、拾われ、王から命を狙われ、逃げ、海で奇跡を起こし、追っ手をまきます。多少の違いはあれど、これは東明の伝説と本質は同じなのです。

しかし、モーセという人物は考古学的に存在した証拠はなく、彼のモデルはアクエンアテンです。アクエンアテンは、アモーセ1世から始まるエジプト第18王朝の最後の王で、このエジプト第18王朝は元々、遊牧民アムル人系民族の血が入ったエジプト王家でした。

なので、后稷伝説の姜嫄(キョウゲン)という遊牧民を表す妻は、エジプト王家に嫁いだアムル人系民族を表し、その遊牧民族がエジプト第18王朝の時に農業を学び、第19王朝の時にエジプトから逃れたので、后稷は農業の知識があるとしたのです。

そして、この物語とよく似た東明の伝説を受け継ぐ「扶余(プヨ)」という民族の歴史には、この説を後押しする証拠があります。

それが、扶余の先祖の名前。扶余の始祖神話では、まず「ハエ・モース(Hae Mosu)」という人物が天から戦車を引いて地上に降臨し国を作り、ハエ・モースの子「ハエ・ブル(Hae Bru)」が次の王になったというものがあります。

では、まずこの「ハエ・モース」のMosuは「モーセ」という名前とそっくりですが、この「ハエ・モース」は、そもそもエジプト第18王朝建国者「アモーセ1世」の「アモーセ」の初めにHの音が付いただけで、ほぼ同音です。

実際に、アモーセ1世は、18王朝建国後、神の国とされた古代エジプトから戦車を引いて中東に出向き、広範囲を統治しています。

そして、そのアモーセとそっくりなHae Mosuののちにそこで王となるのが「ハエ・ブル（Hae Bru)」。のちの古代イスラエル人の呼び名の一つ「ヘブル（Hebrew)」と同音なのです。

そして、そんな扶余族の東明伝説に、モーセとよく似た神話があり、その東明伝説は、后稷伝説と似ているわけです。そう。古代エジプトと中東の民は、東アジアに来ています。

ちなみに、扶余族は古代の朝鮮半島にあった百済の祖とされており、日本に仏教を持ち込んだ人々。しっかり、日本列島に移住する人々です。

ウエツフミ。偽書と言われる古史古伝

では、古代エジプトから中東、中東から周王朝という民族移動の話ですが、この説をさらに後押ししてくれるのが、日本の古史古伝の一つ「ウエツフミ」。

ウエツフミには神武天皇以前のウガヤフキアエズことウガヤ王朝の歴史だけでなく、農業・天文学・医学・漁業・金属を加工する技術などが、神代文字の一つ「豊国文字」で書かれており、また、その中には「中国に農業を教えたのは日本だ」というものや「日本は精密な太陽歴を使っていた」ということも書かれています。

もう分かると思いますが、これは日本列島にいた人々が中国大陸へ渡り、これらの高度な技術を教えたのではなく、古代エジプトや中東にいた、のちに日本列島で「日本人」と名乗る人々が、中国大陸へ渡り、これらの技術を教えたのです。

まず、ウガヤ王朝こと「ウガヤ武器合わせず」は、「ヤマァド王国」と武器を合わせなかった「ウガリット王国」を表し、彼らは長らく古代エジプトと親交があり、実際に彼らが祀っていた女神アシェラが古代エジプトでも祀られていました。

もちろん、高度な農業技術だけでなく、古代エジプトで農業が発展するキッカケとなった天文学も受け継いでいます。ちなみに、古代エジプトは太陽暦。また、豊国文字とヒエログリフが似ていると指摘する学者もいました。

また、天文学者として知られる、金井三男氏によると、ウエツフミの天文学の知識から、どの時代の天体の話をしてい

るのかが分かるとされ、それが大体、紀元前1000年辺りからだそうです。

「中国に農業を教えたのは日本だ」の考察

ドンピシャで周王朝の建国後辺りからです。そう。ウガヤことウガリット王国の人々が海の民の侵入のタイミングで中国大陸へ渡り、そこで農業や天文学などを伝えたというのが、ウエツフミが意味する歴史であり、その伝承を、日本列島にたどり着いたあとに編纂したので、「中国に農業を教えたのは日本だ」という言い方になったと考えられます。

もし、ウエツフミに書かれた歴史が日本列島での話ではなく、元ウガリット王国や元ヤマァド王国などがあった中東から中国大陸へ移住し、周を建国する民族たちの歴史であれば、神武天皇とはいったい誰なのか？

というのも、ウエツフミにはウガヤフキアエズ朝は女帝も含めて74代続き、神武天皇はその62代目だとされるからです。古事記などの日本神話で神武天皇は、ウガヤフキアエズの4人息子の一人だとされています。では神武天皇の正体とは？　それは古事記に書かれた神武天皇の本名にヒントがあります。

それが「若御毛沼（ワカミケヌ）」。

神武天皇の正体とは？

この「若御毛沼（ワカミケヌ）」の若とは若いという意味で、「みけぬ」とは神様へのお供物「御饌（ミケ）」を意味し、穀物を意味します。

なので、神武天皇の本名は、新しい穀物を象徴する存在です。実際に現在でも、天皇陛下が行われる最大の行事は、即位後一度しかない大嘗祭で、そこで天照大御神へ新しい穀物「新穀」をお供えされます。

「新しい」は若いと同じ意味で、若御毛沼とは、「新しい穀物のお供物」という意味なので、大嘗祭で「新穀をお供えする」こと事態、神武天皇こと若御毛沼を象徴していると言えます。

ただそもそも「若い」という漢字が使われている理由の一つは、若御毛沼こと神武天皇には、同じの名前の兄がいるからであり、その兄の名が古事記名「ミケヌの命」別名「ミケイリの命」です。

では、神武天皇こと若御毛沼は穀物と深い関係ということですが、穀物と言えば、少し前に「穀物の神」と呼ばれた伝説上の存在を紹介しました。

それが周王朝の祖「后稷（コウショク）」英語名「Hou ji」。彼の苗字「Ji」は「姫」と書き、のちの周王朝の王家の苗字として受け継がれていきます。

天皇の一族が使っていた苗字『姫』

日本語では「姫（キ）」と呼ばれています。もちろん、この「后稷」が神武天皇こと若御毛沼と同一というわけではありませんが、この姫一族が現在の天皇家の先祖とする説があります。

というのも、元々、天皇が天皇として日本で君臨する前、天皇の一族が使っていた苗字が「姫」と言われているからです。

まず平安時代の講書「日本紀私記丁本」に、博士が天皇に日本書紀を解説した際、「わが国が東海姫氏（キシ）国と呼ばれるのはなにゆえか」と質問したとあり、東の海の姫氏国と日本が呼ばれる理由を聞いています。

このほかにも、奈良時代に吉備真備（キビノマキビ）が東海姫氏国について触れたとも言われています。ただ、流石にこれだけでは納得いかない人も多いかもしれません。

しかし、この「后稷」から始まる周王朝建国民族「姫」の歴史と、神武天皇こと若御毛沼から欠史八代、そして、崇神天皇まではドンピシャで繋がるのです。

まず、日本神話では、鸕鷀草葺不合（ウガヤフキアエズ）の子には4人の息子がおり、それが長男・彦五瀬命（ヒコイツセ）、次男・稲飯命（イナイノミコト）、そして、先ほど話した、三男・御毛沼命（ミケヌノミコト）」、で四男・神武天皇こと若御毛沼（ワカミケヌ）。

先に答えを言うと、神武天皇こと若御毛沼とは、若いミケヌという意味から分かるように、三男のミケヌの命の息子、または、息子民族と言うことです。四男ではありません。神武＝ミケヌJrです。

では、神話の続きを言うと、神武天皇が東征をし、新たな王朝を始めるわけなのですが、この三男のミケヌの命は、途中で常世（トコヨ）の国こと「あの世」へ行ったとされ、長男の彦五瀬命は、東征の際に亡くなり、次男・稲飯命は、海に消えます。

ただ最後の次男・稲飯命（イナイノミコト）は、平安時代初期に書かれた『新撰姓氏録』（シンセンショウジロク）で、より東へ行き新羅国の王の祖と書かれています。

そして、神武天皇は東征を試みるが引き返し、二度目で東征を成し遂げます。

神武天皇が東征に成功したのち、神武天皇を含め9代天皇が続きます。しかし、神武天皇含めた9代の天皇、神武天皇抜いて、8代の天皇の物語が全て、欠史八代と呼ばれ、日本の歴史学者の中では存在しなかったと言われています。

はっきり言うと全員存在します。ただ都合が悪いので消しただけです。そんな欠史八代ですが、次の10代目の天皇には物語があり、存在した可能性がある最初の天皇で、それが崇神天皇(スジンテンノウ)。

ちなみに、ここで重要なのは、崇神天皇には、御肇国天皇(ハツクニシラススメラノミコト)という別名があり、初めて国を作ったという意味です。

しかし、神話上、国を初めて作った天皇は神武であり、神武天皇にも、始馭天下之天皇(ハックニシラススメラノミコト)という全く同じ別名があります。

ということから、歴史学者の中では、実際に日本を建国したのは崇神天皇で、神武は後付けの物語とされています。しかし、この本当の意味は、同じ国を二度、建国したのです。

では、ここまでのキーワードは

①ミケヌとワカミケヌという名前から、三人兄弟の三男の息子が神武であるということ

②神武以降の八代の天皇の記録は元々ないか、抹消されているということ

③「ハツクニシラススメラノミコト」という名前から、1代目と10代目で二度、国を建国しているということでした。

この三つのキーワードは「とある条件」で歴史を見れば、周王朝を建国した「姫」王家の歴史と合致します。では、その条件とは?

それは古代史を調べる上での常識「王族の都合が悪い先祖の歴史は消す」です。

姫民族の周建国の歴史を見るとわかる類似性

これを頭に入れながら、姫民族の周建国の歴史を見ていきましょう。穀物の神「后稷(コウショク)」からしばらくのち、古公亶父が異民族の侵入から逃れ、周の基盤を作り、殷王朝の属国となりますが、彼は妻との間に、3人の息子を得ます。それが長男の太伯(タイハク)、次男の虞仲(グチュウ)、そして、三男の季歴(キレキ)。

古公亶父(ここうたんぽ)は、この三男の季歴(キレキ)の息子が優秀だったので、自らの頭首の位を三男へ譲ります。それを、すでに悟っていた長男の太伯(タイハク)と次男の虞仲(グチュウ)は、王位継承の前に国を離れ、のちの「呉」という国の祖となります。

そんな季歴(キレキ)の優秀な息子は「姫昌(キショウ)」の

ちに「文王（ブンオウ）」と呼ばれますが、彼は父から受け継いだ「宗主国」殷の重要な役員でした。

しかし、当時の殷の王は、暴君だったとされ「姫昌（キショウ）」と、かなり揉め、苦しめられていました。そんな「姫昌（キショウ）」にも息子ができます。それが姫発、のちの「武王（ブオウ）」。

この武王が周のトップに立った時、殷の王は変わらず暴君を極めていたので、殷と戦います。しかし、武王は途中で「その時ではない」とし、一度撤退します。そして、しばらくのち、殷の王がより力を弱めた時に、もう一度攻め韻を倒します。周から見て「東征」を果たすのです。

そう。この「武王」が神武天皇のモデルです。

では、もし「姫」族がのちに神話を編纂する皇室の祖だとすると、都合が悪い歴史は、姫族の周が殷の属国だったということです。

なので、実際の周の歴史では、三男の息子の息子「武王」が東征をしますが、武王の父の話は殷の属国時代の話なので消したために、神武は三男のミケヌの命の息子の若御毛沼とした、と言えます。

では、武王が周王朝、別名、西周を初めて建国してから、国王は武王を含め全部で12代続きます。しかし、問題は、10代目の王が暴君だったので周で暴動が起こり、王は逃げてしまいます。これにより、10代目のあとは共和制となりました。

そこからしばらくして、11代目の王が付きますが、国は不安定のままで、12代目の王もこれまた不思議な王だったので、革命を起こされます。そして、その革命を起こしたのが13代目の王となり、新たに東周を建国する「平王（ハイオウ）」。

彼は、他民族と結託し、西周と戦い勝利します。しかし、その革命のせいで当時の首都が破壊されたので、都を東に移し、そこで東周を新たに建国するのです。

では、改めて、「姫」族がのちに神話を編纂する天皇家の祖だとすると、都合が悪い歴史は、周王朝衰退を早めた10代目から12代目の王たちです。

なので、歴史の汚点となる、この10代目と12代目の王を記録から抹消すると、ちょうど10代目に繰り上がるのが、先ほど話した、新たに東周を建国する「平王」になります。

この平王が、日本神話で神武天皇から10代目にあたる崇神天皇のモデルです。

それ故に、西周の建国者「武王」をモデルとした神武天皇と、東周の建国者「平王」をモデルにした崇神天皇の二人に「初めて国を作った」を意味する「ハックニシラススメラミコト」という別名がつけられたのです。

しかし、もし、歴史の汚点となる10代目から12代目の周の王の記録を、一切書かなかったとしても、なぜ、神武天皇のモデル「武王」から、崇神天皇のモデル「平王」までの、欠史八代と呼ばれる、8代の王達の歴史を日本神話の物語に加えなかったのか？　その理由は、二つ考えられます。

ひとつ目は、西周の都と城が崩壊したために、西周の王の記録がかなり消えたというもの。

ふたつ目は、この八代の歴史も、都合が悪いからです。２つ目の理由は、日本神話の建国年から読み取れます。

まず、日本神話では日本建国は今から約２７００年前だとされ、西暦で言うと紀元前６６０年辺り。もちろん、日本列島に神武・崇神天皇などの伝説が事実だと裏付ける考古学的証拠は一切ありませんが、紀元前７００年辺りというのは、まさに崇神天皇のモデル「平王」によって東周が建国された時代とほぼドンピシャなのです。

神武天皇のモデル「武王」の西周建国の年ではありません。つまり、日本神話は、西周ではなく、東周寄りの立場の歴史だというのがわかります。

しかし、神武天皇のモデル「武王」は憎き「殷」を倒した張本人で周王朝の最初の建国者なので、神話に書かないわけにはいきません。

しかし、暴君であった10代目から12代目の王の記録を一切書かないとしても、東周からすれば、西周は敵の時代がありました。とは言っても、姫王家の先祖です。なので、名前のみ神話に記したと考えられます。

ウエツフミとどう繋がるか。驚きの一致

では、ここまでの話とウエツフミはどう繋がるのか？　従来の日本神話では、ウガヤフキアエズの息子の1人が神武天皇でしたが、ウエツフミでは、ウガヤフキアエズはウガヤフキアエズ王朝という長く続いた王朝を意味し、その王朝は女帝も含めて74代ほど続きます。しかし、この約74代は、兄弟相続も含めたもので、世代数だけでいうと62世代ほど。そして、ここから女帝を抜き、男系55世代ほどあり、この55代目が長男の彦五瀬命を含めた神武天皇の世代にあたるとされます。

ちなみに、ウエツフミとリンクする竹内文書では女帝を抜いて約53世代。宮下文書は52代です。ウエツフミの特徴は、ウガヤフキアエズ王朝74代の内、54代後半から68代までの記事がかなり失われているということです。

では以前に、弥生文化に通ずる農業や鉄加工の高度な技術だけでなく、ウエツフミの天文学の知識から、ウガヤ王朝はただ大体紀元前1000年辺り以降の時代の話をしていると話しましたが、その紀元前1000年辺りというのは西周こと周王朝建国時期と重なります。

そして、ウガヤフキアエズ王朝は周王朝の王家の歴史説と合うように、周王朝の先祖を含めた王家の世代数は、ウエツフミの世代数とドンピシャなのです。

周王朝の始祖とされるのが以前に話した伝説的な存在「コウショク」。彼から古公亶父（ココウタンポ）を含めた周王国の文王までで「15代」いるとされます。

そして、西周の建国者こと神武天皇のモデル「武王（ブオウ）」から西周の最後の王まで12代。

そして、東周の建国者で崇神天皇のモデル「平王（ヘイオウ）」から東周の最後の王まで25代います。

ただ、この25代以降、東周は力を弱め、王朝としてではなく、一部の領土を守った君主／諸侯（ショコウ）が3代続きます。

なので、姫一族の男系の始祖から彼らの西周建国までが15代。西周が12代。東周が25代。周崩壊直前の君主／諸侯が3代。15＋12＋25＋3で、合計55代です。

そう。ウエツフミのウガヤフキアエズ王朝の女帝を抜いた王家の世代数とドンピシャなのです。

ちなみに、「東周」後の君主を3代を抜けば男系合計52代となり、宮下文書の52代と同じになります。また、平王が東周を建国した際に、西周に携王という王が存在したかもしれないとされ、彼もこの男系の世代数に入れれば53代となり竹内文書の53代と同じになります。

そう。ウエツフミなどの古史古伝で語られるウガヤフキアエズ王朝は、周王朝の王家「姫一族」の歴史を土台に書いている可能性があるのです。

55代という世代数が合うのは『周王朝』のみ

さらっと言ってますが、ウエツフミで書かれた農業技術や知識、書かれた天体情報から予想できる年代、日本神話での日本建国年代がドンピシャで合致し、そのタイミングで「55代」という天皇の世代数が合うのは、世界どこを探しても「周王朝」しか存在しません。これをまだ偶然の一つとして片付けますか？

もし、そうであれば、古事記などの日本神話は、この男系約55代の周王家の歴史を隠し、鸕鶿草葺不合尊（ウガヤフキアエ

始祖〜周国　15代

后稷→公非→不密→高圉→鞠→亜圉→公劉→公叔祖類→慶節→古公亶父→皇僕→季歴→差弗→文王→毀隃

西周　12代

武王→成王→康王→昭王→穆王→共王→懿王→孝王→夷工→厲王→宣王→幽王

東周　25代

平王→霊王→安王→桓王→景王→烈王→荘王→悼王→頃王→釐王→敬王→慎靚王→恵王→元王→赧王→襄王→貞定王→頃王→哀王→匡王→思王→定王→考王→簡王→威烈王

東周君〜崩壊　3代

恵公→昭文君→東周君

合計55代

ここまで各種古史古伝で語られるウガヤフキアエズ王朝の記録とマッチするのは中国・周王朝しかない。

ズノミコト）として、ひとまとめにしたということ。

そして、その代わりに、西周建国者の武王を神武天皇のモデルに、東周建国者の平王を崇神天皇のモデルとし日本神話に書き記したと言えます。

では、西周一代目の神武天皇を、ウエツフミなどのウガヤフキアエズ王朝の男系家系図では、最後の55代目にしたのか？

この理由はもう少しあとで分かります。

日本武尊（ヤマトタケル）と熊襲武尊（クマソタケル）

もしここまでの話が本当であるなら、日本神話で書かれた崇神天皇以降の物語と、崇神天皇の起源「平王」から始まる東周の歴史は繋がるのか？

もちろん繋がりますし、日本神話で人気な「日本武尊（ヤマトタケルノミコト）」の起源や、彼と戦った「熊襲（クマソ）」と呼ばれる人々の正体も分かります。ただ、ウエツフミなどの大体55代もの王を「鸕鷀草葺不合尊（ウガヤフキアエズノミコト）」一人だけで省略しているところから分かるように、従来の日本神話は、日本列島にいた周王朝出身以外の民族も、考慮して書かれています。

それが顕著に現れるのが「応神天皇」。神武天皇・崇神天皇はそれぞれ西周と東周の建国者がモデルですが、彼らの共通点は、名前に「神」が使われていること。

名前に「神」が付く「天皇」は彼らと応神天皇の3代しか存在しません。なので、神が名前に付く天皇は王朝の「建国者」という法則があります。

では、その正体を知るために、まず「平王」以降の東周の王達と日本神話の繋がりを見ていきましょう。

2度目の建国をした「御肇国天皇（ハツクニシラススメラノミコト）」こと10代目の天皇「崇神」のモデルが、東周を建国した平王で、

彼が周王朝の10代目の王だとすると、

11代目に桓王（カンオウ）、

12代目に荘王（ソウオウ）、

13代目に釐王（キオウ）という王が続き、

これらの王たちは、

日本神話の

11代目の垂仁天皇（スイジンテンノウ）、

12代目の景行天皇（ケイユウテンノウ）、

13代目の成務天皇（セイムテンノウ）、

とそれぞれ繋がることになります。そして、有名な日本武尊伝説はこの12代目の景行天皇の時の物語です。ではまず、これらの王たちと天皇の共通点をパッと見ていきましょう。

11代目の垂仁天皇は、親戚の狭穂彦王（サホヒコノミコ）に反乱を起こされ、暗殺されそうになり、最終的に鎮圧するという物語があります。

そして、この物語と合うように、彼とリンクする東周11代目の桓王も親戚による反乱が起きています。詳しく言うと、平王の兄弟が建てた「鄭（テイ）」という国の君主「荘公（ソウコウ）」が、桓王率いる東周と戦います。日本神話とは違い、歴史では周が負け、追い詰められますが、鄭の荘公の慈悲により、東周の滅亡を免れます。

ここで重要なのは、この東周の桓王の時代に熊襲（クマソタケル）のモデルの国が台頭し始めるということ。

日本神話において熊襲とは、11代目の垂仁天皇の次、12代目の景行天皇の時代に、大和王権に刃向かい、13代目成務天皇と兄弟の日本武尊によって討伐される人々ですが、ちょうど、11代目の垂仁天皇のモデル、東周の「桓王」の時代に、「熊」という漢字を国王名に持つ「楚（ソ）」という国が、周辺国を次々と倒し勢力を拡大していました。

「楚」の全ての王には代々「熊」の字が入っています。

まさに、熊を祖に持つ楚という国で、南方から周国を脅かす存在でした。そして、この熊を祖に持つ「熊襲武尊（クマソタケル）」のモデル「楚」という国は、日本神話・12代目の景行天皇のモデルの東周の「荘王」の息子、13代目の成務天皇のモデル「釐王（キオウ）」の時代辺りに、日本武尊（ヤマトタケル）のモデルの存在によって討伐されています。そう、日本神話と完全に合致します。

日本武尊（ヤマトタケルノミコト）のモデル

では、日本武尊のモデルは一体誰か？　それを理解するために、まず日本神話12代目の景行天皇と13代目の成務天皇の物語を見ていきましょう。

12代目の「景行天皇」が行ったことで最も有名なのが、息子の1人日本武尊などを派遣し行った、熊襲武尊（クマソタケル）などの別民族の征伐です。

そして、次の13代目の天皇「成務天皇」は、地方の区画を決め、それぞれに国造（クニノミヤツコ）と呼ばれる管理者を置くなど、初めて行政区画を行った天皇とされます。

しかし、この12代目の景行天皇から13代目成務天皇までの流れは、「従わない国々を征伐したのち、それを上手く治めた」感がありますが、これは実際の歴史の美化です。

実際は、13代目「成務天皇」のモデル「釐王（キオウ）」の時代に何が起きたかと言うと、力が弱まった東周に代わって、彼らの親戚が建てた「五覇」と呼ばれる5カ国が台頭します。

つまり、日本神話が語るような、「天皇がそれぞれの地方の豪族に権力を与えた」のではありません。それぞれの地方こと親戚国家の「五覇」が、勝手に台頭してきたというのが正しい歴史認識なのです。

そして、その五覇の王たちの中で最も権力を持っていた覇者が、斉という国の「桓公（カンコウ）」という人物。この斉の「桓公」は、弱りきった東周に代わって実質的な中国大陸の支配者となります。

それ故に、東周13代目「釐王」の息子の14代目の「恵王（ケイオウ）」が、斉の「桓公」から「伯」という位を与えられたりなど、東周と斉国の立場が逆転しているのがわかります。

そんな斉の「桓公」は、成務天皇のモデル、東周13代目の釐王と協力し、熊襲武尊のモデルの「楚」討伐に成功します。そして、この斉の「桓公」と東周の「釐王」、この二人の実話を足して、完成したのが「日本武尊」の物語です。

2 日本武尊の物語

古事記と日本書紀では、日本武尊伝説の雰囲気は違いますが、古事記をベースに話すと、

日本武尊は景行天皇の子として誕生しますが、その凶暴性から、景行天皇から恐れられたため、可愛がられず、各地の反乱民族の討伐に行かされました。

その一発目が、熊襲武尊の討伐命令ですが、その前に、叔母で、斎王という皇女であった倭姫（ヤマトヒメ）の所に行き、女性の着物を貰います。そして、その着物を使い女装し、熊襲武尊の領地へ忍び込み、彼らを倒します。

そして、そこから、出雲に行ったり、蝦夷討伐を命令されたりしたので、親から愛されていないことを悟り、叔母の斎王の元へ行き相談していました。

では、この日本武尊の物語設定「親から愛されなかった」という話と合うのが、成務天皇のモデル、東周13代目の釐王です。釐王は、先代の荘王から愛されていなかったために、異母兄弟と不仲だったという記録が残っています。しかし、ヤマトタケルのメインのモデルは、当時の実質の権力者、斉の「桓公」です。

まず、ヤマトタケルが自らの叔母で、斎王という皇女であった倭姫（ヤマトヒメ）の所に行き、女性の着物を貰いに行ったという話ですが、この部分は、ヤマトタケルのモデル「桓公」の出自から読み取れます。

というのも、先代から受け継がれた斉の桓公の姓は「姜（キョウ）」で、この「姜」は、周を建国した姫一族の始祖「后稷（コウショク）」の母親である「姜嫄（キョウゲン）」の「姜」から受け継がれた名前。

それ故に、斉国は「姜斉（キョセイ）」とも呼ばれていたわけですが、実際に、神武天皇のモデルで、姫一族の武王の時代に、活躍した姜一族の軍師が領地をもらい、そこから斉が建国されています。

なので、周国と斉国の関係は長く、古代エジプトまで遡り「后稷」の母「姜嫄」の血筋「姜」を受け継いでいる民族です。

では、ヤマトタケルは叔母の斎王「倭姫（ヤマトヒメ）」に女性用の着物を貰いに行くという話ですが、これは、母方の先祖がいる「姜斉」へ行くという意味になります。

日本神話を書かせた天武天皇の時代から始まった斎王制度ですが、斎王とは、天皇に代わって伊勢神宮などで、祭祀を行う未婚の皇族女性のことです。

ここで重要なのは、斎王が未婚の女性ということ。というのも、

姫一族の祖「后稷」を産んだ、斉の祖「姜嫄」は、性交渉なしで后稷を産んでおり、未婚という設定と合うからです。

つまり、斎王の「斎」という漢字と、姫一族の祖である未婚の母「姜嫄」の末裔の国「姜斉」の「斉」という名前が一致し、皇室の祖の姫一族が、斉と仲が良かった「周」の建国者だということから、現在、日本での斉王の起源は、皇室の母型の末裔、斉の子孫を意味していると考えられます。

実際に、斉の「桓公」のあとの古代中国で「斉王」は、皇帝を補佐する地方貴族の称号として使われているので、天皇の補佐である日本の「斎王」という意味と合います。

ということなので、「日本武尊が祖母の斎王に会い、そこから女装し、熊襲武尊討伐を始める」というのは、周の姫一族の母型の国「斉」から出陣し、母型の斉の名の下に、南方の敵である熊襲武尊こと熊の「楚」を討伐する、という意味が隠れています。

日本武尊のモデル・桓公

そして、そんな日本武尊のモデルが斉の「桓公（カンコウ）」。桓公の本名は「小白（ショウハク）」です。小白の「白」という漢字が、瓜二つな「臼（ウス）」として日本列島に伝わり、または、神話編集者によって誤魔化され「小臼（オウス）」となり、この「小臼」が日本武尊の本名「小碓命（オウスノミコト）」として使われています。

実際に、日本武尊の本名「小碓」の「ウス」は、双子で産まれた日本武尊を怪しんだ天皇が「臼」に向かって叫んだのが由来ですので、ヤマトタケルの本名は「小臼」とも言え、これは「桓公」の「小白」という本名とほぼ同じ名前です。

ここまでをまとめると

日本武尊の本名「小碓／小臼」とほぼ同じ名前の「小白」こと「桓公」が、日本武尊の祖母の斎王と繋がる、姫一族の母型の末裔国家「斉」出身で、熊襲武尊のモデルの熊一族の国「楚」を倒す、となります。そして、桓公は周王より権力がある斉の王として君臨するのです。

桓公の話は長くなるので割愛しますが、世界中探しても、日本武尊とドンピシャで合う人物は「桓公」以外いません。ただ、この話で重要なのが、日本神話では、東周「釐王」が起源の「成務天皇」ではなく、斉の桓公が起源の日本武尊の息子「仲哀天皇（チュウアイテンノウ）」が天皇の座を受け継いでいるということです。

つまり、古事記は、斉の桓公の話をあたかも、東周の王家の話のように、すり替えているのが分かります。しかし、桓公が起源の日本武尊に、東周の王の「親に嫌われる」要素を入れ、また、その兄弟という設定にすることで、皇室の万世一系を保つ物語にしているのです。

勘違いを避けるために言うと、皇室は古代エジプトを起源に持つ周王朝から続く万世一系ですが、天武天皇が作った日本神話は、上手く誤魔化しているという意味です。

それは、ウエツフミなどの古史古伝で書かれた周王朝55代の王を省略しているところからも分かると思います。

ちなみに、誤魔化す理由は、日本神話を編纂させた天武天皇が、当時、日本列島にいた天武寄りの民族たちに気を使っていたから。

その一つが斉の末裔なのですが、偶然にも天武天皇の母親は、斉の字が入った「斉明天皇（皇極天皇）」です。そして、この女帝「斉明天皇」の歴史が、日本神話での、三韓征伐を行った神功皇后のモデルの1人なのですが、ここで話すとややこしくなるので、先に応神天皇のモデルの建国者の話をします。

3 応神天皇は武内宿禰（たけのうちのすくね）の息子説

では、斉の桓公が日本武尊のモデルと話してきましたが、彼の息子が「仲哀天皇（チュウアイテンノウ）」。

そして、仲哀天皇は三韓征伐で有名な神功皇后を妻とします。そして、仲哀天皇が亡くなったのちに、仲哀天皇の息子、「応神天皇」こと「誉田天皇（ホムタノスメラノミコト）」が産まれたので、子供が大きくなるまで、武内宿禰（タウケウチノスクネ）の補佐の下、神功皇后が政権を握ります。

この時、仲哀天皇の長男と次男の皇子が、まだ小さい応神天皇が天皇になることを恐れ、武内宿禰率いる神功皇后軍と戦いますが、敗れ亡くなります。そして、神功皇后が崩御したのちに応神天皇が天皇に即位。応神天皇は、外国人を使い国を発展させました。

そして、なぜか、特に軍を率いて勝った実績があるわけでもないのに、中世以降いきなり、軍神「八幡神」として祀られるようになります。

ちなみに、応神天皇の特徴は、妻が多いだけでなく、多くの外国の使者が彼を訪れていることです。

あとで繋がるので、武内宿禰の話もすると。日本書紀によると、武内宿禰の補佐により、天皇となった応神天皇ですが、武内宿禰が謀反を起こそうとしていると武内宿禰の弟が、応神天皇に嘘の証言をしました。そのため、応神天皇が武内宿禰の暗殺を企てます。

そんな応神天皇の計画を知った武内宿禰は、かなりのショックを受けますが、側近が身代わりになってくれたりと、なんとか弁明に成功する、という話があります。

では、ひとまず、これらの登場人物が、実際に存在したかの話はあとにして、先に、物語としての「応神天皇」は、仲哀天皇の息子ではなく、武内宿禰の息子説を話します。

応神天皇誕生物語で指摘されているところは、夫の仲哀天皇が天罰によって亡くなり、神功皇后が仲哀天皇の子を妊娠中に朝鮮半島に出兵し、出産を自ら遅らせているということです。

この不可思議な行動と、そののちに、神功皇后の補佐「武内宿禰」が台頭していることから、神功皇后から産まれる「応神天皇」は、武内宿禰ではないか？という説があります。

そして、この「皇后の補佐の子が天皇になった」という物語は、日本神話編纂時より前に、モデルが存在しています。

そして、それが戦国時代の覇者「秦始皇帝」の話。

4 応神天皇のモデルは『秦始皇帝（シンノシコウテイ）』

秦は、秦氏の祖とよく言われていますが、元々はアナトリア地方にいたヒッタイトことヒッタ人王国が、海の民侵入により崩壊し、中東経由の周王国の少しあとに、中国大陸にやってきた人々が起源でした。

そんな秦は、秦の始皇帝こと「政（セイ）」によって中華統一を果たすわけなのですが、彼の父親は秦の王である「荘襄王」、母親は「趙（チョウ）」からやってきた趙姫（チョウキ）。なれそめは、「荘襄王」が趙姫（チョウキ）を気に入ったのが始まりですが、趙姫（チョウキ）には、当時、「呂不韋（リョフイ）」という夫がいました。

しかし、呂不韋は、王の起源を損ねてはいけないということで、趙姫を、秦の王へ嫁がせたのです。

ただ、言われによると、呂不韋の子を身ごもったまま、趙姫は王家へと嫁いだとされるため（諸説ありますが）、のちの始皇帝となる「政」の実の父が呂不韋であるという説が古代から存在します。この話の何が面白いかというと、始皇帝のお父さん「荘襄王」を、王位まで成り上がらせたのが呂不韋本人なのです。

呂不韋が竹内宿禰と言える理由

それ故に、荘襄王の補佐が呂不韋で、秦の荘襄王に次ぐ権力を持っていました。そして、荘襄王は在位3年という短さで亡くなってしまったので、呂不韋は実質の最高権力者となり、韓を含めた5カ国連合軍を函谷関の戦いで破ります。

そんな補佐なのに実質の権力者となった呂不韋の元妻で、皇后の「趙姫（チョウキ）」の子「政」が秦の王に即位した時、謀反が起きます。その原因となった話がこれ。

呂不韋の元妻&皇后「趙姫（チョウキ）」の夫「荘襄王」が早くして亡くなったために、趙姫（チョウキ）は女性として元夫の呂不韋との関係を密かに戻していました。

しかし、のちの始皇帝こと息子の「政」が成長するにつれて、王の補佐による皇后との肉体関係がバレるのは危険だと呂不韋は考えます。

そこで、呂不韋が「趙姫」を遠ざけるために取った行動が、「ご立派な逸物」を持つ男を、趙姫に紹介することでした。密やかにする必要があったため、呂不韋は、その男を去勢されたように偽装させ、男子禁制の奥宮に通し、皇后・趙姫と密会させてました。そして、趙姫は、その男のソレに夢中となり、二人の子を産みます。

しかし、のちの始皇帝・政が王に即位したあと、その密会がバレてしまい、行き場の失ったその男は、政に対し謀反を起こします。しかし、すぐに鎮圧され、彼の二人の息子も罰せられました。

呂不韋は、これまでの功績を重んじた政により、減刑で済みました。

そんな呂不韋は、人生の晩期も、得意な交渉術を活かし、名声を上げていましたが、あまりの名声の高さに、政は呂不韋が謀反を企てているのではないか？　と考えるようになり、詰問状を送ったのち、流刑を呂不韋に言い渡しました。それに絶望した呂不韋は、自ら毒を飲み、その生涯を終えます。

その一方、政は秦王として、中華統一を成し遂げ「秦始皇帝」と名乗ります。王という位は、元々、周が使っていた最高権力の称号でしたが、戦国時代を経て、王を名乗る者が増えたので、新たに王の上に君臨する「皇帝」の称号を、自らに与えたので、始皇帝と呼ばれています。

万里の長城建設など、政こと始皇帝が行ったことは多いですが、彼は家柄ではなく、能力主義を基盤に国を発展させました。言うまでもなく、秦王朝以外の国々の民も利用しながらです。

そして、統一者なので、もちろん、多くの使者が始皇帝に会いにきました。

さて、もう分かると思いますが、日本神話での「仲哀天皇・神功皇后・武内宿禰」の物語がモデルにしているのは、「荘襄王・

趙姫・呂不韋」の実話で間違いありません。

まとめると、

「皇后を補佐する権力者の存在」

「皇后の補佐の子が天皇に即位」

「王様崩御後の他国との戦い」

「王座に着けない皇后の息子二人による謀反と鎮圧」

「勝手に謀反を起こすと思われる皇后の補佐」

「外国人投与による国の発展」

「多くの来訪者」

などなど、

多少の違いはあれど、「仲哀天皇・神功皇后・武内宿禰」の物語は「荘襄王・趙姫・呂不韋」の実話と合致します。

そして、これにより、応神天皇に「神」が使われている理由がわかります。

応神天皇＝秦始皇帝がモデルの根拠

というのも、応神天皇を抜いて、神武天皇と崇神天皇のみに「神」は使わており、彼らはそれぞれ「西周」と「東周」の建国者がモデル。

つまり、天皇名の「神」は「建国者」の証と言えます。そして、この法則と合うように、応神天皇のモデルは「秦始皇帝」という秦統一王朝の「建国者」なので、天皇名に「神」が使われているのです。また、応神天皇が「軍神・八幡神」として祀られるようになった理由はシンプル。

彼のモデルが、軍事力で中華統一を果した「始皇帝」だから。また、「八幡」という名前の由来は、日本神話で神功皇后が応神天皇を産んだ時に「屋根の上で八つの旗がひらめいた」からだとされています。

これは神功皇后のモデル「趙姫」が始皇帝を産んだ時、古代中国には秦を含めて「戦国七雄」と呼ばれた、中華の王を名乗る7つの王国（秦・楚・斉・燕・趙・魏・韓）が台頭しており、ここに初代王家の東周を入れて8つの王国あったからです。「八幡」には別の意味も隠れていますが、趙姫・呂不韋時代の中華八国を旗に見立て「八旗（八幡）」と呼んだと考えられるのです。

応神天皇のモデル「秦始皇帝説」を裏付ける証拠はまだあります。少し前に、秦という国は「ヒッタイト」の「イト（〜人）」を抜いた「ヒッタ人」が起源の国ですが、彼らの末裔の秦の始皇帝をモデルにした「応神天皇」の名前は「誉田天皇（ホムタノスメラノミコト）」で、この「誉田」は、この「ヒッタ人」の「ヒッタ」を意味しています。

まず「ほむた（誉田）」の「む」は「ん」にかなり近い音で、実際に現在の日本語でも「ん」を「む」に使い「ん」の音で使っています（「せんべい」の「ん」など）。そして、日本神話編纂当時、「ん」は発音しないので、「ほむた」こと「ほんた」は「ほった」と読まれていたと言えます。

そして、この「ほった」と「ヒッタ」はほぼ同音なので、「ほむた（誉田）」の当時の発音「ホッタ」は「ヒッタ」が訛ったものと考えられます。実際に、秦の末裔と名乗る「秦氏」が「ハタ」で、「ヒッタ」と名前が近いことから、秦の先祖の名「ヒッタ」、秦の始皇帝のモデル応神天皇の名前「ホッタ」、そして、秦の末裔の「ハタ」という三つの繋がりは否定できない程になります。

これを後押しするように、ウィーン大学のルーカス・ニッケル教授によると、最近の発掘調査から、古代ギリシャの彫刻師が、兵馬俑制作の現場に出向き、地元民を訓練した後があることが分かってきました。秦が、アナトリアのヒッタイト王国が起源と考えれば、古代ギリシャ人と交流できたとしても不思議ではありません。

では、もし、応神天皇のモデルが、秦始皇帝であれば、その先々代の「日本武尊」のモデル、斉の「桓公」と、かなりの年代のギャップがあります。

しかし、日本神話は上記（ウエツフミ）の周王朝55代を、ウガヤフキアエズ1代でまとめていることからわかるように、数世代の王の省略など気にしていません。また、日本神話のモデルが、斉の桓公から秦の始皇帝まで一気に飛ぶ理由は、その間の歴史を書くと都合が悪いからです。

前にも話しましたが「王族の都合が悪い話は書かない」というのが、古代の歴史書を読む時の常識です。なので、桓公以降の「周王朝」は衰退の道を進むので、のちの王家が歴史として残さなくても不思議ではありません。

ただ、ウエツフミなどの古史古伝が、55代の周王の記録を残した理由は、その55世代目が「神武天皇」だからと言えます。というのも、周王朝の建国民族「姫」にとって、神武天皇は周の「武王」ですが、ウエツフミを編纂させた民族にとっての神武天皇は男系55世代目でした。

そして、その55代は、周王朝全ての世代数と同じ。つまり、ウエツフミにとっての55世代目の王とは、周王朝滅亡と同時に現れた存在になるのです。そして、その55代目とされる神武天皇は、従来の日本神話での応神天皇のモデル「秦始皇帝」となります。つまり、ウエツフミから見た神武は「秦始皇帝」だったのでしょう。

第6章　アマテラス大神の正体

解き明かされる事象

神功皇后・天照大神・八幡神・女神アリアンナ・賀茂別雷命

1 神功皇后のモデルは誰？

Public domain

朝鮮への三韓征伐逸話などが有名な神功皇后ですが、考古学的に実在した証拠はありません。ですが、天武天皇の母で、朝鮮半島の新羅征伐を企てた女帝が『斉明天皇(皇極天皇)』でした。

しかも、斉明天皇は『卑弥呼の末裔の女帝』である可能性も浮かび上がります。

では、神功皇后・武内宿禰・応神天皇の物語は秦始皇帝時代の実話を引用しているという話でしたが、「神功皇后による三韓征伐」の話は、日本神話を書かせた天武天皇の母「斉明天皇／皇極天皇」がモデルでもあります。

日本神話で、神功皇后は九州まで出向き、「新羅・百済・高句麗」の三韓を征伐したとされますが、その証拠とされるのが「好太王碑」です。好太王碑では、四世紀末に倭が、海を越え、新羅を攻撃してきたので、高句麗が新羅を援助し、倭を撤退させたと書かれています。

この事から、倭が実際に、三韓征伐を成し遂げようとした事実は、ほぼ確実と言えるでしょう。

天武天皇は、様々な民族が集まり多くの王が割拠していた時代をまとめるために、日本(ニッポン)という国を作り、『八百万の神々』システムを設計したひとりと言えます。

しかし、問題は、朝鮮出兵を決行したのが、「神功皇后」という名の女帝と言える考古学的な証拠が一切ないことです。ましてや、神功皇后の物語は、始皇帝の母「趙姫」を土台にしているので、秦王朝の実話をあたかも、朝鮮半島の歴史のように書いたと言われてもおかしくありません。

しかし、注目するべきは、日本神話を書かせた天武天皇の母「斉明天皇／皇極天皇」は、神功皇后のように、九州に出向き、朝鮮半島で強大となっていた新羅の征伐を企てた、『実在した』とされる女帝。

神功皇后が高句麗より、対新羅に重点を置いていたのと、斉明天皇の時代は繋がります。という事から、女帝・斉明天皇による新羅征伐の正当性を持たせるために、彼女の対外政策を投影して描かれたのが、神話の神功皇后と言えます。

しかし、三韓征伐での神功皇后のモデルは斉明天皇だけではありません。

というのも、倭には「卑弥呼（ひみこ）」という女帝が統べる国でもあったからです。つまり、好太王碑で書かれた倭の新羅征伐は、卑弥呼の末裔の女帝の『誰か』が行った可能性があり、斉明天皇の新羅征伐計画を投影させた神功皇后の本筋のモデル「卑弥呼の末裔の女帝」かもしれないのです。

そして、卑弥呼は、国々による戦乱の世を収めたとあることから、連合国家の「建国者」とも言えます。彼女の末裔の倭の女帝をモデルとしたので、神功皇后に建国者を表わす「神」という字が使われているのだと思います。

そして、日本神話を編纂させた天武天皇が、秦始皇帝の母だけでなく、卑弥呼の末裔の倭の女帝もモデルし、自らの母・斉明天皇の新羅征伐を、それら英雄たちに投影したのであれば、「天皇」という称号に隠された、『とある主張』を読み取ることができます。それが、天皇とは、周の王家だけでなく、倭の女帝と秦始皇帝の正統な末裔でもあるというもの。

秦始皇帝の末裔としての主張、そして卑弥呼の血統

天武天皇は、周の建国者「武王」の歴史をモデルにした神武の物語に、自らの壬申（じんしん）の乱での戦い方「東にまわり込み作戦」を投影させることで、神武の正統な後継者を示す一方。自らの母・斉明天皇の新羅征伐計画を投影させた神功皇后の物語に、卑弥呼の末裔の倭の女帝と秦始皇帝の母「趙姫」の実話を入れることで、自分は「倭の女帝の子孫」でありながら、趙姫の子「始皇帝」そのものでもあると、日本神話を通して主張しているのです。

そこには、中華統一した始皇帝のように、自らも日本列島の国々を統一するという天武天皇の意志が込められています。そして、天武天皇は、その意志を擬人化し、新たな国号の国「日本」の最高神にしました。それが「天照大神」。では次に、日本列島統一のために選ばれた天照の正体に迫りましょう。

2 天照大神の正体

第1章で、都市「タカアマ(Takar ama)」と「ハラ(Harran)」合わせて「タカ・アマ・ハラ(Takar ama harran)」が存在したアナトリア地方が、日本神話での高天原のモデルで、そこから天孫族の祖・遊牧民アムル人が、より標高の低いメソポタミア地方に降り、葦原中国のモデルの都市ウルを含めた、古代メソポタミアを統治したと話しました。

そして、高天原＝アナトリア説に合うように、日本神話と古代メソポタミアの歴史が、驚くほど合致していました。その一柱が天孫族の祖「瓊瓊杵尊(ニニギノミコト)」で、瓊瓊杵は、都市ウルとハラで崇拝された「ナナ神」が起源でした。そんな瓊瓊杵尊の祖母が「天照大神」で、瓊瓊杵尊を高天原から葦原中国へ派遣した本人です。

これらのことから、天照大神のモデルは、葦原中国があった古代メソポタミアではなく、高天原のモデル「アナトリア地方」で崇拝された存在でなければいけません。

しかし、なぜ、第1章の古代メソポタミア編で、天照大神の起源の神を話さなかったのかと言うと、天照のモデルが、応神天皇のモデル「秦始皇帝」の先祖民族「ヒッタイト」が崇拝した古代神だからです。

つまり、日本の実質の建国者「天武天皇」が、自らを秦始皇帝の後継者としても神話を編纂している事実が分からないと、「天照の正体」に辿りつけないのです。

では、天照の正体とは？ 天照と言えば、「女性の太陽神」ですが、世界中のほとんどの宗教で太陽神は男性神なので、天照の「女性の太陽神」というのは、かなり珍しいと言えます。

太陽の女神アリンナ

しかし、高天原が存在したアナトリア地方には、古代から女性の太陽神が崇拝されていました。その女神が「太陽の女神アリンナ」。

彼女は、ヒッタイト王国の中心都市「ハツサ(Hattusa)」とその隣にあった聖地「アリンナ(Arinna)」で崇拝され続けたヒッタイト神話の最高神でした。そして、彼女の夫は「ターフナ(Tarḫunna)」、またの名、「タル（Taru・起源名）」という牛の特徴を持つとされる嵐の男神です。「アリンナ」と天照（アマテラス）の名前が全く違う理由はあとで解説するとして、女神アリンナが天照のモデルだと言える理由は三つ。

ひとつ目の理由が、天照と素戔嗚（スサノオ）の物語が、ヒッタイト人の移住の歴史を表しているというもの。天照の物語と言えば、弟の素戔嗚が高天原へ登り、天照と誓という名の儀式を通して男女八柱の神々を産んだというのが有名です。

男女によって子の神々が産まれたという物語から、天照と素戔嗚の婚約を暗示している話ともされます。

では、思い出して欲しいのですが、第1章で、素戔嗚(スサノオ)のモデルの古代神は、イラン高原にあったエラム王国の都市スサで崇拝された最高神インシュシナクこと「スサの王」と話しましたが、そのエラム王国のエラム人は自らを「Hatam（ハタ・M は口を閉じるだけ）」または「Haltam（ハッタ・間のLはほぼ無音）」と呼んでいました。

この秦氏の「ハタ」に近い名前もあるエラム人ですが、彼らの一部はアナトリアへ渡り「ヒッタ／ヒタ人」こと「ヒッタイト」となっていきます。

エラム人がアナトリア地方へ渡ったと言える理由が、卑弥呼の名前の由来となった女神「ピニカー」。愛の女神として一部のエラム人に崇拝されていたピニカーは、ピニカーという名前では、エラム地方以外崇拝されていませんでした。

しかし、遠く離れたアナトリア地方のヒッタイト人から「戦いの女神ピニカー」として崇拝されていたのです。しかし、ヒッタイト王国とエラム王国は一切の関わりを持っていません。この事実から、エラム王国の一部の人々が、ヒッタイト建国以前にアナトリアへ渡り、現地人と共存したと言えます。

では、そんなエラム人ことハタ人が移住する前から、アナトリア地方にいたとされる民族は誰か？

それが「ハッティ（Hatti）」と呼ばれる人々。

ハッティ＋ハタ人＝ヒッタイト王国

つまり「ハッティ人」がいたアナトリアに「ハタ人」が移住し、しばらくしてヒッタ人のヒッタイト王国が誕生するのです。

それ故に、ヒッタイト王国の民はハッティ人とも呼ばれていたとされます。そして、そんな元々アナトリアにいた「ハッティ人」が崇拝した最高神が、先ほどの天照のモデル「太陽の女神アリンナ」でした。つまり、エラム王国からアナトリアへ移住

したハタ人こと、あとのヒッタイト人は、ハッティの神を共に祀ったということです。これを日本神話と照らし合わせると、
エラム王国の最高神「インシュシナク」が素戔嗚（スサノオ）のモデルで、彼を崇拝したエラム人ことハタ人が、高天原がある「アナトリア地方」へ移住し、そこで天照のモデルの最高神「太陽の女神アリンナ」を崇拝するハッティ人たちと合流するという民族と神々の移動が分かります。これは天照へ会いに高天原へ登る素戔嗚の物語と一致するのです。

また、天照のモデル・女神アリンナの夫は風神ですが、これも素戔嗚と繋がります。

というのも、素戔嗚のモデルで、エラム王国の最高神「インシュシナク」は、シュメール王国の最高神「エンリル」と同一で、見た目も類似しています。

そんなエンリルは嵐の神ですが、日本神話での素戔嗚の名は「荒れすさぶ男神」を意味しているとされ『風神』でもあります。

なので、風神のインシュシナク／エンリルがモデルの素戔嗚が、太陽の女神アリンナのモデルの「天照大神」と婚約関係なのは、女神アリンナと風神の夫ターフナと全く同じ神話設定なのです。

また、天照大神のモデル「女神アリンナ」の夫ターフナですが、

シュメール神話のエンリルは嵐の神。
日本神話の素戔嗚も、嵐の神。

彼と同一の「ターハンズ（Tarhunz）」という嵐神には、素戔嗚（スサノオ）の八岐大蛇（やまたのおろち）伝説の起源とされる神話があります。

日本神話での八岐大蛇伝説は、素戔嗚が八岐大蛇に酒を飲まし、酔っているところを狙って退治するという話ですが、ターハンズにも、巨大な蛇に酒を飲まし酔わせてから退治するという本質的に同じ話があるのです。

ちなみに、第1章で話した、八岐大蛇は「九つの川で分けられた八つの陸地」で構成されたメソポタミア地方を擬人化した存在。というのと照らし合わせると、八岐大蛇伝説は、高天原ことアナトリアでハッティ人と交流したヒッタ人（エラム人）の一部が、アナトリアから南下して、エラム地方に戻る前にメソポタミア（八岐大蛇）のシュメール人たちと戦い勝ったという意味が読み取れますが、エラム王国とハッティ人たちの古代の記録は乏しいので、この民族移動が考古学的に正しいかは分かりません。

ただ少なくとも、天照のモデル「女神アリンナ」がいる高天原（アナトリア）から標高が低い南へ進むと、八岐大蛇（メソポタミア）がいるという神話の設定と位置は合います。

そして、なりより天照と素戔嗚と言えば、「天岩戸神話（アマノイワトシンワ）」

天岩戸神話と女神ハナハナの神話

天岩戸神話の物語は、素戔嗚の横暴により、姉の天照が岩戸に隠れてしまい、世界が真っ暗になったのち、また帰ってくる、というのが大体の流れですが、天照のモデル「女神アリンナ」と同一とされるヒッタイト人が信じた神々には、「神が隠れて、また帰ってくる」伝説が多くあり、考古学者の間では、古代アナトリアが、この手の物語の発祥地とされています。

実際に挙げると、テリピヌ、嵐神、クリウィシュナの嵐神、太陽の女神、嵐の女神アシュムニカル、嵐の神ハラプシィリ、リジナ街の嵐神、アジリとズッキ、ハナハナ、女神イナンナなどのほかに、彼らの同一神の別バージョン版の「神が隠れて、また帰ってくる」伝説があります。

そして、この中で、太陽の女神アリンナの同一神で、なおかつ、天照と似ている物語を持つ女神が「ハナハナ」。

女神ハナハナという名は、神々の「祖母」という意味を持ち、いつも、ほかの神々にアドバイスをする女神でしたが、ある日、怒りで世界から隠れてしまいます。

それにより、世界は暗闇に包まれ、牛などの動物は死に絶え、人間の大人は子供を捨ててしまうほど、無惨な状況になってしまいます。そして、彼女の怒りが冷め帰ってくると、また世界は元に戻るという神話があります。

天岩戸伝説と本質が同じだけでなく、天照も天津神たちの母で、天孫降臨をする瓊瓊杵尊（ニニギノミコト）の祖母なので、女神ハナハナの祖母という物語設定も合致するのです。

3 八幡神の起源

ではここまで、高天原の場所とアナトリアの一致、天照・素戔嗚と古代から崇拝される太陽の女神アリンナと夫の嵐神の一致、嵐神ターハンズの蛇退治伝説と素戔嗚の八岐大蛇伝説の一致、女神アリンナと同一の女神ハナハナ伝説と天岩戸物語の一致、を話してきました。

しかし、もしハッティ人とハッタ人（エラム人）がアナトリア地方で、太陽の女神アリンナや、その同一女神を崇拝し、秦始皇帝の祖「ヒッタイト」となったとしても、大和民族の祖「ヤマァド王国」を建国したアムル人たちと彼らはどう繋がるのか？

シリア地方にあったヤマァド王国は、最終的にアナトリアのヒッタイト王国に滅ぼされますが、神話自体は多くの共通点がありました。というのも、ヤマァド王国は元々ヒッタイトよりも強大で、経済的な結びつきもあったので、ヤマァド王国の神話とヒッタイトの神話が融合していたのです。

そして、その中でも、ヤマァド王国でアムル人たちと共存したフルリ人たちの神話がヒッタイト神話と類似しています。

フルリ人こと、当時の呼び名「フォウリ（Huorri）」と言えば、天孫族の祖「山幸彦」の別名「火遠理命（ホオリノミコト）」の「ホオリ」と同音ということで、山幸彦とはヤマァド王国のアムル・フルリ人共同体を擬人化した存在という話を第1章で話しましたが、このフルリ人は、ヒッタイトの女神アリンナと同一の女神を崇拝していました。

その同一神は女神「ヘパト（Hepat）」と呼び、実際にヤマァド王国でも崇拝されています。

つまり、元々ハッティ人の最高神アリンナが、ヒッタイト王国経由で南へ渡り、そこでフルリ人が別名の「女神ヘパト」として崇拝し始めたのです。

そして、この「ヒッタイト」と「フルリ」という2民族の結びつきは、ヤマァド王国がヒッタイト王国に倒されたあとも続き、ヒッタイトの王名に「フルリ人名」も付けられるほどで、共存していたのが分かります。ちなみに、天照大神と素戔嗚（スサノオ）の誓のあと、八柱の神々が生まれますが、そのひと柱に湍津姫命（タキツヒメ）という女神がいます。

これと合うように、太陽の女神アリンナと同一の女神ヘパトの補佐神には「タキツ（Takitu）」という完全に同名の女神がいます。

では、ヒッタイトとヤマァド王国のフルリ人は同一神を崇拝したという話ですが、日本神話でのフルリ人は、因幡の白兎のモデルでした。それは、彼らの本拠地の都市「ウーシャー（Urshu）」に、古代の日本で始祖を意味する「キ／ギ」を付けると「ウシャギ／うさぎ」となり、彼らの民族移動の歴史も合致するからです。しかし、今回、注目するのは、フルリ人の都市ウーシャーに「キ」を付けない名を持つ謎多き神社、「うさ」こと「宇佐神宮」です。

宇佐神宮の謎

宇佐神宮と言えば、日本に4万社程ある八幡宮の総本社で、八幡神こと応神天皇と母・神功皇后、そして、比売大神（ヒメノオオカミ）を祀っています。

しかし、八幡神と応神天皇が結び付き崇拝され始めたのは、日本神話編纂後の八世紀後半、または、それ以降だとされるため、「八幡神」という神が、応神天皇の前に、すでに祀られていたとされます。

しかし、日本神話が書かれた日本書記と古事記には、八幡神が登場しません。

また、宇佐神宮は応神天皇を主祭神としながらも、最も位が高いとされる、お宮の中央でご鎮座するのが比売大神。一般的に、比売大神は『宗像三女神』をまとめて祀っているとされますが、八幡神と同じく不可思議な点も多く、また、比売大神に関する史実が一切ないことから、現在まで謎とされてきました。

しかし、この宇佐神宮の謎は、応神天皇のモデルが秦の始皇帝で、秦の前進がヒッタイト王国で、ヒッタイト王国が、アナトリアのハッティ人、ハッタ人、そして、フルリ人が共存した国だと分かれば、全て解けるのです。

まず、天照のモデル・女神アリンナを崇拝したアナトリアのハッティ人のところに、エラム地方から移住したハッタ人ですが、彼らが建国するヒッタイト王国は、大和の祖ヤマァド王国を破ったのち、海の民によって崩壊。それから東へ移住し「秦」となり、始皇帝が中華の八つの国の旗こと「八旗」を統一したので、始皇帝をモデルとする応神天皇が武神・八幡神として祀られていると話しました。

ちなみに、先ほど話した八幡神の総本宮「宇佐神宮」には「八幡宇佐宮御託宣集」という14世紀頃の記録書があり、そこには「八幡神は元々、震旦国（シンタンコク）の神で、今は日本の神になった」という記述があります。震旦国とは、サンスクリット語を漢字表記した、古代インド人から見た秦国の名称。

これは八幡神を元々、秦国の神と明言しており、これは応神天皇のモデルが秦始皇帝をモデルにしているというのと合います。

しかし、八幡という漢字が当てられているだけで、それぞれ「ハチ（八）」と「ハタ（幡）」と読みます。そして、古代の日本語は「タ行：タチツテト」を「タ・ティ・トゥ・テ・トゥ」と発音されていたので「ハチ」は「ハティ」だったとすると。

八幡様のモデルは？

八幡のそれぞれの漢字は、秦国の前身ヒッタイト王国にいた「ハッティ人（八）」と「ハッタ人（幡／秦）」を表しているのが分かります。つまり、元々の八幡神とは、ヒッタイト王国に縁がある神ということになります。

先に答えを言うと八幡神の真のモデルは、天照のモデルの女神アリンナや、同一の女神ヘパトなどの夫である「嵐神」です。つまり、素戔嗚のモデルのインシュシナクやエンリル、そして、彼らと同一の嵐神ターフナ／ターハンズと同じ。

そう言える理由の一つは、秦時代の宗教と弓矢というキーワードにあります。三皇五帝などの伝説的な物語も広まっていましたが、秦を含めた中華では「神＝シェン（Shen）」という魂の教えが信じられていました。そんな「神」という漢字の「申」は、「稲妻が落ちる様子」を表した象形文字で、神とは稲妻を示す存在だというのが古代の漢字から分かります。

ちなみに、神社の紙垂が雷の形なのはここから。

では、秦を含めた日本人の起源の古代アナトリアや古代メソポタミアにおいて、雷を鳴らす神といえば「嵐神」で、エンリルやターハンズなどです。特に、エンリル伝説は、そっくりそのまま日本列島に伝わっています。物語はというと。

ニンニルの物語と賀茂別雷命

処女の女神「ニンニル」が、神聖な川に浸かっていると、嵐の神であるエンリルがニンニルに一目惚れをしたので、自らの明るい光の目の力によって女神ニンニルを半ば強引に妊娠させます。

しかし、エンリルの光によるニンニルの妊娠は、神々のルール上、違反行為だったため、エンリルは死後の世界へ連れていかれます。女神ニンニルは、私の息子が必ず天国を照らしてくれると信じ、自らの夫であり最高神のエンリルについて行くことを決心し、息子ナナ神が生まれたのち、死後の世界へ行きます。

生まれたナナは、天へと昇り暗闇を照らす月の神となりました。そして、この神話は賀茂氏が信仰する賀茂別雷命（カモワケイカヅチノミコト）の話となります。物語は「玉依姫（タマヨリヒメ）」という女神が川に行き、しばらくすると、川上から矢が流れてきたので、それを持ち帰ります。

すると、性交渉なしで妊娠し、産まれてきたのが賀茂別雷命（カモワケイカヅチノミコト）です。賀茂別雷命は成人したのち、自らの父に会いに行くために、雷をかき分けながら、天へ昇って行きました。という物語です。

この賀茂別雷命の母親「玉依姫（タマヨリヒメ）」物語「神による川にいる処女の女性への、性交渉なしの妊娠」は、シュメール神話のエンリルとニンニルと全く同じ。また、賀茂別雷命は最後、父に会いに天に昇るとありますが、「天に昇る」という意味ではエンリルの子「ナナ神」と同じ。

ただ、エンリルとは違って、賀茂別雷命の父親が死後の世界に行っていないので、まだ父親が天にいる設定です。

なので、賀茂別雷命のモデルがナナ神で、ナナ神の父親が嵐の神「エンリル」だとすると、賀茂別雷命が父に会いに天へ昇るとき雷が鳴っていたという意味が繋がるわけです。

というのも、賀茂別雷命の父親は雷を彷彿とさせる嵐の神だから。玉依姫を妊娠させた賀茂別雷命の父親とされる川を流れてきた矢には名前があり、それが「火雷大神（ホノイカズチノオオカミ）」または「雷神（イカズチノカミ）」。

エンリル＝雷神

名前から分かるように雷を鳴らす嵐の神こと「エンリル」と完全に一致するのです。つまり、ナナ神を起源とする賀茂別雷命が天に昇るとき、嵐の神エンリルを起源とする「嵐神」がいるので、雷を分けて天に登ったという事です。

賀茂氏の伝説の起源がメソポタミアのエンリル伝説と繋がる訳ですが、この弓矢で妊娠させる伝説は、大物主や秦氏の神「大山咋神（オオヤマクイノカミ）」にも同様のものがあり、実際に、賀茂別雷命と大山咋神は同一とされます。

ただ、ここで重要なのは、雷を鳴らす嵐神が「弓矢神」として日本列島に伝わっているということ。

というのも、八幡神は、神仏習合後に弓矢神こと「八幡大菩薩」

として武家から信仰を集めるからです。これは八幡神が、嵐神ターフナなどと、日本神話で弓矢に化けるエンリルが、起源が同じだと知っていなければ起きません。

これを裏付けるように、源義家は自らを「八幡太郎」と自ら名乗りますが、太郎（taro）という名前は、嵐神ターフナの起源の名「タル（Taru）」とほぼ同音なのです。

ちなみに、「Taru は、当時のハッティ人の一部から「Ša-a-ru（サール）」とも発音されていました。なので、稲妻を落とす嵐神を示す「申」という漢字に、「サル（猿）」の読みも使われているわけです。

そして、この八幡大菩薩は、武家たちからさらに信仰され、平将門は「新皇」の位を八幡大菩薩から認められたとし、天照を最高神とする朝廷からの自立を図ろうとするほどでした。

もちろん、これは応神天皇のモデルが始皇帝だったのも理由だと思いますが、彼らからすれば、別に、天照大神が最高神でなくても良かったのでしょう。というのも、宇佐神宮で八幡神と共に祀られる実質の最高神「比売大神」が天照と同じ起源だからです。

ここまで、古代アナトリアの嵐の神はターフナ／ターハンズ／タルで、素戔嗚（スサノオ）だけでなく、八幡神の起源でもあり、そんな嵐神の妻が、太陽の女神アリンナ／ハナハナなどの女神たちで、天照のモデルだと話しました。

そして、女神と嵐神の夫婦関係は、天照と素戔嗚（スサノオ）が誓（うけい）という名の婚約を交わす物語とも合致しました。ということなので、素戔嗚のモデルの嵐神の妻は、八幡神の妻でもあります。

そして、宇佐神宮の中央で「比売大神」が祀られていることから、比売大神は八幡神より位が高い女神。「嵐神より位の高い女神」という条件と合致するのは、アリンナなどの女神しか存在しないことから、比売大神と天照の起源は同じ「アナトリアの女神たち」となります。

これで応神天皇以前の八幡神と比売大神の話が日本神話に一切出てこない、出てこれない理由が分かります。

というのも、「比売大神と八幡神」という夫婦神は、「天照と素戔嗚」と全く同じ起源だから。言い換えれば、宇佐神宮は、この二神が天照と素戔嗚と同一ということを悟られないように、現在まで謎多き神として祀られてきたと考えられます。

では、もしそうだとして、アナトリアの女神らをモデルにした比売大神や、嵐神をモデルにした八幡神を、日本列島で祀った人々の先祖は誰か？

少し前に、宇佐神宮の宇佐の由来は、ヤマァド王国時代に、アムル人・フルリ人が共存し、のちにヒッタイト王国の領土となる都市「ウーシャー（Urshu）」で、この「ウーシャー」に、始祖を意味する「ギ」を付けて「ウサギ」となると話しましたが、もし、そうであれば、宇佐氏の先祖は、因幡の白兎でのウサギと同じなのか？

日本神話で登場する宇佐氏の始祖とされる菟狭津彦命（ウサツヒコノミコト）の名前を見れば分かりますが、菟という字は「兎」の旧字体なので、ウサギとの関わりは確実。

つまり、宇佐神宮建立に関わった宇佐氏の先祖は、ヒッタイト王国と深い関わりを持った、日本神話での白兎、フルリ人だと考えられます。

もちろん、現在、応神天皇が祀られていることから、ヒッタイトと秦始皇帝の末裔である秦氏の影響もあったと思いますが、秦氏は彼ら自身で、アナトリアの神々を別名で祀っています。

その一つが、稲荷大社で、稲荷大社のイナリは、アナトリアの女神と同じ「一度、隠れて帰ってくる伝説」を持つ「イナンナ」が訛った名前で、宇迦之御魂神＝（ウカノミタマ）という女神を崇拝しています。

または、秦氏が建立した松尾大社では、エンリルを含めた嵐神が起源の大山咋神（オオヤマクイノカミ）を祀っています。

このことから、秦氏は既に、アナトリア起源の女神と嵐神を、自らの信仰しています。そのため、アナトリア起源というのは同じだとしても、宇佐神宮の八幡神と比売大神は、秦氏特有の神々ではないというのが分かります。

つまり、宇佐氏の神々。

そして、宇佐氏の先祖であろう「フルリ人」は、ヒッタイト人との共存時代も含めて、太陽神アリンナと同一の女神へパトや嵐神を祀り続けてきました。

ということから、起源であるアナトリアに「ハッティ人」の「八」と、「ハッタ人」の「幡」を組み合わせて「八幡」神としたのでしょう。

「八幡神」は、ハッティ人とハッタ人の起源の神だということを示すために。

天照（アマテラス）の名前

比売大神を含めた天照と素戔嗚の根本的な起源が、アナトリアの太陽の女神たちと、嵐の男神だという話をしてきましたが、「アマテラス」という名前の由来は何か？　日本神話を編纂させたのが天武天皇こと「大海人皇子」の「アマ」というキーワードから、彼がアムル人系遊牧民の末裔だと推測でき、それ故に、自らが編纂させた神話の最高神・天照に「天／海（アマ）」が入っています。

ただ、天武天皇は秦始皇帝の正当な後継者を示すため、秦始皇帝の実話を応神天皇の話として引用しただけでなく、秦王朝の先祖・ヒッタイトで崇拝された、アナトリアの太陽の女神たちをモデルに天照を描いています。

そのため、天照の「テラス」は、アナトリア地方付近に起源がある言葉から引用されています。

日本神話が書かれた時代の日本語で「テ」は「デ」と発音されていたので、天照の「テラス」は「デラス」でした。そして、このデラスは、ラテン語の「デウス（Deus）」という神を意味する言葉と似ています。

第二章で話した、古代ギリシャの最高神ゼウスの語源と同じですが、天照のデラスに似た「デウス」は、元々「輝く」という言葉の派生語なので、「照らす」という意味とも合致します。

しかし、なぜラテン語なのか？

第二章で、ゼウス＝アモン神＝ヤハウェ＝エル＝ベル・サデェ＝ベル＝パン＝パネース＝パング＝牛頭天王＝古代インドの神々の名称の通り、ギリシャ地方、アナトリア、中東、そして、古代エジプトから、東アジアへの民族移動は確実だと話しましたが、日本語の一部は、ローマ帝国の時代に公用語だったラテン語にも影響を受けています。

日本語とラテン語の関係

例えば、ラテン語の「Coculum（コクゥル）」という言葉は「心」という意味で日本語全く同じだったり、強い欲望を意味する「Scabies（スケベィエス）」は、日本語の「スケベェ」とよく似ていたり、これ以外にも、日本語とよく似た言葉はたくさんあります。

また、日本語とラテン語の繋がりが確実だと言える証拠が、徐福や日本神話と関わりが深い朝鮮・新羅国（しらぎこく）にもあります。

新羅があった場所から古代のガラスカップがいくつか発掘されており、その中には、実際に古代ローマから輸入された物や、当時のローマグラスの技法を新羅に持ち込んで作ったとされるガラスカップが発見されています。これら以外にも、4世紀～5世紀辺りにギリシャとローマで流行した陶製リュトンの系譜を引く角杯や、新羅の隣の百済とは全く無縁の土器、そして、紀元前1世紀辺りのローマで作られた小さなガラス玉とよく似た物も新羅で見つかっており、そこには、白い肌の鼻の通った眉毛がつながっている濃い顔が描かれています。

ということから、新羅と古代ローマやギリシャとの関係は、考古学的に、存在したと言えるのです。

それもそのはず、天孫族の祖アムル人は、エジプト第18王朝崩壊後に、エジプトを脱出し、中東と古代ギリシャへ移住するものと、東アジアへ移住し周などの王国を建国する者の二手に分かれ、周の崩壊後と秦の時代に、多くが民が新羅に移住するからです。

つまりそれは、新羅経由の天孫族と古代ギリシャ人は、素を介せば、元アムル人同士で、そこから密接に交流があっても不思議ではありません。

そして、この説と合うように、日本人はシリア地方の語源「サラ」に起源がある新羅こと「シラ」に、始祖を意味する「ギ」を付けて「新羅（シラギ）」と呼んでいることから、新羅とは根本的には「シリアの始祖」という意味を表します。

新羅とは、ヤマァド人などがいたアムル人達の国だったのです。実際に、日本神話で、周王朝の「武王」がモデルの神武天皇の兄弟が、新羅へ渡ったと書かれています。

天孫族の祖アムル人が、西から東の新羅経由で移住したというのは、古代中国の斉出身で、新羅経由で日本列島に渡った「徐福」の徐という漢字を見てもわかります。

徐という漢字は、古代中国で「人が歩く」という意味を持つ「行人べん」と「余る」できた「遅い」という意味がある言葉ですが、日本では「余部（アマリベ）」という人々がいたことから分かるように、この漢字一つで「余（アマリ）」です。

そして、この「アマリ」という言葉は、そもそもアムル人の「アムル」が訛ったもの。つまり、徐に「余る」という意味があることから、「徐」という漢字を古代の日本人が解釈すると「歩いて遅れてやってきたアムル人たちの余り」という民族の成り立ちが分かるのです。

そして、新羅という国名に、徐福の「徐」という漢字が何度も使われているので、新羅とは徐民族が深く関わった国だったと言えます。

ということから、シリア地方などが故郷のアムル人が、古代エジプトから中国大陸、そして、新羅に渡り、古代ローマ等との交流を経ながら、日本列島に上陸した一部が日本の天孫族の始まりと推測できます。

そして、これらの証拠から、アムル人系の天孫族の末裔である「大海人皇子」こと天武天皇が、最高神に名付けた「天照」

という名は、「アマ（天／海／アムル）」と「デウス（神／輝く）」を掛け合わせた名称だとしても不思議ではないのです。

ちなみに、天照のモデルはアナトリアの女神たちですが、彼女らの神話は古代ギリシャにも受け継がれています。

そのため、ギリシャ神話の一つ「女神デメテル」の物語は、天岩戸の物語と本質は同じ「一度、隠れて、戻ってくる神」という設定です。これらの事から、ギリシャ神話が崇拝された古代ローマの公用語であるラテン語の「デウス（神／輝く）」と天照の「テラス」は繋がっていると言えます。

ローマと新羅・新羅出身でありながら、新羅からの自立

しかし、もし天武天皇の先祖が、元アムル人たちが移住した新羅出身だったとすると、なぜ日本神話の神功皇后の物語で、新羅征伐の話を描いたのか？

日本神話編纂当時、朝鮮統一を果たした新羅は、日本列島にとって脅威となっていました。実際に、新羅と百済の白村江の戦いで、天武天皇の兄とされる天智天皇は、百済に援軍を送り敗退しています。

しかし、外交上、対等な立場を主張するために、過去に新羅征伐を果たしたという話を日本神話に入れたのだと考えられます。そして、それは、新羅であろうが、百済であろうが、天武天皇が「日本」という、自立した新たな国を始める決意の表れでもあります。

ちなみに、百済こと正式名「ペクチャ」は、ペルシャが訛ったもので、ペルシャにあったパルティア帝国のアスカニアンたちが、百済に移住し、日本列島へ移住します。アスカニアンのニアンは「〜人」という意味なので、実際はアスカ人。

日本で飛鳥時代をもたらす者たちです。この辺りの歴史は、また別に機会に。

ひとまず、周や秦王朝の後も、中東や古代ローマなどから、朝鮮半島経由で多くの民が移住した先が日本列島。そんな多民族が共存できる国を建国する為に、天武天皇は、主要民族の先祖の実話／神話を融合させながら日本神話を編纂させました。

それ故に、ヒッタイト等が崇拝したアナトリアの太陽の女神を最高神としながらも、世界最古のシュメール文明の聖地で、嵐の神エンリルを祀る都市「ニッポー」という名を引用し、新たな国号の国「日本」を建国したのです。

まさにそれは、世界全民族集合の日本史。そして、これを象徴したのが日本の国歌「君が代」です。

君が代は
千代に八千代に
さざれ石の
いわおとなりて
苔のむすまで

数千年（千代に八千代に）もかけてできた「さざれ石のいわお」とは、「大きさや種類が違うたくさんの小さな小石」が、一つになってできた岩のこと。

そして、その岩が苔がむすほど長く続いてほしいと願った歌です。

これは、さざれ石のようにいろんな境遇を持った民族たちが団結し、一つとなった「日本」の真の姿を象徴し、また、未来永劫続くことを願った歌なのです。君が代は、天武天皇よりのちにできた歌ですが、これだけでも十分「日本」は多民族共存国家だというのがわかるはず。

そんな超混血民族「日本人」は、これから世界とどう向き合い、どう生きていくのか？　宗教や人種の違いで争い合う現在の世界に、日本人はその先祖の歴史を持って、言えることがあるのではないでしょうか？　この真実の日本史が、読者の皆さんの価値観を広げ、より良い未来へ向けた『一歩』となり、世界の夜明けに繋がることを、私は信じています。

第7章 八百万の神図鑑

祖神探究

天照大神

amaterasu omikami

日本の最高神として崇められる太陽神

日本神話に出てくる、太陽の女神。天孫族として語られる神々の最高神。五穀豊穣、子孫繁栄などのご利益があると言われ、現皇族の祖神であり祖先とされる神。

古事記などでは、日本の国産みの神として知られる、伊弉諾(イザナギ)が伊奘冉(イザナミ)を追って黄泉の国に向かって帰還したのち、その黄泉の汚れを祓う際に生まれたとされる神です。その時に生まれた、天照大神、月読、素戔嗚は三貴神と呼ばれ日本神話上でも尊いとされています。

お祀りされている有名な神社は、三重県伊勢市の『神宮』。全国の神明社系、名前に日などが入っている神社にはお祀りされていることが多いです。明治維新後、天孫系として天照大神が御祀神として入った神社は多くあります。

本書では古代アナトリアを起源とする『天孫族系』民族の崇拝していた、『太陽の女神アリアンナ』、『女神ヘパト』その同一神として知られる『女神ハナハナ』などがモデルであると捉えています。

古事記の編纂を指示した、天武天皇、およびそのブレーンが周辺の豪族の支配者としての優位性を誇示しつつ、絶妙なバランスでデザインされた一柱と考えることができます。

関連が指摘されるのは、天孫族・海部氏の祖と考えられるアムル人(アナトリア出身の都市イシン、ラルサ系)。もし、あなたの近しい先祖が、この神様をお祀りしていたり、出身地界隈で信仰されていたら、活動的でダイナミックな動きをしていた天孫族系・アムル人の血を濃く受け継いでいるかもしれませんね。

日本神話の主人公格・出雲神話の祖神

古事記などで語られる三貴神のなかでも、非常に逸話の多い『海を司る』神。数々のエピソードから、貴いとされる三貴神のなかでも、荒くれ、武の神、嵐の神など、イメージとしてはヤンチャっぷりが強調されています。

素戔嗚がお祀りされている神社は数多く、一般的に出雲系に分類される社にその神名が見られます。素戔嗚神社、須佐神社、八坂神社系列など。ご利益は海での加護、厄払いなどがあります。

さて、本書では古代メソポタミアでも最高神クラスの神として知られるエンリル(インシュシナク)に習合されると考えています。言葉遊びのように感じるかもしれませんが、このエンリル(インシュシナク)が祀られていた重要都市・スサの王から素戔嗚(スサノオ)となったという考察ができます。このように、エンリル(インシュシナク)が大元であるという、その根拠・論拠については本書で深く語っております。

聖書の神であるヤハウェ(エホバ)も最終的にはこのエンリルに端を発した神であると分析していますので、間接的に同一神と紐解くこともできます。ヤハウェだけでなく、このエンリルが結局のモデルになっている神々は多岐に渡り、枚挙に暇がありません。巻末の本書付録でも語られますが、エンリルと繋がるということは、造化三神の天之御中主と同一という話にも繋がりますし、ターフナとも…。

素戔嗚

susano

月読尊

tsukuyomi no mikoto

謎多き『月の神』

天照大神、月読尊、素戔嗚。三貴神の一角に名を連ねているものの、古事記などではほかの2柱と比べても、登場機会の少ない神様です。一般的には、昼の世界、太陽を司る天照大神。月読尊は夜の世界を司る月の神、素戔嗚を海の神としています。その存在感の薄さから、都市伝説的な憶測を呼び、ミステリアスな神としても知られています。

月読尊をお祀りしている神社はその記述の少なさと同様に比較的珍しく、三重県伊勢市の神宮内、長崎県壱岐市の月読神社などが代表的です。また文字通り『月』を冠するお社にはこの神様が祀られていることが多いです。

本書の付録の章を参照していただくと、古事記の素戔嗚が大宜都比売を斬る逸話(日本書紀ではその話の斬る役が月読に変わる)は、アナトリア神話が起源といえ、それを裏付けるのが日本書紀での月読のエピソードとなります。

日本創世の神

日本神話においては、女神の伊奘冉（イザナミ）と夫婦の関係にあり、天地開闢を担った根源的な国産み、神産みの一柱。夫婦にあった伊奘冉との離別のエピソードは有名です。

全国各所にその名を見ることができますが、名を冠する伊弉諾神宮（兵庫県）、三峯神社（埼玉県）ほか、広く信仰されています。一般的には夫婦神だったことから、夫婦円満、恋愛成就、子授け、安産祈願、子孫繁栄ほか多岐に渡ります。

古事記や日本書紀の物語の始まり、創生に絡む逸話はエジプト神話の宇宙観とリンクしています。

オグドード思想から仏教の八方天や、十二天などの関連性も見え隠れします。そこを考察していくと、エジプトの有名なハヤブサの神ホルスが伊弉諾。女神のハトホルが伊奘冉と同一。八方天の伊舎那天（イシャナテン）も指摘されているようにモデルのひとつといえます。

伊奘冉

izanami

伊弉諾(いざなぎ)のパートナー

国産みの神として親しまれる、伊弉諾を支える女神。古事記では火之迦具土神(ひのかぐつちのかみ)の出産時に陰部に火傷を追い亡くなり、黄泉国に送られます。

それが耐えられず、伊奘冉に会いに黄泉に現れた伊弉諾に、腐敗して変わり果てた自身を見られた伊奘冉は激怒、そののち、なかなか激しい追い追われを演じ、黄泉比良坂の攻防のあとに離縁することとなります。そして、伊奘冉は黄泉の神となります。

基本的に、夫の伊弉諾とセットで祀られることが多い神様ですが、三重県の花窟(はなのいわや)神社では伊奘冉が主神として祀られています。

伊弉諾(イザナギ)の解説でも語られていますが、エジプト神話を強くモチーフにしていることがわかる証左として、ホルスの妻となるハトホルは、『冥界に導く女神』。黄泉の主となった、伊奘冉の性質とも合致します。

豊受大神

toyouke no okami

稲荷神社の宇迦之御魂神（うかのみだまかみ）と同一視される豊穣の神

五穀豊穣を司る、豊穣の女神。伊勢市の神宮・外宮に天照大神の信託により呼ばれ、お祀りされていたりと、神格が高そうに思える一柱です。豊受大神は宇迦之御魂神とも同一視されており、この宇迦之御魂神はあなたの町にも1つは必ずあるのではないかという稲荷神社にて祀られている神様です。

総本山・伏見稲荷大社は、本書でも名前が登場する秦氏の血族により創建されたとされる神社。単純に考察すれば、秦氏の祖神のひとつと考えることもできます。

稲荷神社の神の起源については本書1章７でも詳しく解説しておりますので、その根拠については参照していただきたいのですが、そのルーツを奥まで辿っていくと、シュメールの都市国家ウルクで信仰されていたイナンナという女神にたどり着きます。イシュタルと聞けばわかる人も多いかもしれません。

イナンナの神格を考えれば、その人気を含めて、日本でも多くの土地で祀られている背景が納得できますし、その神の性格（豊穣・戦い・性愛・純欲など）を考えると、「稲荷神社で願いことをするな！等価交換を求められるぞ」なんていう都市伝説も然もありなんと思えます。お稲荷様にお参りするときは、願いに見合ったお供えをしたほうがいいかもしれません。

瀬織津姫
seoritsu
hime

謎多き女神？
根源神エジプトの『ヌト』がモデルか

神道の『大詞』に登場する女神で、古事記、日本書紀などには一切登場しない女神です。祓戸四神、瀬織津姫、速開都比売神、気吹戸主神、速佐須良比売神の一柱とされ、罪や穢れを祓う神として、位置付けられています。

本書ではエジプト神話の根源神である女神ヌトがモデルである可能性を指摘しています。天の川は地を覆うように守っており、これが女神ヌトが背を丸めて（背を折り）いるような姿勢であることから瀬織津（セオリツ）。なんて言葉遊び要素も。

太古から崇拝されていた根源の神であることから、多くの神社に祀られています（隠されているように見えることもあるかもしれませんが）。同一視されている、市杵島姫や弁財天が祀られている場所の地形的特徴にも、この女神の正体を知るヒントがあるかもしれません。

商売繁盛・大漁祈願の御利益もモデルで納得?

古事記では葦原中国(あしはらのなかつくに)の大国主に天孫族の神々が国譲りを迫った際に、大国主がそれについては、事代主の意見を尊重すると判断を丸投げ。それを受けて、事代主は国譲りを承諾したのち、逆手を打って消えるという不可解な逸話が残っています。

同一とされている恵比寿神(えびすしん)と、シュメール都市国家最後の王として知られるイビ・シン王との発音の類似性。都市ウルは当時、海岸線沿いにあった海と関わりの深い国でもあり、釣り好きの逸話などはそういった部分ともリンクします。

事代主は、大国主が祀られている神社に一緒に祀られていたりしますし、恵比寿様として商売繁盛・漁業の神として親しまれています。この神様と縁が深い方々は、もしかして、シュメール人の血を色濃く受け継いでいるかもしれませんね。

事代主

kotoshironushi

大国主 okuninushi

様々な神が習合した調和の神

日本の神話の主人公格の一柱。一般的には出雲族の代表神としても知られ、島根県出雲大社を始め、全国の出雲系の神社に広く祀られています。

因幡の白兎の逸話、多くの妻を娶る描写などが古事記などの古史古伝に見られ、破天荒かつ、プレイボーイな一面が見られる神様です。

大穴牟遅尊(オオナムチノミコト)、大物主(オオモノヌシ)、八千矛神(ヤチホコノカミ)、大国魂神(オオクニタマノカミ)ほか、別称は多岐に渡ります。

本書では民族間の融和のために、数柱の存在が融合された神と考察しています。史実における調停や外交官的役割の人物や神を、そのキャラクターに落とし込みながら、神話としてのヒーロー的役割を付加し、メソポタミアの史実を融合させたりしています。詳しい話は3章をご覧ください。

大国主が祀られている有名な神社といえば、島根県の出雲大社ですが、元々は杵築大社(きずきたいしゃ)でこれを明治に改めて出雲大社としています。諸説ありますが、海を渡ってきた諸侯を見つけるための「気づく」お社だったのかもしれません。発見された大神殿も、物見の(諸外国からやってきた一団をいち早く監視)ための建造物だった可能性もあります。

瓊瓊杵尊

ninigi no mikoto

天孫族により葦原中国を統べるために使わされた神

古事記、天孫降臨の物語で、高天原から葦原中国に使わされる天照大神の孫にあたる神。一般的には農業・豊作の神としても知られています。一般的に天孫降臨のモデル地になっている日向国(宮崎県)にはゆかりの神社が多くあります。

本書ではアナトリア地区の高山帯に本拠のあったアムル人が、バビロニア王朝を建国するまでの史実を、『物語化』する際に描かれた天孫族系アムル人をオマージュした存在だと解説しています。また、都市ウルと、ハラで崇拝していた月の神『ナナ』が元でもあります。これは、商業の都市ウルの月の神『ナナ』が、都市ハラでも崇拝されていたという話ですが、日本神話では、都市ハラから都市ウルへ降臨したと言う流れで書かれています。

アムル人は遊牧民族であり、月を位置、所在を確かめるために指標としていたことから、月の神を大事にしていた背景があります。そういったことから月の神『ナナ』は、商業・貿易都市で崇拝されていました。

この月の神『ナナ』に始祖名を表す『ギ』をプラスし『ナナギ』。これが訛って『ニニギ』となります。

天孫族と月の神ナナの繋がりは第1章9『ニニギとナナ』をご覧ください。もしくは、6章。付録章を読み込んでみてください。

導きの神として知られる軍神

一般的には瓊瓊杵尊（ににぎのみこと）の天孫降臨時に道中案内を買って出た神として現れ、道案内の神、道標の神として信仰されています。大柄だったり、鼻が高いなどの特徴から天狗のモデルなのではないかと言われていたりします。

古事記のエピソードを本書方程式のひとつメソポタミアの史実に当てはめると、そのモデルは明確に浮かび上がってきます。それは武力でメソポタミアの一時代を築いた、アッカド帝国の象徴的な王シャル・ウキンことサルゴン。ゆえに、猿田彦。

史実のサルゴン王そのものはアッカド帝国隆盛の中心人物で、天孫降臨時の話をそのまま当てはめていくと時系列が合いません（そもそも、古事記の該当部はメソポタミア史実のオマージュですので整合性に欠けますが）。

ですが、メソポタミアでサルゴン王は強いアッカドの象徴として神格化されていたことを考えると、猿田彦のモデルのひとつがサルゴン王であるという考察が突飛ではないことがわかります。

古事記でも偉大な神として描かれ、謎めいた雰囲気を持った猿田彦。導きの神と言われてはいますが、その真のルーツを紐解けば、戦いの神、武の神であったと言えるかもしれません。

神武天皇

jinmutenno

日本の初代天皇

脈々と続く、日本の皇室の祖とされるのが、この神武天皇。神倭伊波礼毘古命(カムヤマトイワレビコノミコト)。この神倭伊波礼毘古命は天照大神の直径の子孫として描かれています。

一般的には天孫降臨した瓊瓊杵尊(ににぎのみこと)の末裔として、九州の日向国(宮崎県)に誕生。そののち、塩椎神(シオツチノカミ)の提案により、兄と共に東征。西方の長髄彦、饒速日などの強敵を打ち破り、現在の奈良県橿原宮にて天皇に即位。それが紀元前660年2月11日となっており、その日はご存じの通り、日本の建国記念日となっています。

本書では、古事記で描かれる神武天皇は、実際に存在したとある王朝の王をモデルにしていると5章で確信的に解説しております。論拠についてはそちらを参照していただきたいのですが、神武天皇から始まる皇族の系譜の何代かまでは、中国の周王朝にモデルが見られ、神武天皇については、その周王朝の『武王』であると考察しております。

天孫族の戦いのエースであり武神

天孫降臨時に、国津神に圧をかけるための武力的先鋒として派遣された神様。それゆえに、軍神としてのご利益があると言われています。

古事記では、国譲りを迫った際に、その承諾をしなかった建御名方神(タケミナカタ)と戦い勝利(かなり一方的に)。建御名方神は這々の体で、逃げ、許しを乞います。

武甕槌は、逃げた先から出ないことを条件に建御名方神を許します。この話はメソポタミアの史実と合致します。

天孫族系となるアムル人はメソポタミアを南征し、地域を掌握していきます。当時の主要都市ウルは葦原中国のモデルといえますが、その都市はシュメール人都市国家後期にエラム人の侵略を受けています。事代主＝シュメール人はあっさり国譲りを承諾しますが、実質的にその地を当時統べていたエラム人=建御名方神は、天孫族のアムル人による侵略に抵抗したわけです。しかし、圧倒的な武力を前に、東方に存在した本来のエラム王国に圧しやられます。この史実的やりとりが物語に落とし込まれていると考察しております。史実のオマージュによりデザインされた神様ですから、のちの時代にその権威性を利用されたとしても、何ら不思議ではありません。

建御名方神

takeminakata
no kami

国津神として最後まで抗った闘神

古事記の国譲りの逸話のなかでは、天孫族の武甕槌(タケミカズチ)に挑むも敗北してしまう神様ではありますが、あっさりと国譲りをした事代主(コトシロヌシ)とは違い、最後まで抵抗を見せるなど、描き方に気概を感じる一面もあります。

本書では、メソポタミアの都市国家隆盛時代に、シュメール人のウル第三王朝の都市ウルを占領下にし、すぐに天孫族アムル人たちに明け渡したエラム人を擬人化した存在としています。

さて、そんな建御名方神ですが、有名なところでは、長野県の諏訪大社などにお祀りされています(実際に御祭神になったのは9世紀半ばという記録もあります)。負けた神をお祀りしていることに違和感を感じている人もいるかもしれませんが、何を表している神なのか(メソポタミア史実における、あるタイミングのエラム人)を考えれば、そういった逆転の現象も理解できるかもしれません。

熊襲と戦った日本のヒーロー

日本武尊といえば古事記などの後半を彩る、主人公的存在。日本神話に馴染みのない人でも、この神様の名前は聞いたことがあるという人も多いのではないでしょうか。

一般的には第12代景行天皇の息子として古事記に登場し、朝廷の敵である熊襲(クマソ)などをバタバタと倒していくそんなキャラクターとして描かれています。その物語性から人気があり、武神、戦いの神として神格化されています。

ただ、父親である景行天皇に、その力ゆえから遠ざけられたり、何度も死地に向わされたりと、なんとも不遇を受けているエピソードも散見されます。

さて、本書では日本武尊も日本以外にモデルがあると解釈しています。そのモデルとは中国の東周王朝・釐王(キオウ)とその当時台頭して来ていた親戚王朝『五覇』、斉という国の桓公(カンコウ)。桓公の栄光を土台に、釐王の要素を足して創作したものと考えています。これにより、万世一系という天皇の血筋の辻褄をしっかりと合わせる調整をしています。

この周の逸話を辿れば、日本武尊以外の民族の正体も見えてくるかもしれません。

エラム人系の氏族、忌部氏の祖神

この神様は、阿波・忌部氏(忌部氏は朝廷において、重要な祭祀を司る氏族。天日鷲神を祖とする阿波忌部氏、天太玉命(アメノフトダマ)を祖とする、紀伊忌部氏・讃岐忌部氏など、忌部氏だけでも別れています)の祖神として知られる神様です。詳しくは、本書2章をご参照ください。

天日鷲神は、天照大神の岩谷にお隠れになる逸話の際に弦楽器を奏でて、世を明るくしたと知られています。その奏でていた弦楽器に鷲が止まった逸話があるのですが、そこからこの名前が付いたのだとか。

また、この鷲(金鵄)が神武天皇の東征の際に、導いた八咫烏と同一という説もあり、そういった背景から賀茂氏との縁についても深いことがわかります。

あれが同一、これが同一とやっていくとややこしくなりますが、それぞれの大元がインシュシナクであるという方程式を持ってすれば、それぞれの氏族がどの部族だったかということは想像がつくはずです。賀茂氏はエラム人系(シュメール人と協力関係のころの)、忌部氏も同じエラム人系で都市アワ(ン)、スサを拠点とし、殷の建国に関わった一団。つまり、賀茂氏と忌部氏は倭人としてくくられる部族の一団ということになります。

賀茂氏の祖神であり 雷神としても知られる一柱

賀茂建角身命は、あの有名な上賀茂神社・下鴨神社創建に関わる、賀茂氏の祭神であり、その祖とされている神様です。この神様は、神武天皇の東征逸話のなかで、その東征を導いたという伝承があります。また、賀茂建角身命の別名として、八咫烏鴨武角身命(ヤタガラスカモタケツノミコト)という話も伝わっていることから、この神様はあの、八咫烏でもあると言えます。また忌部氏の天日鷲神(アメノヒワシノカミ)と関係のある金鵄(きんし)も八咫烏と同一であるとすると、こちらも繋がってきます。

ここから考察すると、賀茂氏と忌部氏は、かなり関わりが深い氏族同士だということがわかりますし、賀茂建角身命と天日鷲神が同一という説も。つまり兄弟氏族と言ってもよいでしょう。

では、賀茂建角身命のモデルは? この神様の逸話や名前に角が入っているという部分から考察すると、本書でお馴染みの神様が浮かびあがってこないでしょうか? そうです、メソポタミアのスサで崇拝されていたインシュシナクです。インシュシナクはエンリルとして知られる神であり、嵐、雷とも紐づけられます。ちなみに孫神が賀茂建角身命(カモワケイカヅチノミコト)になります。

誉田別尊

hondawakeno mikoto

日本全国に祀られる八幡の神

八幡神社といえば、稲荷神社と共に日本全国津々浦々にある神社です。そこに祀られている神といえば、八幡様として知られる誉田別尊こと、応神天皇。武神としても知られ、古くから多くの人の信仰を集めてきた背景もありますし、神社などに興味の無い人でも、この神様の名前を聞いたことがあるかもしれません。

普通ならば、天皇の系譜に名を刻む、応神天皇そのものが祀られていると済ませてしまいそうですが本書では驚きのモデルを明かしています。そう、あの人気漫画『キングダム』でも描かれている秦王朝の皇帝、『秦始皇帝（しんのしこうてい）』です。

八幡様は秦氏の神で、秦氏は秦始皇帝の末裔と自称しており、それについては考古学的に否定されているのが通説ですので 、まさかまさかと思われるかもしれませんが、その論拠については本書5章を読んでいただきたいと思います。

つまり、日本書紀などに記される応神天皇にまつわるストーリーは秦始皇帝をモデルにしつつ書かれた創作と考えることができるわけです。

ですが、応神天皇のモデルだからといって、短絡的に現在の皇室の先祖が秦始皇帝である。と、そこだけを切り取り断定するのは危険です。だからこそ本書では、メソポタミアという時間的にも距離的にも遠い文明の歴史まで遡っていることをお忘れなく!

付録の章
日本神話の天地開闢を暴く

解き明かされる事象

天之御中主神・高皇産霊神・神産巣日神・国之常立神・日本神話の天地開闢

1　造化三神のモデル

アマテラス解体新書ということで、一度まとめましたが、天照大神から別天津神のモデルの神も特定することができます。先ほど、天岩戸神話の天照のモデルは、アナトリアの女神アリンナと同一の母神「ハナハナ」の物語がモデルという話ですが、この物語と同じ神話はほかのアナトリアの神々にも存在します。その一つが嵐神ターフナ、Taru（ターフ）の子「Telipinu（テリピヌ）」という男神の物語。母神ハナハナとほぼ同じですが、より詳しく状況が書かれています。

男神テリピヌが怒り、神々の世から隠れてしまったので、地上世界は暗闇に包まれ、牛などの動物は死に絶え、人間の大人は子供を捨ててしまうほど、無惨な状況になってしまいます。その状況に全て神々はパニックとなったので、偉大な太陽神が皆を集め落ち着かせ、テリピヌの父の嵐神は彼を探し始めます。しかし、探しても見つからないので、嵐神は、全ての神々の母神ハナハナに相談します。

そこでハナハナは嵐神を落ち着かせたのち、テリピヌ探しに蜂を遣わせます。その蜂は母神ハナハナの指示通り、世界中を探し回りテリピヌの居場所を見つけ、手を針で刺す事で、彼を起こす事に成功。まだ怒っているテリピヌに対し、太陽神は女神「Kamrušepa（カムルセパ）」を遣わし、テリピヌの怒りを鎮めるための魔法の儀式を行わせます。最後は、女神カルムセパがテリピヌに歌を献上することで、彼の怒りは鎮まり、暗黒の世界が元に戻りました。

もうわかると思いますが、テリピヌの怒りを鎮める儀式を行った女神カルムセパが、日本の天岩戸神話での岩戸の前で踊る天宇受売命（アメノウズメ）のモデルです。そして、これらの作戦を立てた母神ハナハナが、日本の天岩戸伝説で登場する造化三神の一柱「高皇産霊神（タカミムスビ）」のモデルで、母神ハナハナ（＝高皇産霊神）が遣わした蜂が高皇産霊尊の子の思金神（オモイカネ）のモデルとなります。日本神話では、高皇産霊神が使わせた思金神の作戦により、天照を岩戸から出すことに成功するという所から、天岩戸神話は太陽の女神アリンナと同一の母神ハナハナの「神隠れ伝説」を登場人物の基盤にしながら、より詳細が書かれたテリピヌの「神隠れ伝説」も参照にして書かれていると考えられます。

故に、天照のモデルのハナハナは、テリピヌ神話では高皇産霊神役で登場するので、天照大神＝高皇産霊神だと言っても間違いではありません。記紀以外の古い文書で「天照と高皇産霊神」を分けているものは「太陽神アリンナと母神ハナハナ」として扱っていると言えます。

ちなみに造化三神とは、日本神話で登場する原初の三神「天之御中主（アメノミナカヌシ）・高皇産霊神（タカミムスビノカミ）・神産巣日（カミムスビ）」のことで、混沌から高天原を形成した神です。ではもし、この2番目に誕生した多神皇産霊神が天照大神と同一だとすると、天之御中主と神産巣日のモデルの神は誰か？　この話で重要な認識が、日本神話で「天照誕生後に神話に介入してくる造化三神」と「登場し隠れる造化三神」は別の古代神がモデルだということ。

アナトリア神話との関連性

造化三神は登場し、すぐに姿を消すのにも関わらず、高皇産霊神と神産巣日だけは、のちに物語に介入します。この「神話に介入する造化三神」と「登場し隠れる造化三神」の矛盾は、それぞれが別の古代神を参照したためです。そして、母神ハナハナが、天岩戸神話での、高神皇産霊神のモデルであるという所から分かるように、天照誕生後に神話に介入してくる造化三神は、アナトリアの神々の物語が使われています。

ちなみに、理由はあとで説明しますが、天之御中主のモデルはターフナなどの「嵐神」。しかし、造化三神にはハナハナと繋がる太陽や嵐といった自然の要素を一切持ちません。それ故に、「天之御中主＝嵐神、多神皇産霊神＝母神ハナハナ」と聞いても納得できないと思いますが、これは根本的な「登場し隠れる造化三神」に、のちで古代アナトリア神話の物語を足したからです。では、登場し隠れる最初の造化三神のモデルの神々は誰か？

これは日本神話の違和感から読み解けます。まず冷静に考えて、なぜ天照大神が最高神なのか？　もちろん天照は、神話で重要な役割を担いましたが、天照が神々の最上格ではありません。造化三神を含めた別天津神という天照よりも格上の神々が多くいます。にも関わらず、天照が最高神となった理由は簡単。

①アナトリア地方（高天原）からヒッタイト王国・秦王朝を経て日本列島にやってきた民族と、②アナトリア地方（高天原）から南下したイシン王国の古代メソポタミアの統一・シリア地方のヤマァド王国・第18王朝時代の古代エジプト・周王朝を経て、日本列島にやってきたアムル人系民族が、日本神話を編纂させた天武天皇と関わりが深い先祖なので、アナトリア起源の「太陽の女神」を日本神話での最高神にすれば、アムル人系とヒッタイト人系の末裔たちが、アナトリア出身民族として、日本列島で共存しやすいからです。

とは言うものの、日本神話を編纂させた天武天皇はアムル人系の末裔。そのため、最高神の天照の格上に別天津神というアムル人縁の神々を置き、自らの先祖神の地位も確保しています。言い換えれば、アナトリア起源ではない天孫族の先祖「アムル人たち」が信仰した古代神を、『別』の天津神こと別天津神として最上位の地位に置いたということ。

ではアムル人縁の別天津神の起源の神々とは？　それが、古代エジプトの神々です。別天津神を古代エジプトの神々とする事で、天之御中主のモデルが、アナトリアの嵐神という事だけでなく、吉田神道での「天之御中主=国常立尊」という主張が正しい理由もわかります。

別天津神の構図を説明すると。

混沌から天地開闢を行う造化三神が「天之御中主・高皇産霊尊・神産巣日」の順で出現し、そののち、宇摩志阿斯訶備比古遅神（ウマシアシカビヒコヂノカミ）と天之常立神（アメノトコタチノカミ）が姿を現しますが、この5柱の神々は直ぐに姿を隠します。そこから国常立尊と豊雲野神が出現した後、身を隠し、最後に男女神が計5組（10柱）誕生。この5組目が伊弉諾（イザナギ）と伊奘冉（イザナミ）です。

この出現しては直ぐ隠れるという神々の動きは、伊弉諾まで続く神々の世代交代を表しているとされます。では、日本神話の天地開闢と同じように、古代エジプトにも天地創造神話があります。しかし、日本神話と違い、地域や時代により創造神が入れ替わっており、Atum（アトム）、Ra（ラー）、Tatenen（タテネ）、Ptah（プタ）、Amun（アモン）という創造神がいるだけでなく、「Atum-Re」や「Ptah-Tatenen」という二神が融合した創造神も存在します。

そして、この古代エジプトの創造神達の中で起源が古い三神を順に並べたもの「アトム→ラー→タテネ」が、造化三神「天之御中主→高皇産霊尊→神産巣日」と対応します。言わば、古代エジプトの創造神の寄せ集めが造化三神。そして、ここから別天津神とは、時代と共に移り変わった古代エジプトの神々の構図を表したものだとわかります。

古代エジプトの最も古い天地創造は、混沌を擬人化した「ヌン」という存在がおり、そこから自分自身で、自らの中から誕生したのが創造神アトムです。

この原初の神アトムが天之御中主の根本的なモデルです。自らの『中』から誕生したので天之『御中』主なのです。次に古い創造神が太陽神として有名なラーで高皇産霊尊のモデル。太陽の女神アリンナと同一の母神ハナハナが、天地開闢後の高皇産霊尊のモデルとされたのは、ラーと同じ『太陽』という繋がりからだと考えられます。

次に古い創造神が「上がる大地」または「偉大な地上」という意味の名を持つ「タテネ」が神産巣日のモデルです。地上こと葦原中国にいる国津神を助けるため、出雲系の祖神とも見られる神産巣日ですが、それと合うのが大地神で創造神のタテネです。

ひとまず、古代エジプトの創造神「アトム、ラー、タテネ」が造化三神の構図のモデルだとして、その後に出現した二柱「宇摩志阿斯訶備比古遅神（ウマシアシカビヒコヂノカミ）と天之常立神」の起源を話すと。

宇摩志阿斯訶備比古遅神は、世界がまだ浮きただよっていたときに「葦の芽のように伸びる物によって成った神」とされています。そして、古代エジプトにおいて「葦の芽」の様に『何か』が「伸びる」見た目をした、ラーなどの創造神と肩を並べた神は1柱しか存在しません。

それが「アテン神」です。モーセのモデル「アクエンアテン」の時代から崇拝されたアテン神ですが、その無数に伸びた手は、宇摩志阿斯訶備比古遅神の由来と一致します。

次に生まれた「天之常立神（アメノトコタチノカミ）」は、新撰姓氏録に登場する「天底立命（アメノソコタチノミコト）」という「底」が使われた神と同一とされます。

古代エジプトに置いて、創造神と同等の重要さを誇り、世界の底を担当する神は「アペプ」しか存在しません。

時代と共にアペプは地底世界の蛇として悪者にされましたが、ヤハウェと繋がる地球神という存在だけでなく、アペプが粉々に切り裂かれる事により始めて『宇宙』が誕生したとされる神話もあったりと、元を介せば、創造神と並ぶ重要な神です。

つまり、一時期、重要視された古代エジプトのマイナー神「アテン・アペプ」が日本神話での宇摩志阿斯訶備比古遅神と天之常立神だと言えます。

そんな原初5柱神の後に出現したのが、神世七代・最初の神「国常立尊（クニトコタチノミコト）」。古事記では、出現したのに『姿は表さなかった』と書かれており、日本書紀では、国常立尊が天地開闢の際に現れた最初の神だとされます。

また、伊勢神道の影響を受けた吉田神道は、国常立尊を天之御中主と同一として見ています。そんな不思議な側面を持つ国常立尊ですが、これらの証言が全て『間違いではない』と証明できる神が古代エジプトに存在します。

それがエジプト第18王朝の最高神アモン。古代エジプト編で話したように、アモンの名の意味は「隠れる者」なので、古事記の出現したのに『姿は表さなかった』という証言と合致します。またアモン信仰では、アモン神が原初の神だと信じられていたので、日本書紀での『天地開闢の最初の神』という設定も、吉田神道で言われる『天之御中主と同一』という主張も間違いではないのがわかります。

そんな国常立尊から神世が七代が続き、神々の世代交代の系図を表すのですが、古事記と日本書紀では構図が少し違います。古事記では独神が2代続いた後、男女神が5世代いるのに対し、日本書紀では独神が3代続いた後に、男女神が4世代います。

理由は、古事記と日本書紀が引用した、創造神「アトム、ラー、タテネ」の『あと』に崇拝された新しい創造神から続く神々の系譜が違ったからです。

メンフィテ派とオグドード派

言い換えれば、古事記と日本書紀は、種類が違う古代エジプトの神々の系譜をそれぞれの神世七代に引用しているということ。地域や時代によって古代エジプトの創造神が変わると話しましたが、創造神が変われれば、その後に続く世界観や神々の系譜も変わります。そして、数種類ある世界観の中でMemphite（メンフィテ）派と呼ばれる神々の系譜を引き継いだのが古事記の神世7代。

前章で話したOgdoad（オグドード）派の世界観を引き継いだのが日本書紀の神世7代です。あとでわかると思いますが、古事記と日本書紀の共通している所は、新しいエジプトの創造神から続く神々の系譜を、1代目の神世7代「国常立尊」から当てはめているということ。言い換えれば、国常立尊をアモン神のモデルとしながらも、国常立尊とエジプトの新しい創造神を同一として見ているということです。

まず、古事記が継承したメンフィテ派の神々の系譜は、2柱の神タテネとプタが融合した「Ptah-Tatenen（プタ・タテネ）」という『新たな』創造神から始まります。神世7代の1代目・国常立尊の名前は「大地が上がる」という意味で、メンフィテ派の創造神プタ・タテネの「タテネ」の意味「上がる大地」が元だとわかります。

創造神プタ・タテネの次は、アトムとラーが融合した神Atum-re（アトム・ラー）が続き、そのあとに、男女神シューとテフヌト、ゲブとヌト、オシリスとイシス、セトとネフィシス、ホルスとハトホルが5組続きます。つまり、独神×2、男女×5組となり、この構図は古事記の神世七代「独神×2、男女神×5組」と完全に一致します。

もしそうだとすると、5組目の男女神「伊弉諾（イザナギ）と伊奘冉（イザナミ）」は、古代エジプトの「ホルスとハトホル」と同一となります。

実際に、伊弉諾は左目から天照、右目から月読を生むという神話がありますが、太陽と月の左右が反対ではあるものの両目が太陽と月のホルスと同じ特徴を持ちます。また、ホルスの妻ハトホルは『冥界へ導く神』なので、冥界こと黄泉国へ行く女神・伊奘冉とも合います。もちろん、伊弉諾夫婦は、ほかの古代神の物語も引用しているので、ホルス神と全てが合致とはいきませんが、神世七代とメンフィテ派の神々の家系図の完全な一致から、少なくとも、古事記はエジプト神話の一部を引用したのは間違いないと言えます。

次に日本書紀が継承したエジプト・オグドード派の神世7代を見ていきましょう。オグドード派は創造神プタ・タテネを別々で扱います。創造神タテネが最初に生まれたのちに、プタが生まれ、次にアモン・ラーが誕生。そこから男女神4組が生まれ世界を構成します。

この構図は日本書紀の「独神×3、男女神×4」と同じなだけでなく、独神として追加された2番目のプタは、日本神話での2番目の独神「国狭槌尊（クニノサウチノミコト）」とも繋がります。というのも、国狭槌尊には「槌」がありますが、槌（ハンマー）は何か作る道具。

これと合うように、オグドード派の2番目に誕生したプタは「彫刻の職人」という肩書きを持ちます。また、プタと同一の古代ギリシャの神「パイストス」も鍛治の神なのです。

また前章で、オグドード「男女4組」の思想は、陰陽道の八将神の土台となったと話しましたが、オグドードは仏教にも伝わり、八方の方角を護る「八方天」の基盤にもなったと考えられます。そして、この八方天の中に伊舎那天（イザナテン／イシャナテン／Īśāna）という天神がおり、北畠親房の神皇正統記などで言われているように、伊舎那天は「伊弉諾（イザナギ）」のサンスクリット語名だと述べられています。つまり、伊舎那天＝伊弉諾だということ。古事記の神世7代がメンフィテ派の神々の系譜を引用し、オグドードが八将神を土台にしている所から、仏教の八方天の伊舎那天が伊弉諾の名前の起源だという説は十分に有り得ます。

では、ここまで古事記と日本書紀が継承した古代エジプトの系譜と世界観の話をしてきましたが、ここから日本神話に天之御中主の逸話ない理由がわかります。

2 エンリルと天之御中主

国常立尊はアモン神を介して、天之御中主と同一と話しましたが、これを頭に入れながら、今まで話してきた同一の神々を思い出していきましょう。

天之御中主&国常立尊のモデル「アモン」と言えば、ヤハウェ=牛頭天皇=パング=パン=パネース=ゼウス等と同一と前に話しましたが、この中の古代ギリシャの最高神ゼウスは、雷や雲を支配する天空神で、モデルの大部分はアナトリアで崇拝されたターフナ等の『嵐神』です。そのため、天之御中主をアナトリアの神で例えると嵐神という事になります。

またそれは同時に、嵐神エンリルとも同一となります。それ故に、アモン神を軸に考えると、「天之御中主（アトム／アモン）=国常立尊（アモン）=ヤハウェ=ゼウス=アナトリアの嵐神=エンリル=パング=牛頭天皇」となり、これは同時に、嵐神エンリルと同一の「インシュシナク」が起源の「スサノオ」も同一となるのです。

よって、天之御中主と国常立尊はアモン神を軸に、「天之御中主（アトム／アモン）=国常立尊（アモン）=（省略）=インシュシナク=素戔嗚（スサノオ）」となります。言い換えれば、「天之御中主=嵐神／アモン／素戔嗚」となります。

では、次に、この同一説を裏付けるアナトリア起源の『嵐神が恐ろしい雷を鳴らす時』という物語と『天から落ちた月』という物語がセットになった神話を見てみましょう。

前半の『嵐神が恐ろしい雷を鳴らす時』は、嵐神が雷鳴を響かせる度に、地上に金属の道具や家畜、そして、食べ物が次々と現れ、それらの品を『嵐神の男』という人間が回収するという話です。次に続く『天から落ちた月』という物語は、天から月の神が地上の市場に落ちてしまいます。それに怒った嵐神は、何度も豪雨で月の神をびしょ濡れにし、暴風を当てたりと、乱暴に扱い、月の神を怖がらせます。それを天から見ていた二人の女神は儀式を通して嵐神を鎮め、月の神を癒した、という話。

素戔嗚と大宜都比売

この話と合うのが素戔嗚と大宜都比売（オオゲツヒメ）の神話。素戔嗚は高天原を追放され地上を彷徨っていた時、大宜都比売に食料を求めます。大宜都比売は、自らの鼻・口・尻から食料を出しますが、その行動が汚いと感じた素戔嗚は大宜都比売を殺します。すると殺された大宜都比売から五穀が生まれ、それを神産巣日神が回収するという物語。

ただ、上記の話は一般的に知られている素戔嗚が追放され地上を彷徨っていた時と書きましたが、実際の古事記では『素戔嗚（スサノオ）が高天原を追放された時』と『地上に降り立つ時』の間に挿入されている物語なので、実際は素戔嗚はまだ地上に降りていません。そのため、天界付近にいたスサノオが地上の大宜都比売を殺し、そこから生まれた五穀を神産巣日（カミムスビ）が回収するという構図になります。

地上の神産巣日の行動がスサノオの舎弟の様に見えますが、これで古事記がアナトリア起源の嵐神伝説をどのように引用したのかがわかります。

アナトリア神話は、①嵐神が雷を鳴らし『嵐神の男』がそこから生まれた食べ物などを回収し、次に②天から落ちた月を嵐神は乱暴に扱うというものでしたが、この①と②の順序を逆にすれば、素戔嗚と大宜都比売の物語になります。

そして、アナトリア神話での月の神のモデルが「大宜都比売」こと「大『月』比売」です。つまり、天から嵐神（素戔嗚）が月の神（大宜都比売／大月比売）を乱暴に扱い、嵐神（素戔嗚）の雷鳴がなる度に、地上で生まれる食べ物を『嵐神の男（神産巣日）』が回収する。この様に、まとめたのが古事記の大宜都比売の神話なのです。

大宜都比売の物語では「天から月が落ちる」という描写はありませんが、日本書紀ではこれを書いています。というのも、日本書紀での素戔嗚役は月読尊だからです。日本書紀では、高天原の天照が月読を葦原中国の保食神を見てくるように命令し、大宜都比売と同じように、保食神が口から食べ物を出していたので殺し、それに天照が怒るという、素戔嗚と瓜二つの物語があります。

この日本書紀での月読は、天から地上に落ちる月役とアナトリア神話の嵐神役の二役を演じているのがわかります。ちなみに、古事記で五穀を回収した嵐神の男（神産巣日）役は、日本書紀では「天熊人（アマノクマヒト）」とされます。

重要なのは「熊」という字。熊と言えば、熊襲のモデル国家で、全ての国王に熊の名がある「楚」ですが、アナトリア神話を継承したフルリ人の最高神とされる父神を「Kumarbi（クマービ）」と呼びます。詳しくはいつか話しますが、日本書記が天熊人という名前を使っている所から、フルリ人側の『五穀回収神話』を引用したのが可能性があります。というのも、月読が日本神話でほとんど登場しない理由は単純で、アナトリア神話に月の神の話がほとんどないからです。

話がそれましたが、日本神話の大宜都比売神話は、アナトリア起源の嵐神伝説を引用しており、そこから「嵐神＝スサノオ、月の神＝大宜都比売、嵐神の男＝神産巣日」がわかりました。そして、少し前に話した「天之御中主＝嵐神」と合わせると「天之御中主＝素戔嗚（嵐神）」となります。つまり、アナトリアの嵐神伝説を、素戔嗚の物語として使ったために、同一の天之御中主の神話がないのです。

そして、それは国常立尊（クニトコタチノミコト）も同じ。言い換えれば、神話の数に対して、同一神が多く、何度も使い回すことはできないので、物語を書けなかったのが天之御中主と国常立尊と言えます。ただ、少し神産巣日は違います。

大宜都比売神話での神産巣日は、スサノオが大宜都比売神話を殺して生まれた五穀を回収する役割で、これは嵐神（天之御中主／素戔嗚）の手下「嵐神の男」という人間がモデルでした。これは、大地を司る「タテネ」をモデルにしたために神産巣日を登場させたと言えます。ただ、古代エジプトの神々の系譜からではなく、アナトリア神話から見ると、神産巣日は男神と女神の両面を持った神だとわかります。

先ほどのアナトリア神話で嵐神を鎮め、月の神を癒した2人の女神。それぞれ名前は「Kamrušepa（カムルセパ）」と「Ḫapantali（ハパンタリ）」です。「Kamrušepa（カムルセパ）」は、天岩戸伝説ではアメノウズメのモデルの女神でしたが、彼女とハパンタリは共に「治療神」として崇拝されていました。そして、この二女神を登場させた物語が大国主伝説です。国津神の大国主が八十神に殺された時に、神産巣日が遣わし大国主を癒した「キサガイヒメとウムギヒメ」という2柱の女神がいます。

大国主こと大穴牟遅尊（オオナムチノミコト）のモデルは、月の神の補佐「Alammuš（アラムシ）」でした。つまり、月の神が関係する大国主という所から治療の女神2柱を登場させたと読み取れます。そして、この女神たちを派遣させた神産巣日のアナトリアのモデルが「Tiwaz（ティワズ）」というカムルセパの夫とされる神です。女神の夫なので男性神なのですが、アナトリアの一部からは「地上の太陽の女神（The Sun Goddess of the Earth)」または、地底の女王とされ、人の生死を司る女神としても見られていました。また、地上を浄化する役割もあるとされ、先ほどの治療の女神たちとも合います。

神産巣日は神産巣日御祖命とも称され「御祖命」は母親の美称として使われている所から母神説がありますが、上記がその理由だと考えれます。この辺の細かい話は、書き始めると終わらないので、また次の機会に。

この本の歴史は天武天皇から明治維新の根本的な原因まで繋がっていきます。ぜひ、続きを楽しみにしてください。

そう言えば。少し前に話した国常立尊と言えば「岡本天明」に自動書記を通して日月神示を書かせた神様として有名です。そんな日月神示には「今迄の日本の宗教は日本だけの宗教。この度は世界のもとの、三千世界の大道ぞ、教えでないぞ」という箇所があります。同じ岡本名という所から、筆者は勝手に親近感が湧くのですが、日月神示での「日本の宗教は日本だけのものではない」を証明するために、何かに導かれたとしか思えないほど、筆者自身、日々、驚きながら歴史の考察しています。読者の皆さんの価値観が広がり、世界の見え方が少しでも変わったのであれば光栄です。

別天津神と神世七代

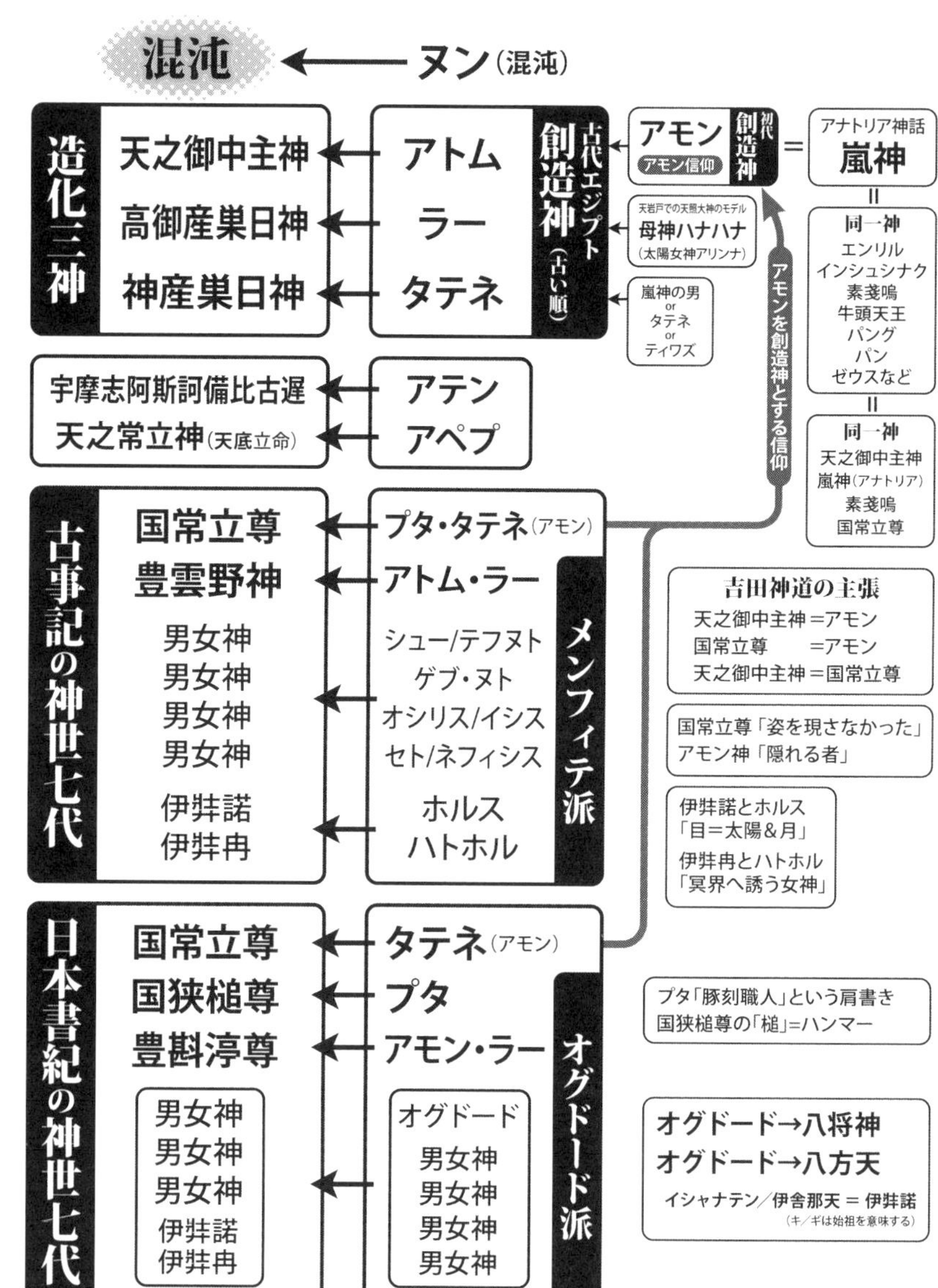

混沌
ヌン（混沌）
造化三神
天之御中主神
高御産巣日神
神産巣日神
アトム
ラー
タテネ
古代エジプト創造神（古い順）
アモン
アモン信仰
初代創造神
アナトリア神話
嵐神
天岩戸での天照大神のモデル
母神ハナハナ
（太陽女神アリンナ）
嵐神の男
or
タテネ
or
ティワズ
同一神
エンリル
インシュシナク
素戔嗚
牛頭天王
パング
パン
ゼウスなど
同一神
天之御中主神
嵐神（アナトリア）
素戔嗚
国常立尊
アモンを創造神とする信仰
宇摩志阿斯訶備比古遅
天之常立神（天底立命）
アテン
アペプ
古事記の神世七代
国常立尊
豊雲野神
男女神
男女神
男女神
男女神
伊弉諾
伊弉冉
プタ・タテネ（アモン）
アトム・ラー
シュー/テフヌト
ゲブ・ヌト
オシリス/イシス
セト/ネフィシス
ホルス
ハトホル
メンフィテ派
吉田神道の主張
天之御中主神＝アモン
国常立尊　＝アモン
天之御中主神＝国常立尊
国常立尊「姿を現さなかった」
アモン神「隠れる者」
伊弉諾とホルス
「目＝太陽＆月」
伊弉冉とハトホル
「冥界へ誘う女神」
日本書紀の神世七代
国常立尊
国狭槌尊
豊斟渟尊
男女神
男女神
男女神
伊弉諾
伊弉冉
タテネ（アモン）
プタ
アモン・ラー
オグドード
男女神
男女神
男女神
男女神
オグドード派
プタ「豚刻職人」という肩書き
国狭槌尊の「槌」=ハンマー
オグドード→八将神
オグドード→八方天
イシャナテン／伊舎那天 ＝ 伊弉諾
（キ／ギは始祖を意味する）

アマテラス解体新書
注目氏族早見表

それぞれの氏族が一度に日本に渡来したのではなく段階的に渡来していることから、画一的な区別は出来ないですが、本書注目氏族の元の民族をわかりやすく大別してみました。目安としてご利用ください。これを基本に伝承や祖先の話しなどと組み合わせれば、面白い答えが見えるかもしれません。

※研究中ですので、今後、微調整が加えられる可能性があります。

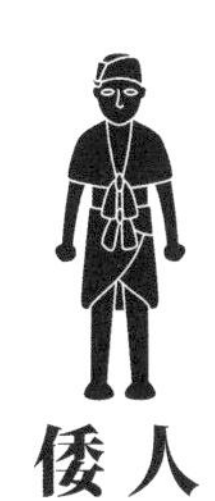

倭 人

賀茂氏/忌部氏
都市Ur人系

簡略歴史年表 

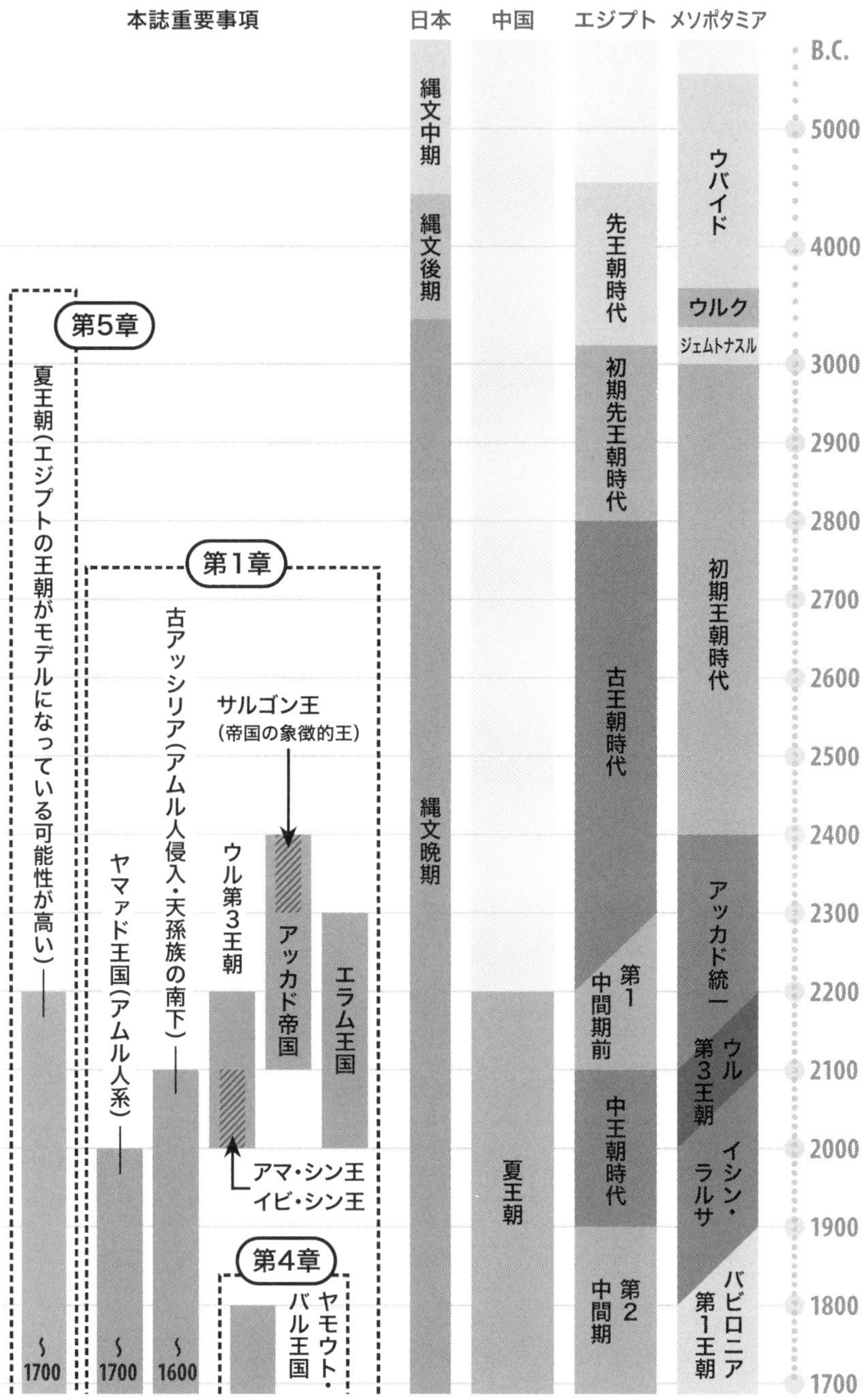

本誌重要事項
日本
中国
エジプト
メソポタミア
B.C.
5000
4000
3000
2900
2800
2700
2600
2500
2400
2300
2200
2100
2000
1900
1800
1700
縄文中期
縄文後期
縄文晩期
夏王朝
先王朝時代
初期先王朝時代
古王朝時代
第1中間期前
中王朝時代
第2中間期
ウバイド
ウルク
ジェムトナスル
初期王朝時代
アッカド統一
ウル第3王朝
イシン・ラルサ
バビロニア第1王朝
第5章
夏王朝(エジプトの王朝がモデルになっている可能性が高い)
1700
第1章
ヤマァド王国(アムル人系)
1700
古アッシリア(アムル人侵入・天孫族の南下)
1600
ウル第3王朝
サルゴン王
(帝国の象徴的王)
アッカド帝国
エラム王国
アマ・シン王
イビ・シン王
第4章
ヤモウト・バル王国

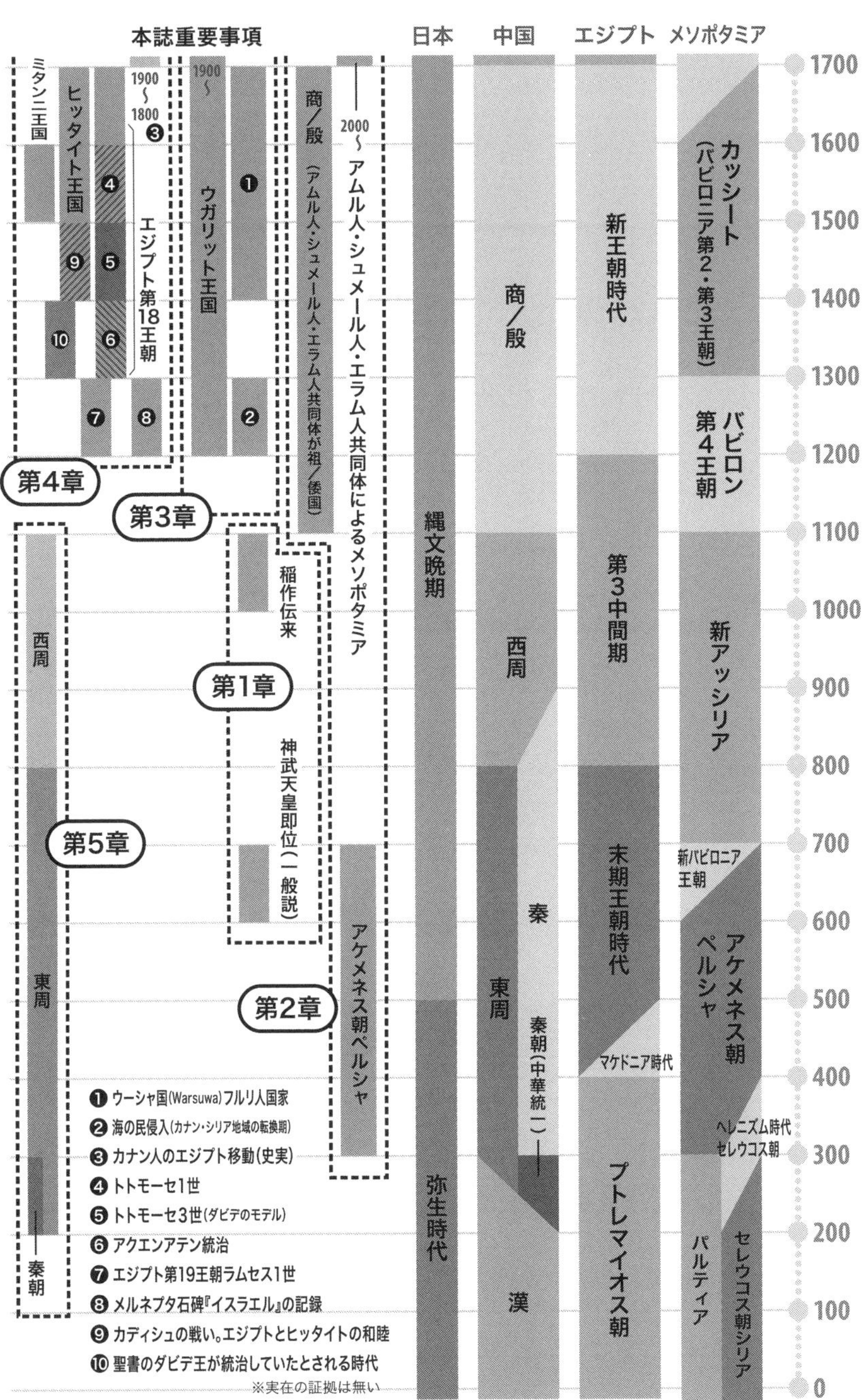
本誌重要事項
日本
中国
エジプト
メソポタミア
ミタンニ王国
ヒッタイト王国
1900
~
1800
❸
エジプト第18王朝
1900
~
ウガリット王国
商/殷（アムル人・シュメール人・エラム人共同体が祖/倭国）
2000
~
アムル人・シュメール人・エラム人共同体によるメソポタミア
第4章
第3章
第1章
第2章
第5章
稲作伝来
神武天皇即位（一般説）
アケメネス朝ペルシャ
西周
東周
秦朝
縄文晩期
弥生時代
商/殷
西周
東周
秦
秦朝（中華統一）
漢
新王朝時代
第3中間期
末期王朝時代
マケドニア時代
プトレマイオス朝
カッシート（バビロニア第2・第3王朝）
バビロン第4王朝
新アッシリア
新バビロニア王朝
アケメネス朝ペルシャ
ヘレニズム時代
セレウコス朝
パルティア
セレウコス朝シリア
1700
1600
1500
1400
1300
1200
1100
1000
900
800
700
600
500
400
300
200
100
0
❶ ウーシャ国（Warsuwa）フルリ人国家
❷ 海の民侵入（カナン・シリア地域の転換期）
❸ カナン人のエジプト移動（史実）
❹ トトモーセ1世
❺ トトモーセ3世（ダビデのモデル）
❻ アクエンアテン統治
❼ エジプト第19王朝ラムセス1世
❽ メルネプタ石碑『イスラエル』の記録
❾ カディシュの戦い。エジプトとヒッタイトの和睦
❿ 聖書のダビデ王が統治していたとされる時代
※実在の証拠は無い

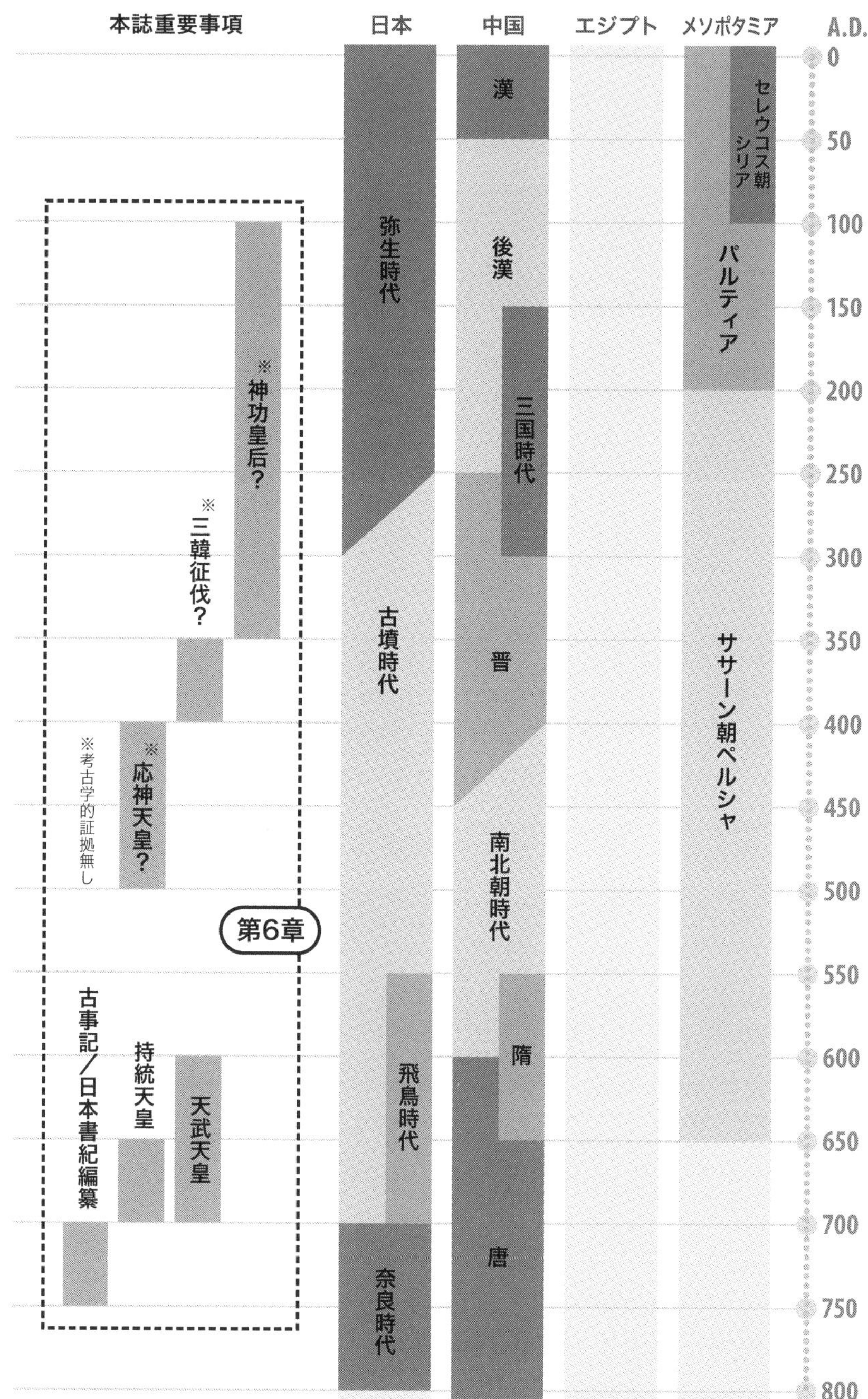
本誌重要事項
日本
中国
エジプト
メソポタミア
A.D.
0
50
100
150
200
250
300
350
400
450
500
550
600
650
700
750
800
漢
セレウコス朝シリア
弥生時代
後漢
パルティア
三国時代
※神功皇后?
※三韓征伐?
古墳時代
晋
ササーン朝ペルシャ
※考古学的証拠無し
※応神天皇?
南北朝時代
第6章
古事記／日本書紀編纂
持統天皇
天武天皇
飛鳥時代
隋
唐
奈良時代

簡略歴史年表

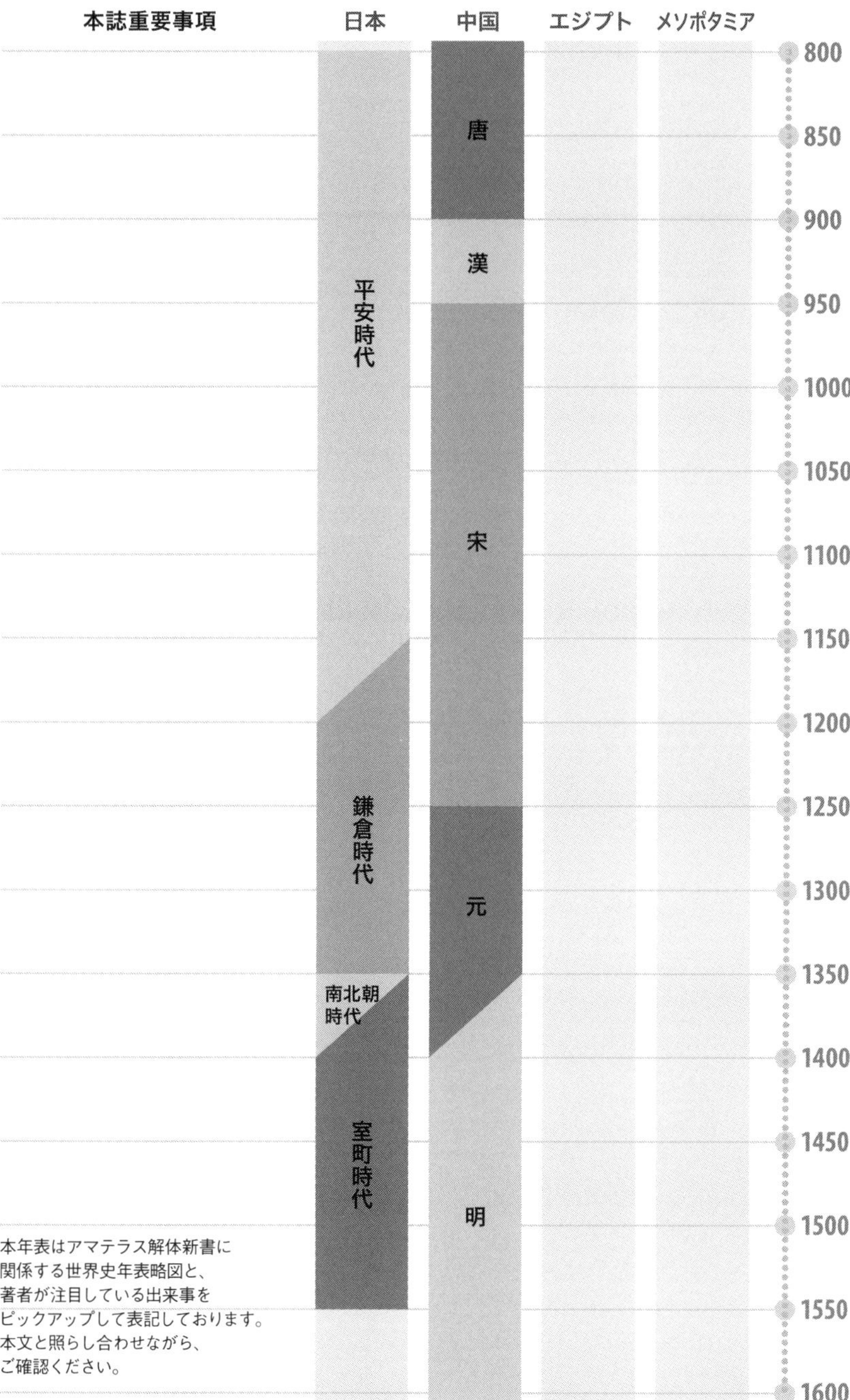
本誌重要事項
日本
中国
エジプト
メソポタミア
800
850
900
950
1000
1050
1100
1150
1200
1250
1300
1350
1400
1450
1500
1550
1600
平安時代
鎌倉時代
南北朝時代
室町時代
唐
漢
宋
元
明
本年表はアマテラス解体新書に
関係する世界史年表略図と、
著者が注目している出来事を
ピックアップして表記しております。
本文と照らし合わせながら、
ご確認ください。

Mallowan, M. E. L. (1968). Donald E. McCown and Richard Haines, assisted by Donald P. Hansen Nippur I. Temple of Enlil, Scribal Quarter, and Soundings. The University of Chicago Oriental Institute Publications Vol. LXXVIII, 1967. Excavations of the Joint Expedition to Nippur of the Museum of Philadelphia and the Oriental Museum of the University of Chicago. Chicago, Illinois: University of Chicago Press, 1967. 201 pp., 167 pls., 3 tables. £6 13s. Antiquity, 42(168), 319–323. https://doi.org/10.1017/s0003598x00034529

Nippur - Sacred City Of Enlil | Institute for the Study of Ancient Cultures. (n.d.). Retrieved from https://isac.uchicago.edu/research/projects/nippur-sacred-city-enlil-0

Crawford, V. E. (1954). Sumerian Economic Texts from the First Dynasty of Isin.

Burrows, E. (1924). Notices of Assyriological Works - 3, 4.Oxford Editions of Cuneiform Texts (Inscriptions). Edited under the direction of S. Langdon, Professor of Assyriology, Oxford. Vol. i: The H. Weld-Blundell Collection in the Ashmolean Museum, vol. i: Sumerian and Semitic Religious and Historical Texts. 12½ × 10, iv + 60 pp., 45 plates. Vol. ii: The Weld-Blundell Collection, vol. ii: Historical Inscriptions, containing principally the Chronological Prism W.-B. 444. iii + 36 pp., 7 plates. By S. Landgon, M.A. London: Oxford University Press, 1923. Journal of the Royal Asiatic Society, 56(4), 702–706. https://doi.org/10.1017/s0035869x00065862

Shultz, E. J. (2004). An Introduction to the Samguk Sagi. Korean Studies, 28(1), 1–13. https://doi.org/10.1353/ks.2005.0026

"신라(新羅) – 한국민족문화대백과사전". encykorea.aks.ac.kr. Retrieved 2023-02-04.

Rollinger, R. (2006). The Terms "Assyria" and "Syria" Again. Journal of Near Eastern Studies, 65(4), 283–287. https://doi.org/10.1086/511103

Frye, R. N. (1992). Assyria and Syria: Synonyms. Journal of Near Eastern Studies, 51(4), 281–285. https://doi.org/10.1086/373570

ラビ・マーヴィン・トケイヤー(1999)聖書に隠された日本・ユダヤ封印の古代史―失われた10部族の謎(Naturaeye Mysteria),(訳)久保 有政, 徳間書店

Bailey, L. R. (1968). Israelite 'El Sadday and Amorite Bel Sade. Journal of Biblical Literature, 87(4), 434. https://doi.org/10.2307/3263305

Huddlestun, J. (2023, February 28). Was Moses' Name Egyptian? Retrieved from https://m.bibleodyssey.org/people/related-articles/was-moses-name-egyptian/

Carroll, M. P. (1985). a structuralist exercise: the problem of Moses' name. American Ethnologist, 12(4), 775–778. https://doi.org/10.1525/ae.1985.12.4.02a00130

The Encyclopedia of the Pharaohs. Volume 1. Predynastic to the Twentieth Dynasty (33001069 BC). (2010). Reference Reviews, 24(3), 50–51. https://doi.org/10.1108/09504121011030977

Edwards, I. E. S., Gadd, C. J., & Hammond, N. G. L. (1970). The Cambridge Ancient History. Cambridge University Press

Drower, M. S. (1995). Flinders Petrie. Univ of Wisconsin Press.

Psalm 104 and Its Parallels in Pharaoh Akhenaten's Hymn - TheTorah.com. (n.d.). Retrieved from https://www.thetorah.com/article/psalm-104-and-its-parallels-in-pharaoh-akhenatens-hymn

Kazi Zulkader Siddiqui(2001)The Problem of Similarities in Ancient Near Eastern Religions: A Comparison of the Hymn to Aton and Psalm 104,Islamic studies, Vol. 40, No. 1 (Spring 2001), pp. 67-88 (22 pages),https://www.jstor.org/stable/20837075

Wilkinson, Richard H. (2003). The Complete Gods and Goddess of ancient Egypt". London:Thames & Hudson. p. 93.

Introducing Megiddo. (2017, March 22). Retrieved from https://megiddoexpedition.wordpress.com/introducing-megiddo/

Dunand, F., & Zivie-Coche, C. (2004). Gods and Men in Egypt. Cornell University Press.

What the Bible says about Kapporeth. (n.d.). Retrieved from https://www.bibletools.org/index.cfm/fuseaction/Topical.show/RTD/cgg/ID/13786/Kapporeth.htm

Kapporet
Schwartz, Baruch J. (2011)"Kapporet(etymology)". In Berlin, Adele (ed.). The Oxford Dictionary of the Jewish Religion. Oxford University Press. p. 67 § Ark of the Covenant. ISBN 9780199730049.

Drazin, I. (2015). The Cherubim was copied from the Egyptians. Retrieved from https://booksnthoughts.com/the-cherubim-was-copied-from-the-egyptians/#_ftnref4

Dospěl, M. (2023). The Ark of the Covenant in its Egyptian Context - Biblical Archaeology Society. Retrieved from https://www.biblicalarchaeology.org/daily/biblical-artifacts/artifacts-and-the-bible/ark-of-the-covenant-in-egyptian-context/

Mills, W. E., & Bullard, R. A. (1990). Mercer Dictionary of the Bible. Mercer University Press.

Klimczak, N., Klimczak, N., & Klimczak, N. (2016, July 28). Dead Seas Scrolls Reveal that Noah's Ark Was Shaped Like a Pyramid. Retrieved from https://www.ancient-origins.net/news-history-archaeology/dead-seas-scrolls-reveal-noahs-ark-was-shaped-pyramid-006204

Hasson, N. (2016, June 28). Was Noah's Ark shaped like a pyramid? Digitized Dead Sea Scrolls reveal new secrets - Israel News. Retrieved from https://www.haaretz.com/israel-news/2016-06-28/ty-article/.premium/tech-reveals-dead-sea-scrolls-secrets/0000017f-e130-d9aa-afff-f97864f60000

Margishvili, G. (2022). On Design of Noah's Ark (Opinion). Academia, 75–83. Retrieved from https://academia.openjournals.ge/index.php/academia/article/view/3543

Cella | Modern Design, Sustainable Materials & Green Building. (1998, July 20). Retrieved from https://www.britannica.com/technology/cella

Sarah Iles Johnston (2004). Religions of the Ancient World: A Guide. Harvard University Press. p. 278.

Hans-Josef Klauck (2003). Religious Context of Early Christianity: A Guide To Graeco-Roman Religions (reprint ed.). A&C Black. p. 23.

Faulkner, R. O. (1963). Concise Dictionary of Middle Egyptian: Corrigenda. The Journal of Egyptian Archaeology, 49, 172. https://doi.org/10.2307/3855708

Parkinson, R. (1991). The Date of the "Tale of the Eloquent Peasant." Revue D'Égyptologie, 42(0), 171–181. https://doi.org/10.2143/re.42.0.2011294

H1730 - dôḏ - Strong's Hebrew Lexicon (kjv). (n.d.). Retrieved from https://www.blueletterbible.org/lexicon/h1730/kjv/wlc/0-1/a

ark | Etymology, origin and meaning of ark by etymonline. (n.d.). Retrieved from https://www.etymonline.com/word/ark

Allen, J. P. (2014). Middle Egyptian. Cambridge University Press.

Opet | River Nile, Amun-Re, Luxor Temple. (1998, July 20). Retrieved from https://www.britannica.com/topic/Opet-Egyptian-festival

京都祇園 八坂神社公式ホームページ (n.d) 八坂神社の歴史. Retrieved from https://www.yasaka-jinja.or.jp/about/history/

Sabetai, V. (2019). Pan, God of Wilderness, in Boeotian Landscapes: Fear, Laughter and Coming of Age. Mythos, (13). https://doi.org/10.4000/mythos.1379

PANES - Half-Goat Rustic Spirits of Greek Mythology. (n.d.). Retrieved from https://www.theoi.com/Georgikos/Panes.html

Russell, J. B. (1987). The Devil. Cornell University Press.

Beaulieu, Paul-Alain (2005). "The God Amurru as Emblem of Ethnic and Cultural Identity" In Soldt, Wilfred H. van; Kalvelagen, R.; Katz, Dina (eds.). Ethnicity in Ancient Mesopotamia. Leiden: Nederlands Instituut voor het Nabije Oosten.ISBN 978-90-6258-313-3. OCLC 60116607
Schwemer, D. (2008). The Storm-Gods of the Ancient Near East: Summary, Synthesis, Recent Studies: Part II. Journal of Ancient Near Eastern Religions, 8(1), 1–44. https://doi.org/10.1163/156921208786182428

Asher-Greve, J. M., & Westenholz, J. G. (2013). Goddesses in Context. Vandenhoeck & Ruprecht.

Hart, G. (2005). The Routledge Dictionary of Egyptian Gods and Goddesses. Routledge.

zeus | Etymology, origin and meaning of zeus by etymonline. (n.d.). Retrieved from https://www.etymonline.com/word/zeus

Murray, O. (1970). Hecataeus of Abdera and Pharaonic Kingship. The Journal of Egyptian Archaeology, 56, 141. https://doi.org/10.2307/3856050

Rea, C., Rea, C., & Rea, C. (2021, January 25). Grisly Tales Marriage and Murder – Who were the Ancient Danites & Danaan? Part II. Retrieved from https://www.ancient-origins.net/history/grisly-tales-marriage-and-murder-who-were-ancient-danites-danaan-part-ii-007488

Ying, T. H. (2020, January 21). Does Chinese New Year parallel the Jewish Passover? Retrieved from https://saltandlight.sg/faith/what-does-cny-chinese-new-year-have-to-do-with-christianity/

Me, B. P. M. B. A. (n.d.). Amazing similarities between Chinese New Year and Jewish Passover. Retrieved from https://blogs.timesofisrael.com/amazing-similarities-between-chinese-new-year-and-jewish-passover/

The Egyptian "Magicians"(n.d)The Egyptian "Magicians" - TheTorah.com. Retrieved from https://www.thetorah.com/article/the-egyptian-magicians

Mark, J. J. (2023). Apophis. Retrieved from https://www.worldhistory.org/Apophis/

Sirius and the Flooding of the Nile: this week on the Storyteller's Night Sky. (2019, August 26). Retrieved from https://www.interlochenpublicradio.org/news/2019-08-26/sirius-and-the-flooding-of-the-nile-this-week-on-the-storytellers-night-sky

Nickiforov, M. G. ; Petrova, A. A.(2012)Heliacal rising of Sirius and flooding of the Nile. Bulgarian Astronomical Journal, Vol. 18, No. 3, p. 53

Habermehl, A. (2018). The Ipuwer Papyrus and the Exodus. The Proceedings of the International Conference on Creationism, 8(1), 1–6. https://doi.org/10.15385/jpicc.2018.8.1.4

Redford, D. B. (2001). The Oxford Encyclopedia of Ancient Egypt.

Kamutef. (n.d.). https://doi.org/10.1093/acref/9780195102345.013.0373

Curl, J. S. (2005). The Egyptian Revival. Routledge.

Lynn Thorndike (1958). A History of Magic and Experimental Science. Columbia University Press.

Baines, J., Lesko, L. H., & Silverman, D. P. (1991). Religion in Ancient Egypt. Cornell University Press.

Lewis, R. (2019, April 22). Does Chinese Civilization Come From Ancient Egypt? Retrieved from https://foreignpolicy.com/2016/09/02/did-chinese-civilization-come-from-ancient-egypt-archeological-debate-at-heart-of-china-national-identity/

Hae Mo-su of Buyeo. (n.d.). Retrieved from https://en-academic.com/dic.nsf/enwiki/1857917

Hae Buru of Dongbuyeo. (n.d.). Retrieved from https://en-academic.com/dic.nsf/enwiki/3414343

田中俊明(2009)魏志]東夷伝訳註初稿, 国立歴史民俗博物館, 国立歴史民俗博物館研究報告151
田中勝也(訳註)註釈 上紀 上下巻(2005)田中勝也(訳註) 八幡書店

ウガヤフキアエズ王朝. (2023). Retrieved from https://ja.wikipedia.org/wiki/ウガヤフキアエズ王朝#cite_note-4

De Felice, J. F. (2003). Life and Society in the Hittite World. History: Reviews of New Books, 32(1), 34–34. https://doi.org/10.1080/03612759.2003.10527702

Handbook of Oriental Studies. Section 1 the Near and Middle East, Religion. (n.d.).

MANFRED HUTTER(2003)ASPECTS OF LUWIAN RELIGION ,Brill. DOI: https://doi.org/10.1163/9789047402145_007

Reyhan, E. (2009). The Missing God Telipinu Myth: A Chapter from the Ancient Anatolian Mythology. Ankara Üniversitesi Dil Ve Tarih-Coğrafya Fakültesi Tarih Bölümü Tarih Araştırmaları Dergisi, 28(45), 85–106. https://doi.org/10.1501/tarar_0000000420

Bachvarova, Mary R. (2013).The Hurro-Hittite Kumarbi Cycle. Gods, heroes, and monsters: a sourcebook of Greek, Roman, and Near Eastern myths. New York: Oxford University Press.

Taracha, P. (2009). Religions of Second Millennium Anatolia. Otto Harrassowitz Verlag.

神々のルーツ「八幡の神」と新羅の姫 – 全日本民医連. (n.d.). Retrieved from https://www.min-iren.gr.jp/?p=45285

中野幡能(1983)八幡信仰(民衆宗教. 史叢書)雄山閣出版, (再録)
第3回 自然に宿る神(1). (n.d.). 日本文字文化機構文字文化研究所認定教本より, Retrieved from https://japanknowledge.com/articles/kanji/column_jitsu_03.html

漢語多功能字庫. (n.d.). Retrieved from https://humanum.arts.cuhk.edu.hk/Lexis/lexi-mf/search.php?word=神

Jacobsen, Thorkild (1946), "Sumerian Mythology: A Review Article", Journal of Near Eastern Studies,(2): 128–152, doi:10.1086/370777, JSTOR 542374

Kramer, S. N. (2011). Sumerian Mythology. A Study of Spiritual and Literary Achievement in the Third Millennium B.C. Literary Licensing, LLC

Schwemer, Daniel (2016), "Wettergott(heiten) A. Philologisch", Reallexikon der Assyriologie (in German), retrieved 2022-12-05

Bernard Knapp, A. (1985). Alashiya, Caphtor/Keftiu, and Eastern Mediterranean Trade: Recent Studies in Cypriote Archaeology and History. Journal of Field Archaeology, 12(2), 231–250. https://doi.org/10.1179/jfa.1985.12.2.231

古代メソポタミア全史/小林登志子/中公新書/中央公論新社

宇摩志阿斯訶備比古遅神 – 國學院大學 古典文化学事業. (n.d.). Retrieved from https://kojiki.kokugakuin.ac.jp/shinmei/umashiashikabihikojinokami/

天之御中主神 – 國學院大學 古典文化学事業. (n.d.). Retrieved from https://kojiki.kokugakuin.ac.jp/shinmei/amenominakanushinokami/

Hutter, Manfred (2003). "Aspects of Luwian Religion". In Melchert, Craig (ed.). The Luwians. Handbook of Oriental Studies. Section 1 The Near and Middle East. Vol. 68. Leiden: Brill. p. 221

Thoth, Djehuti, Ta-tenen, Tawaret, Tefnut,. (n.d.). Retrieved from https://web.archive.org/web/20090503152132/http://www.philae.nu/akhet/NetjeruT.html

天之常立神 – 國學院大學 古典文化学事業. (n.d.). Retrieved from https://kojiki.kokugakuin.ac.jp/shinmei/amenotokotachinokami/

Amon | God, Cult, & Facts. (2023, November 10). Retrieved from https://www.britannica.com/topic/Amon

児玉義隆 (2009)『印と梵字ご利益・功徳事典』学研パブリッシング

大宜都比売神 – 國學院大學 古典文化学事業. (n.d.). Retrieved from https://kojiki.kokugakuin.ac.jp/shinmei/ogetsuhimenokami/

Reallexikon der Assyriologie und vorderasiatischen Archäologie. (2007).

Gabriella Frantz-Szabó: Kataḫzipuri. In: Dietz Otto Edzard (Hrsg.): Reallexikon der Assyriologie und Vorderasiatischen Archäologie. Band 5, Walter de Gruyter, Berlin/New York 1976–1980, ISBN 3-11-007192-4, S. 478.

Taracha, P. (2009). Religions of Second Millennium Anatolia. Otto Harrassowitz Verlag.

アマテラス解体新書 参考文献

篠田謙一(2019)新版 日本人になった祖先たち DNAが解明する多元的構造、NHK出版

Ken-ichi Shinoda (2012) Genetic structure of the Japanese and the formation of the Ainu population, National Museum of Nature and Science, Tokyo. Accessed 2023/10/20 <https://jspsusa.org/FORUM2012/presentation/3-2_Shinoda.pdf>

日経サイエンス(n.d) 都道府県別、縄文人・渡来人由来のゲノム比率【出典】ヤフー株式会社「HealthData Lab」/東京大学の大橋順教授/東京大学大学院理学系研究科ヒトゲノム多様性研究室 Retrieved from https://www.nikkei.com/article/DGXZQOUC18CCA0Y1A610C2000000/

SATO, Y., SHINKA, T., EWIS, A. A., YAMAUCHI, A., IWAMOTO, T., & NAKAHORI, Y. (2014). Overview of genetic variation in the Y chromosome of modern Japanese males. Anthropological Science, 122(3), 131–136. https://doi.org/10.1537/ase.140709

Nonaka, I., Minaguchi, K., & Takezaki, N. (2007). Y-chromosomal Binary Haplogroups in the Japanese Population and their Relationship to 16 Y-STR Polymorphisms. Annals of Human Genetics, 71(4), 480–495. https://doi.org/10.1111/j.1469-1809.2006.00343.x

Naitoh, S., Kasahara-Nonaka, I., Minaguchi, K., & Nambiar, P. (2013). Assignment of Y-chromosomal SNPs found in Japanese population to Y-chromosomal haplogroup tree. Journal of Human Genetics, 58(4), 195–201. https://doi.org/10.1038/jhg.2012.159

Hammer, M. F., Karafet, T. M., Park, H., Omoto, K., Harihara, S., Stoneking, M., & Horai, S. (2005). Dual origins of the Japanese: common ground for hunter-gatherer and farmer Y chromosomes. Journal of Human Genetics, 51(1), 47–58. https://doi.org/10.1007/s10038-005-0322-0

KOGANEBUCHI, K., KATSUMURA, T., NAKAGOME, S., ISHIDA, H., KAWAMURA, S., OOTA, H., & THE ASIAN ARCHIVAL DNA REPOSITORY CONSORTIUM. (2012). Autosomal and Y-chromosomal STR markers reveal a close relationship between Hokkaido Ainu and Ryukyu islanders. Anthropological Science, 120(3), 199–208. https://doi.org/10.1537/ase.120322

Wells, R. S., Yuldasheva, N., Ruzibakiev, R., Underhill, P. A., Evseeva, I., Blue-Smith, J., . . . Bodmer, W. F. (2001). The Eurasian Heartland: A continental perspective on Y-chromosome diversity. Proceedings of the National Academy of Sciences, 98(18), 10244–10249. https://doi.org/10.1073/pnas.171305098

Woolley, L. (2023, September 8). Ur | Mesopotamia, Map, Definition, History, & Facts. Retrieved from https://www.britannica.com/place/Ur

Ifugao | Rice Terraces, Philippines, Indigenous. (1998, July 20). Retrieved from https://www.britannica.com/topic/Ifugao-people

Ashur | Ancient Assyrian City, Iraq History & Ruins. (1998, July 20). Retrieved from https://www.britannica.com/place/Ashur-ancient-city-Iraq

Elam | Iran, Map, & History. (2023, September 22). Retrieved from https://www.britannica.com/place/Elam

Yima | Ahura Mazda, Zoroastrianism, Persian Empire. (1998, July 20). Retrieved from https://www.britannica.com/topic/Yima

Majid Mushir al-Khatawi (2017) Yamut-Bal Kingdom A Historical Study in the Political and Cultural Nature (1834-1763) B.C . International Journal of Management and Humanities (IJMH) ISSN: 2394-0913, Volume-2 Issue-12

Mârkâzi, H. L. R. A. (2013). Azerbaijani States in History. In-Text Citation

Takarama/tagarama
YAMADA, S. (2006) The City of Togarma in Neo-Assyrian Sources. Altorientalische Forschungen, Vol. 33 (Issue 2), pp. 223-236. https://doi.org/10.1524/aofo.2006.33.2.223

Weeden, M. (2012). Gojko Barjamovic: A Historical Geography of Anatolia in the Old Assyrian Colony Period. (Carsten Niebuhr Institute Publications.) xviii, 519 pp. Copenhagen: Museum Tusculanum Press, 2011. £142.99. ISBN 978 876353645 5. Bulletin of the School of Oriental and African Studies, 75(3), 559–560. https://doi.org/10.1017/s0041977x12000602

Beckman, G. (2021). Foreigners in the Ancient Near East. Journal of the American Oriental Society, 133(2). https://doi.org/10.7817/jameroriesoci.133.2.0203

Matthiae, P. (1984). New Discoveries at Ebla: The Excavation of the Western Palace and the Royal Necropolis of the Amorite Period. The Biblical Archaeologist, 47(1), 18–32. https://doi.org/10.2307/3209873

Giorgio Bucellati, "Ebla and the Amorites", Eblaitica :Essays on the Ebla Archives and Eblaite Language. Vols. 3. Journal of Near Eastern Studies 3, pp. 83-104, 1992

Jacobsen, T. (1953). The Reign of Ibbī-Suen. Journal of Cuneiform Studies, 7(2), 36–47. https://doi.org/10.2307/1359488

The lament for Sumer and Urim: translation. (n.d.). Retrieved from https://etcsl.orinst.ox.ac.uk/section2/tr223.htm#

Ibbi-Suen [CDLI Wiki]. (n.d.). Retrieved from https://cdli.ox.ac.uk/wiki/doku.php?id=year_names_ibbi-suen

Trigger, B. G., Edwards, I., Gadd, C. J., & Hammond, N. (1971). The Cambridge Ancient History, Volume I, Part I, Prolegomena and Prehistory. African Historical Studies, 4(2), 388. https://doi.org/10.2307/216427

Afraz, N. (2020). Qualitative Analysis of Making Traditional Costumes, Weaving Crafts and Wood Sculptures - The Cultural identity of Kalash Valley. Current Trends in Fashion Technology & Textile Engineering, 7(2). https://doi.org/10.19080/ctftte.2019.05.555708

Ali, M. K. (2020). Cultural Heritage and Extremism in Pakistan: Re-focusing on the Kalasha of (Chitral) Pakistan. Pakistan Social Sciences Review, 4(I), 988–1000. https://doi.org/10.35484/pssr.2020(4-i)75

Saso, M. (2009). <i> "In and Outside the Square: The Sky and the Power of Belief in Ancient China and the World, c. 4500 <small class="caps">b.c.</small>–<small class="caps">a.d.</small> 200."</i> (review). China Review International, 16(4), 491–493. https://doi.org/10.1353/cri.2009.0085

Didier, J. C. (2016). Response to Michael Saso's Review of In and Outside the Square: The Sky and the Power of Belief in Ancient China and the World, c. 4500 b.c.-a.d. 200, 3 Volumes, Sino-Platonic Papers, No. 192, in China Review International vol. 16, no. 4 (2009). China Review International, 23(1), 41–50. https://doi.org/10.1353/cri.2016.0074

Schmitt, R. (2009). TAVERNIER, J.: Iranica in the Achaemenid Period (ca. 550–330 B.C.). Kratylos, 54(1), 147–152. https://doi.org/10.29091/kratylos/2009/1/26

Ball, C. J. (1913). Chinese and Sumerian.

Osman, A. (2002). Moses and Akhenaten. Simon and Schuster.

Osman, A. (2005). Christianity: An Ancient Egyptian Religion. Simon and Schuster.

Osman, A. (2019). The Egyptian Origins of King David and the Temple of Solomon. Simon and Schuster.

Albright, W.F. (1910) The town of sell (Zarw) in the Amarna Tables" Journal of Egyptian Archaeology. London.

Charles River Editors (N.A)Ancient Yamhad. The history and legacy of Syria's first great kingdom

Harry A. Hoffer, Jr. (1998) Hittite Myths (Second edition), society of biblical literature.

出羽弘明(2016)新羅神社と古代の日本. 同成社. 東京.

出羽弘明, 新羅神社考〜新羅神社への旅〜, 三井寺ホームページより http://www.shiga-miidera.or.jp/serialization/shinra/index.htm

由水常雄(2001)ローマ文化王国-新羅,新潮社,東京

与謝野達(2006)ラテン語と日本語の語源的関係, サンパウロ.

戸矢学(2010)ヒルコ 捨てられた謎の神, 河出書房新社.

özdeniz, M., Bekleyen, A., Gönül, I., Gönül, H., Sarigül, H., Ilter, T., . . . Yildirim, M. (1998). Vernacular domed houses of Harran, Turkey. Habitat International, 22(4), 477–485. https://doi.org/10.1016/s0197-3975(98)00027-7

Frew, D. H. (1999). Harran: Last Refuge of Classical Paganism. Pomegranate, 9(Autumn), 17–29. https://doi.org/10.1558/pome.v13i9.17

Cooper, J. S., & Heimpel, W. (1983). The Sumerian Sargon Legend. Journal of the American Oriental Society, 103(1), 67. https://doi.org/10.2307/601860

[illegible] - Wiktionary, the free dictionary. (n.d.). Retrieved from https://en.wiktionary.org/wiki/[illegible]#Sumerian

Allred, L. (2014, June 3). The Tenure of Provincial Governors: Some Observations. Retrieved from https://www.academia.edu/5399581

Alired, Lance (2010) "More Šu-Suen Seals During the Reign of Amar-Suen," Cuneiform Digital Library Notes, 2010(3). Available at: https://cdli.mpiwg-berlin.mpg.de/articles/cdln/2010-3

Oldest love poem. (n.d.). Retrieved from https://www.guinnessworldrecords.com/world-records/oldest-love-poem/

Fant, Clyde E.; Reddish, Mitchell G. (2008-10-15). Lost Treasures of the Bible: Understanding the Bible Through Archaeological Artifacts in World Museums. Wm. B. Eerdmans Publishing.

Wilks, J. (2009). Dictionary of the Old Testament: Wisdom, Poetry & Writings edited by Tremper Longman III and Peter Enns Downers Grove and Nottingham: IVP, 2008. xxiv + 967 pp. hb. $50 or £32.99, ISBN 978-1-84474-306-3. Evangelical Quarterly, 81(2), 175.

Gomi, T. (1976). Shulgi-simti and Her Libation Place (ki-a-nag).

Világirodalmi lexikon Vol 1. 1970-1996 | Arcanum Digitheca. (n.d.). Retrieved from https://adt.arcanum.com/en/collection/VilagirodalmiLexikon/ kötet, A-CalISBN 963-05-4399-0

Mark, J. J. (2023, October 28). The World's Oldest Love Poem. Retrieved from https://www.worldhistory.org/article/750/the-worlds-oldest-love-poem/

Nunn, A. (2016). Javier Álvarez-Mon. The Golden Griffin from Arjan. Abstracta Iranica, (Volume 34-35-36). https://doi.org/10.4000/abstractairanica.41427

中田薫(1906)「可婆根考『史学雑誌』16巻12号

Epsd2/sux/tum[bring]. (n.d.). Retrieved from http://oracc.iaas.upenn.edu/epsd2/cbd/sux/o0040612.html

Welcome to Encyclopaedia Iranica. (n.d.). Retrieved from https://www.iranicaonline.org/articles/cyrus-i-name

Schmitt, Rüdiger (2010). CYRUS i. The Name. Routledge & Kegan Paul.

Krebernik, Manfred (1997), "Mondgott A. I. In Mesopotamien", Reallexikon der Assyriologie, retrieved 2022-02-08.

大貫 静夫(2005)最近の弥生時代年代論について.113巻 2号 p. 95-107

Hart, G. (1986). A Dictionary of Egyptian Gods and Goddesses. Psychology Press.

Patai, R. (1990). The Hebrew Goddess. Wayne State University Press.

Stavrakopoulou, F. (2022). God: An Anatomy. Knopf.

中島信文 (2019) 古代中国漢字が解く日本古代史の虚偽と真実 (東洋史が語る真実・日本古代史と日本国誕生) .一般社団法人本の研究社.

中島信文 (2020) 陳寿『三国志』が語る知られざる驚異の古代日本 (東洋史が語る真実・日本古代史と日本国誕生) 一般社団法人本の研究社.

中島信文 (2020) 日本国誕生の隠された秘密と真実 — 空白の時代と『記紀』の虚偽と真実 — (東洋史が語る真実・日本古代史と日本国誕生).一般社団法人本の研究社.

中島信文 (2020)日本国誕生の隠された秘密と真実 — 空白の時代と『記紀』の虚偽と真実 — (東洋史が語る真実日本古代史と日本国誕生).一般社団法人本の研究社.

Rolinson, C. A. (2020, June 9). The Indo-European Man – Sons of the Sun [Part III]: Zoroastrian Yima – The Death of Manu. Retrieved from https://aryaakasha.com/2020/06/09/the-indo-european-man-sons-of-the-sun-part-iii-zoroastrian-yima-the-death-of-manu/

Mark, J. J. (2023, October 28). Ancient Persian Gods, Heroes, and Creatures - The Complete List. Retrieved from https://www.worldhistory.org/article/1488/ancient-persian-gods-heroes-and-creatures---the-co/

Welcome to Encyclopaedia Iranica. (n.d.). Retrieved from https://www.iranicaonline.org/articles/awan-name-of-a-place-in-ancient-western-iran-the-nominal-dynastic-seat-of-elamite-rulers-in-the-late-third-millennium-b

Potts, D. T. (2015). The Archaeology of Elam. Cambridge University Press.

Tavernier, J. (2007). Iranica in the Achaemenid Period (ca. 550-330 B.C.). Peeters Publishers.

Beckman, G. (1999). The Goddess Pirinkir and Her Ritual from Ḫattuša (CTH 644). Ktèma : Civilisations De L'Orient, De La Grèce Et De Rome Antiques, 24(1), 25–39. https://doi.org/10.3406/ktema.1999.2206

ERICKSON, B. (2015)Old Japanese and Proto-Japonic Word Structure.International Research Center for Japanese Studies.

山口佳紀(2011)古代日本語史論究四章六節「促音や撥音ははたして中国語の影響か」風間書房.

祈りの回廊 (n.d) 特別講話「始まりの地、葛城と鴨族」Retrieved from http://inori.nara-kankou.or.jp/inori/special-interview/kowa20/

BAdW · Reallexikon der Assyriologie. (n.d.). Retrieved from https://publikationen.badw.de/en/rla/index#8606

Simons, F. (2017, May 3). Alammuš Redux. Retrieved from https://www.academia.edu/32799409

糸魚川町公式HP(n.d)奴奈川姫の伝説.奴奈川姫伝説その2(『天津神社並奴奈川神社』より) Retrieved from https://www.city.itoigawa.lg.jp/3790.htm

The marriage of Martu: translation. (n.d.). Retrieved from https://etcsl.orinst.ox.ac.uk/section1/tr171.htm

Finkel, I. L., & Geller, M. J. (1997). Sumerian Gods and Their Representations. Styx Pub.

Klein, J.(1993) "Additional Notes to 'The Marriage of Martu'", in Kutscher Memorial Volume, Tel Aviv

Mesopotamia. (n.d.). Retrieved from https://education.nationalgeographic.org/resource/resource-library-mesopotamia/#

Wiggermann, Frans A. M. (1998), "Nergal A. Philological" Reallexikon der Assyriologie, retrieved 2022-02-05

Gurney, O. R. (1971). Thorkild Jacobsen: Toward the image of Tammuz and other essays on Mesopotamian history and culture. Edited by William L. Moran. (Harvard Semitic Series, Vol. xxi.) xii, 507 pp. Cambridge.

Cuth; Cuthah in the International Standard Bible Encyclopedia. (n.d.). Retrieved from https://www.internationalstandardbible.com/C/cuth-cuthah.html

Cartwright, M. (2023, October 30). Hurrians. Retrieved from https://www.worldhistory.org/Hurrians/

Gelb, I. J. (1944). Hurrians and Subarians.

Freedman, D. N., & Myers, A. C. (2000). Eerdmans Dictionary of the Bible. Amsterdam University Press.

Hansen, M. H. (2000). A Comparative Study of Thirty City-state Cultures. Kgl. Danske Videnskabernes Selskab.

Edwards, I. E. S., Gadd, C. J., Hammond, N. G. L., & Sollberger, E. (1973). The Cambridge Ancient History. Cambridge University Press.

Black, J., Cunningham, G., Robson, E., & Zólyomi, G. (2004). The Literature of Ancient Sumer. OUP Oxford.

Krebernik, Manfred (1997),"Mondgott A.I. In Mesopotamien" Reallexikon der Assyriologie, retrieved 2022-02-08

Mark, J. J. (2022, December 7). Nanna. Retrieved from https://www.worldhistory.org/Nanna/

Schaeffer, C. F. A. (2023, September 13). Ugarit | Syria, Map, History, & Tablets. Retrieved from https://www.britannica.com/place/Ugarit

François Desset. Archéorient. (2020). Breaking The Code. The decipherment of linear Elamite, a forgotten writing system of Ancient Iran (3rd millenium BC).. [Vidéo]. Canal-U.

Elam. (2020, April 19). Retrieved from https://en.wikiquote.org/wiki/Elam

田中勝也(n.d) 解読 上記 Retrieved from http://amabe.oita.jp/uetufumi/ootomo.php

大友能直(n.d)上記鈔訳 後篇: 昭和十三年・識別番号一一〇四一八五, Edited 日本神道出版会,

吾郷 清彦(1996)日本神代文字研究原典,新人物往来社; 愛蔵保存版

Nippur - UNESCO World Heritage Centre. (n.d.). Retrieved from https://whc.unesco.org/en/tentativelists/6173/

著者／監修
岡本佳之（おかもと よしゆき）
考え方の学校 Yoshi Sun TV（YouTubeチャンネル）

スペシャルサンクス
ただのささき

神様イラスト
山田サトシ（やまだ さとし）

挿絵·グラフ
STUDIO 107　藤本征一（ふじもと まさかず）

デザイン·レイアウト
浅沼孝行（あさぬま たかゆき）

編集
深谷真（ふかたに まこと）

編集アシスタント
小迫美和（こさこ みわ）

発行日　2023年12月22日　初版
編　集　内外出版社　企画販売部
発行者　清田名人
発行所　株式会社 内外出版社
〒110-8578 東京都台東区東上野2-1-11
☎03-5830-0368（企画販売局）
印刷・製本　中央精版印刷株式会社

ISBN 978-4-86257-686-6 C0021